Développer
son empathie

Éditions d'Organisation
Groupe Eyrolles
61, Bd Saint-Germain
75240 Paris Cedex 05
www.editions-organisation.com
www.editions-eyrolles.com

Du même auteur, chez le même éditeur :

Se libérer de ses peurs, 2006.

Avoir confiance en soi, 2004.

Arrêter de culpabiliser, 2003.

Savoir et oser dire non, 2003.

Chez le même éditeur :

Francis Cholle, *L'intelligence intuitive*, 2007.

Laurence Saunder, *L'énergie des émotions*, 2007.

Eugénie Végléris, *Manager avec la philo*, 2006.

Didier Hauvette, Christie Vanbremeersch, *Mieux vivre avec ses émotions et celles des autres*, 2005.

Sarah Famery

Développer
son empathie

EYROLLES

Éditions d'Organisation

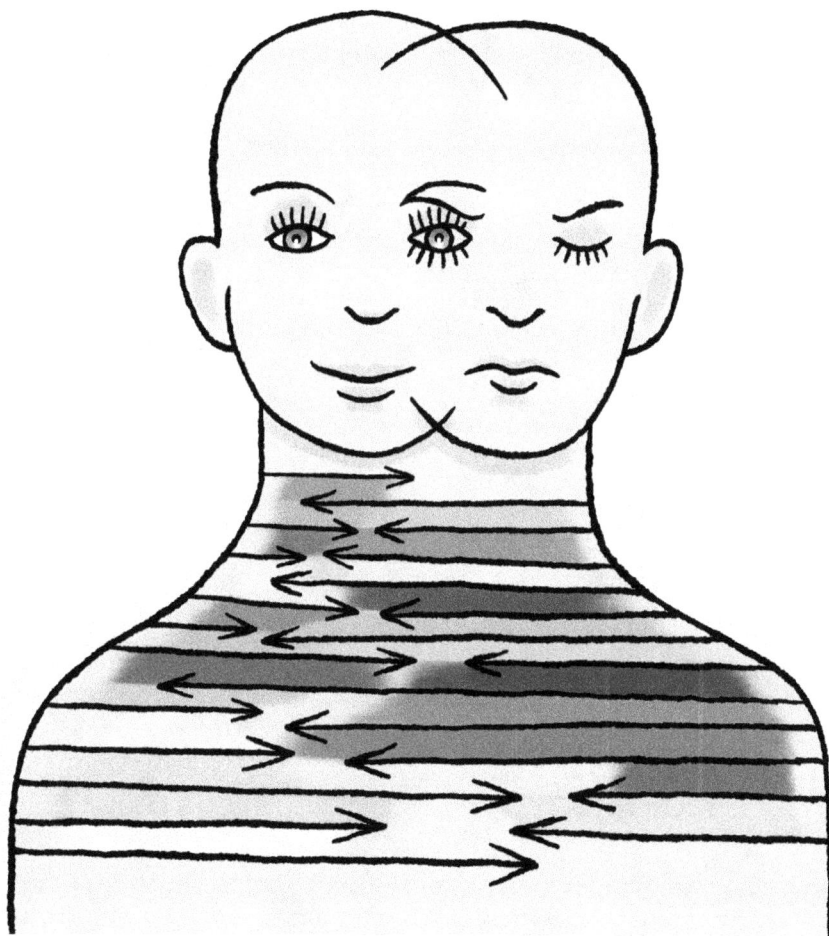

Sommaire

Introduction. **L'empathie au cœur des relations humaines** 1
   Un besoin croissant d'empathie 2
   L'empathie : une nouvelle « compétence » ? 3
   La puissance de l'empathie 4
   Développer son empathie : avant tout une manière d'être 4
   Un état rare 5
   Un vaste sujet : une approche concrète 6

Partie 1. L'empathie : Comment ? Pourquoi ?

Chapitre 1. **Qu'est-ce que l'empathie ?** 9
Une définition consensuelle 9
Une motivation altruiste 11
   Une « mise à la place de l'autre » intentionnelle 11
   Soulager la « souffrance » de l'autre 11
Des mécanismes neurologiques au regard sur la « personne » 12
   Les composantes neurologiques à l'origine de l'empathie 12
   L'approche thérapeutique de l'empathie 14
Le cœur ou la tête ? 15
   « Ressentir » ou « comprendre » ? 15
   La compassion : un accès direct aux émotions de l'autre ? 16
L'autre et soi : comment peut-on entrer dans la « bulle » de l'autre
et jusqu'où ? 18
   Les apports de la psychologie cognitive 18
   Veiller aux « pièges » de la simulation 21
   Être attentif à ses projections 22
   Malgré tout, des références communes 23

Vraie et fausse empathie 24
  Empathie et sympathie : se représenter ou partager ? 24
  À l'origine de la confusion 26
  Je suis un « affectif » : suis-je empathique ? 29
  J'écoute beaucoup les autres : suis-je empathique ? 30
  Fausse empathie et crainte d'être « embarqué » 32

Chapitre 2. **Les différents degrés d'empathie et leurs effets** 37
L'« état » empathique 38
  Qu'est ce que l'état empathique ? 38
  Les bienfaits de l'état empathique 39
L'« attitude » empathique 42
  Qu'est-ce qu'une attitude empathique ? 42
  Les différentes étapes de l'attitude empathique 43
  Les effets de l'attitude empathique 44
Le « comportement » empathique 48
  Qu'est ce qu'un comportement empathique ? 48
  Les impacts du comportement empathique 49
La « conscience » empathique 52
  Qu'est-ce que la conscience empathique ? 52
  Les atouts d'une conscience empathique 52
De l'empathie « passive » à l'empathie « active » 55

Chapitre 3. **Comment être davantage à l'écoute des « émotions »
et des états d'âme d'autrui ?** 61
Valoriser la vie intérieure et émotionnelle 62
  L'émotion : une « faiblesse » ? 62
  La schize « privé »/social 66
Sortir des relations et des jeux de « pouvoir » 69
  Pouvoir réel et relations de « pouvoir » 69
  Le « pouvoir » sous toutes ses formes 70
Se donner le temps 73
  Une pression envahissante 73
  Un paradoxe : plus d'« humain » et moins d'« humain » 73
Laisser tomber les barrières 74
Savoir se dé-centrer 75
  La tension vers ses objectifs 76

Les systèmes de « protection » *76*
Les besoins psychologiques *76*
Les « demandes » affectives *77*

Partie 2. Se mettre en « état » d'empathie

Chapitre 4. **Voir en l'autre une personne** **85**
Sur quel plan vous connectez-vous ? 86
  L'être « vivant » ou l'être « social » ? *86*
  La « fonction » ou l'« individu » ? *89*
Les différents niveaux de connexion 91
  Sphère sociale et sphère privée : deux prismes différents *92*
Élargir son regard, savoir changer de connexion 93
  Une vigilance nécessaire *94*
  Savoir sortir de son rôle *94*
Aller plus loin : de l'individu au « sujet » 95
  Un « garde-fou » *98*
  Un plus grand dépouillement *98*
  Finalement considérer la personne *98*
Se connecter à la personne et développer son empathie 99
  Des effets instantanés inestimables *100*
  Créer les conditions de l'expression *101*

Chapitre 5. **Être au clair sur ses intentions et sur ses « désirs »** . . **109**
Savoir analyser ses intentions 110
  Les types d'« intention » *110*
  Intensité de l'intention et empathie *112*
  Intentions « positives » et « négatives » *113*
  Intentions conscientes ou non *114*
  Intentions explicites ou implicites *116*
  Complexité des intentions *120*
Être au clair sur ses intentions et développer son « empathie » . . 121
  Un impact énorme sur la « disponibilité » *121*
  Une mise en confiance beaucoup plus importante *122*

Chapitre 6. **Être « libre » avec ses émotions** **131**
Être au contact de ses émotions 132

Un manque d'habitude 132

Un désir de conformité 133

Les « verrous » émotionnels 135

L'« anesthésie » émotionnelle 135

À la recherche des émotions perdues 138

Quel est votre niveau de conscience émotionnelle ? 139

Savoir « gérer » ses émotions 140

Gérer ou contrôler ? Que faire de ses émotions ? 140

Se libérer du besoin de contrôle de ses émotions 142

Apprivoiser ses émotions 143

Identifier la « peur » cachée derrière son émotion 144

Mieux gérer ses émotions et développer son empathie 145

Toujours plus de « disponibilité » 145

Moins de parasites sur les ondes 145

Éviter les « clashs » 146

Plus de liberté dans l'échange 146

Plus de « permission » et plus d'expression 147

De bons présages 148

Partie 3. Développer ses attitudes empathiques

Chapitre 7. À l'écoute de quoi ? ou les grands types d'émotions . 155

Les grands types d'états émotionnels 156

L'émotion 157

Le sentiment 157

Le ressenti 157

La déstabilisation émotionnelle 157

La disposition émotionnelle 158

Les « pseudo-émotions » 158

Vraies et fausses émotions 160

Les émotions : principaux repères 161

Les émotions « primaires » et « secondaires » 161

Les émotions « positives » et « négatives » 163

Les émotions « simples » et « mixtes » 163

Les émotions sociales et non sociales 165

Les émotions ponctuelles ou permanentes 166

Les contre-émotions *167*

Pour une « écoute » efficace : ne pas passer à côté de l'essentiel . 168

À quoi être attentif au quotidien ? *168*

Et en dehors des émotions ? *172*

Chapitre 8. Développer sa perception **179**

Le langage non verbal des émotions 180

Observer le langage non verbal et paraverbal *180*

La limite des signes non verbaux *181*

L'expression verbale et les registres de discours 181

Les comportements 183

Les tendances à l'action *184*

Les signes de défoulement *184*

Les réactions d'absorption (ou d'amortissement) *185*

Les attitudes de compensation *186*

Les principaux comportements types *187*

Les « blocages », les résistances, les inerties 190

Et… les contre-émotions 193

Chapitre 9. L'origine psychologique des émotions **195**

Le mécanisme de base 195

Des besoins plus ou moins satisfaits *196*

Le potentiel motivationnel *197*

Un dernier paramètre en jeu : le passé individuel *197*

Besoins « primaires », « vitaux » et émotions 198

Le besoin de sécurité *199*

Le besoin affectif ou besoin d'amour *201*

Le besoin d'appartenance *204*

Le besoin de puissance *206*

Le besoin d'estime de soi *209*

De l'interdépendance des besoins *211*

Honte, mépris, jalousie et réactions en chaîne *212*

Les facteurs personnels 213

La structure psychique *214*

Des buts, des désirs, des motivations personnels différents *214*

Les fragilités personnelles *218*

Comprendre de l'intérieur *223*

Partie 4. L'empathie en « action »

Chapitre 10. **Savoir favoriser l'expression des émotions** 227
Créer les conditions du dialogue 228
La face cachée des relations 228
Le pouvoir de l'authenticité 229
Les attitudes de « défense » 230
Sortir du rapport de « force » 231
Se mettre à l'écoute des émotions 234
Avoir envie de « comprendre » 235
Se « brancher » aux émotions 235
Se centrer sur la personne et non sur le problème 237
Pratiquer l'écoute compréhensive 238
Repérer ses freins à l'écoute 239
Savoir poser les bonnes questions 241
S'informer sur la situation 241
Faire s'exprimer sur le ressenti 242
Explorer les motivations 243

Chapitre 11. **Savoir anticiper : une autre forme d'empathie** 247
Les différents éléments à analyser 248
Le contexte objectif 248
Les frustrations types 249
Les déclencheurs types 250
Le moment déclencheur de l'émotion 251
Les motivations individuelles 251
Anticiper, comment ? 254
Communiquer autrement 254
Les attitudes à adopter 257
Savoir « agir » 258
L'interactivité : veiller à ses attitudes personnelles 259

Chapitre 12. **Pouvoir déjouer les émotions et les réactions
négatives** 263
Exprimer son « empathie » 263
Désamorcer la tension 263
Les modes d'expression de l'empathie 265
Accepter de s'exposer 267

Développer son comportement empathique 268

Aider l'autre à « comprendre » son émotion 269

Conclusion. **Être empathique : un travail sur soi ?** 271

Notes 273

Bibliographie 277

Index 279

Introduction

L'empathie au cœur
des relations humaines

Imaginons une vie et des relations entre les êtres où personne ne serait en capacité de ressentir, de comprendre, même un tant soit peu, ce que ressent l'autre ni ce qu'il vit. Nous ne serions pas loin d'être des robots ou des monstres, et nous n'échangerions, ne partagerions que des informations objectives, utiles, dans un seul but d'efficacité. Nous pourrions, de même, sans aucune « mauvaise » conscience et en toute quiétude, faire du mal, blesser, voire anéantir l'autre.

Ainsi, outre ses effets, la plupart du temps bénéfiques sur la relation humaine – même s'il est toujours possible d'en user pour profiter d'autrui –, l'empathie a la vertu de permettre à l'individu d'éprouver qu'il est à la fois *humain* et *vivant* dans la mesure où, pour « comprendre » ce qu'une autre personne ressent, éprouve, il est incontournable de ressentir et/ou d'avoir ressenti soi-même un jour quelque chose. La preuve en est la détresse de certains schizophrènes ou des psychopathes qui ne ressentent plus rien. L'empathie est d'ailleurs une capacité innée qui nous replace d'emblée dans notre condition d'être humain, pour ne pas dire animale, puisque les animaux sont, eux aussi, capables d'empathie.

Un besoin croissant d'empathie

Dans la mesure où elle suppose dans tous les cas la reconnaissance de l'autre, l'empathie est essentielle à toute relation « vivante ». Toutefois, il s'agit d'une attitude, d'une « posture » d'autant plus nécessaire semble-t-il aujourd'hui, que les individus dans leur comportement, leur mentalité, leurs attentes – tant dans leur vie privée que professionnelle et sociale – ont beaucoup évolué ces dernières décennies.

D'un côté, l'affaiblissement de l'« autorité » et, de l'autre, la montée en puissance de l'*individu*, du *sujet*, de son besoin d'épanouissement et d'expression, font que chaque personne ressent davantage un besoin d'attention, d'écoute et de reconnaissance globale de ce qu'elle est. Ainsi les relations sont-elles de moins en moins vécues à travers des rapports « sociaux », hiérarchiques, d'autorité, déterminés à l'avance, mais plutôt à travers des échanges entre deux individus, deux personnes : le collaborateur est loin d'exécuter seulement les ordres de son patron, le patient attend de son médecin plus d'explications, tout comme l'enfant attend de ses parents davantage de communication ; l'on ne respecte pas seulement une personne parce qu'elle occupe tel rang, tel poste, telle fonction, mais également pour le comportement qu'elle a vis-à-vis de nous, etc. L'individu aujourd'hui « reconnaît » davantage l'information et le dialogue que les seuls autorité et pouvoir hiérarchique ou statutaire, quelle qu'en soit la forme.

Parallèlement, il a tendance à être plus authentique et à laisser une place plus grande à l'expression de ses émotions, sentiments, ce qui est – et la boucle est bouclée – d'autant plus nécessaire qu'en quête de lui-même, il reconnaît et s'intéresse davantage à sa vie intérieure, à ses désirs, à ses peurs, à ses ressentis éprouvant aussi le besoin d'en parler. Si les pratiques évoluent toujours lentement, cette tendance semble irréversible.

Par ailleurs, il ne semble pas déraisonnable de penser que dans un monde essentiellement matérialiste qui, d'une certaine façon, se durcit – incertitudes quant à l'avenir, rythme et niveau de stress élevés, nécessité presque permanente de s'adapter, course à la rentabilité, relâchement du tissu social –, l'individu a également besoin de plus de compassion et d'humanité.

Si dans la vie quotidienne, dans les moments importants ou plus anodins, dans toutes les relations quel qu'en soit leur degré, il est nécessaire d'être a minima et de temps à autre empathique – tout comme l'on a soi-même parfois besoin de cette attitude à notre égard – reconnaître l'autre dans son individualité, instaurer des relations différentes fondées sur une meilleure compréhension de ce qu'il est, faire preuve de plus d'écoute et de respect, prendre en compte ses émotions, ses états intérieurs, en un mot le considérer davantage comme un être *humain* à part entière, semble devenir un besoin croissant.

L'empathie : une nouvelle « compétence » ?

Si l'empathie a toujours été et se doit d'être au cœur de certains métiers – éducation, pédagogie, accompagnement social, médical, relation d'aide, thérapies… –, cette évolution générale des relations humaines impacte de plus en plus les professions ou les fonctions pour lesquelles la qualité de la relation joue un rôle déterminant, *a fortiori* dans des contextes de « crise » où les individus risquent d'être particulièrement « émotionnellement » déstabilisés. Je pense bien sûr ici aux managers qui, au quotidien, doivent savoir motiver, impliquer leurs collaborateurs, débloquer des situations, gérer des résistances, des conflits et/ou éviter qu'ils ne se produisent, surtout quand il existe beaucoup de pressions et de charge émotionnelle, même minimes, mais récurrentes ; aux responsables de la fonction ressources humaines qui ont à guider, orienter les salariés, comprendre certains de leurs réactions et comportements, ainsi qu'à faciliter l'acceptation de changements, de refus ; aux consultants externes ou internes aux entreprises qui, eux aussi, parfois dans des situations tendues, accompagnent des personnes ou des collectifs dans leur changement ; aux professions médicales qui, au-delà du rapport entre soma et psyché, sont confrontées aux états d'âme et aux émotions de leurs patients ; aux professions sociales, juridiques, aux enseignants, aux commerciaux… Bref, pour les métiers où il existe presque quotidiennement le besoin de créer de meilleures relations et une plus grande confiance, davantage de motivation, la nécessité de savoir annoncer des vérités désagréables, d'en favoriser l'acceptation, l'empathie est déjà un « atout ». Peut-être même deviendra-t-elle dans les années à venir une « compétence » à part entière. Je rencontre d'ailleurs de plus en plus de personnes qui ressentent le besoin d'être davantage empathiques et de mieux comprendre les réactions des autres pour exercer leur métier différemment, avec un plus grand respect d'autrui, un peu plus d'humanité.

La puissance de l'empathie

Le besoin de développer son empathie semble plus évident encore dès lors que l'on prend vraiment conscience de l'ensemble de ses effets et impacts positifs, tant au plan individuel que collectif. Combien de fois dans ma pratique ai-je vérifié comment une personne s'ouvre, se dit, se raconte, découvre elle-même certaines de ses motivations, accepte de se remettre en cause si elle est dans l'empathie ; inversement, combien de fois ai-je constaté, notamment au cours d'interventions en entreprise, à quel point son absence provoque dégâts, frustrations, fermetures et blocages ? De fait, l'empathie produit sur l'autre des effets immédiats et, à plus long terme, des effets extrêmement importants dont nous sommes rarement conscients. Outre le fait d'obtenir des « informations » sur l'état émotionnel de l'autre et de pouvoir ainsi simplement exprimer son empathie ou bien saisir l'opportunité ou non d'intervenir et dans quel sens, l'empathie favorise des relations plus constructives, plus fluides, une meilleure acceptation de situations frustrantes pour l'individu, permet de désamorcer des tensions, des conflits. Elle a aussi des effets indirects plus profonds encore. En effet, quand on est empathique et par conséquent à *son* écoute, l'individu se sent davantage accueilli, reconnu et se sent exister en tant que personne ; il peut alors, davantage en confiance, s'exprimer et s'ouvrir, accepter plus facilement de mieux écouter ce que l'on a à lui dire ou se remettre en cause, ce qui, dans tous les cas, favorise un dialogue plus profond et plus constructif. C'est pourquoi l'empathie permet indirectement l'évolution des personnes et de leur comportement.

Développer son empathie : avant tout une manière d'*être*

Au-delà d'une sensibilité et d'une générosité plus ou moins importantes et, somme toute, personnelles, des différences de tempérament et de « caractère », d'un mode de fonctionnement rationnel ou affectif, analytique ou sensitif, l'empathie est avant tout une manière d'être. S'il existe des personnes plus ou moins empathiques et si l'on peut soi-même l'être plus ou moins selon les circonstances, les enjeux, la nature de la relation, c'est parce que certaines postures intérieures sont déterminantes. On peut, de fait, avoir un tempérament plutôt empathique mais ne plus l'être du tout quand on est soi-même partie prenante, quand il existe un enjeu primordial pour soi, quand on est en conflit avec l'autre.

Pour développer son empathie, il est essentiel d'être conscient de l'importance de ces attitudes intérieures pour éviter de tomber dans des pièges toujours possibles quand on cherche à développer la qualité de ses relations humaines, par nature toujours complexes et impliquantes. Parmi ces pièges, notons celui de la seule recherche de « technique », de « recettes », voire, pour se rassurer et/ou pour accroître son « pouvoir » sur l'autre, celui d'une instrumentalisation du savoir et de la connaissance acquis, au risque de s'éloigner de l'*humain*, de la relation *vivante* et d'une vraie présence à l'autre ; tout ce qui, en matière d'empathie, reste précisément une condition fondamentale.

Mettre en avant la prédominance des attitudes intérieures contraint à ne pas se tromper de priorité et à lâcher plus facilement un éventuel désir de « maîtrise », qui éloigne toujours de la capacité à ressentir. Il est compréhensible de chercher, qui plus est quand l'empathie n'est pas complètement au cœur de son métier, à aller vite pour être plus efficace. Toutefois, pour développer son empathie et aboutir à l'ensemble des effets bénéfiques qui en découlent, il vaut mieux accepter d'oublier la perspective d'une efficacité – presque – immédiate pour devenir paradoxalement, plus *efficace*, et de perdre temporairement la « maîtrise » pour mieux en avoir *une*. On ne fait en matière de relations humaines, l'économie de rien !

Un état rare

Si nous faisons spontanément preuve d'empathie, nous avons cependant fréquemment du mal à être empathiques, à nous mettre à la place de l'autre pour comprendre ses émotions, ses réactions, dans la mesure où, à la fois, nous méconnaissons certains mécanismes émotionnels, et où des préoccupations, des « protections », des barrières, des censures, des peurs nous empêchent souvent d'être à *son* écoute.

Nous sommes la plupart du temps inconsciemment, et pour de multiples raisons, plutôt axés sur nous-mêmes que sur autrui, notamment en situation professionnelle, où même avec la meilleure intention, les intérêts divergent parfois et où des objectifs bien différents de l'*écoute* de l'autre sont prioritaires. Pourtant, quand on connaît les effets bénéfiques de l'empathie, on ne peut qu'avoir envie de progresser dans cette voie.

Un vaste sujet : une approche concrète

Le sujet est extrêmement vaste et complexe dans la mesure où il ne recouvre rien de moins au-delà des processus neurologiques et psychologiques qui rendent possible l'empathie que la connaissance d'autrui et de ses mécanismes émotionnels, la nature de la relation que l'on entretient avec l'autre – et avec soi-même ! En un sens, il peut sembler presque une gageure de vouloir embrasser un phénomène aussi profond, aussi ancré dans la nature humaine que l'est le processus empathique, de tenter de le cerner pour envisager les différents moyens de développer son « empathie ».

Toutefois, s'adressant à un public de professionnels désireux ou conscients de la nécessité d'être plus empathiques, ce livre, malgré l'amplitude du sujet, se veut concret et pratique sans perdre de vue le fait que si un ensemble de repères, de leviers, de grilles de lecture des émotions peuvent largement guider et mettre sur la voie, l'empathie n'en reste pas moins, d'abord et avant tout, plus qu'une technique à adopter, un état dans lequel on se met, qui se vit, s'expérimente et dont on peut ensuite, jour après jour, mesurer pour l'autre comme pour soi, les étonnants bénéfices *humains*.

1

L'empathie :
Comment ? Pourquoi ?

L'empathie a passionné nombre de neurologues, philosophes, psychologues qui ont vu en elle, en partie, l'origine et la racine du sentiment moral ou, pour l'école rogérienne[1] la clé de la relation thérapeutique ; c'est dire s'il s'agit d'un phénomène universel et profondément humain. De fait, la capacité d'empathie semble relever d'une aptitude toute naturelle de l'être humain et plonger ses racines au plus profond de son identité.

Si le processus est inné, et si ses effets sur l'autre et sur les relations sont invariablement positifs, il existe, au-delà des obstacles intrinsèques liés à la différence de fonctionnement, de valeurs, de vécu, de motivations des individus, qui rend malaisée la représentation des émotions d'autrui, de nombreux freins culturels, psychologiques dont il convient d'être conscient si l'on souhaite développer son empathie.

Qu'est-ce que l'empathie ? Quand est-on empathique et quand ne l'est-on pas ? Faut-il se méfier de son « empathie » ? Y a-t-il des personnes plus empathiques que d'autres et pourquoi ? À quel point peut-on vraiment comprendre l'autre ? Jusqu'où peut-on aller dans les relations, notamment professionnelles, sans perdre de vue ses propres objectifs ? Quels en sont les effets et pourquoi est-elle si importante dans les relations humaines ? Qu'est-ce qui nous permet, alors que nous sommes différents les uns des autres, de comprendre l'état d'âme d'autrui ?

1

Qu'est-ce que l'empathie ?

« Nous pratiquons tous l'empathie comme Monsieur Jourdain la prose[2]. »

Plongeant au cœur des mécanismes humains et de ce qu'il en reste parfois de mystère, l'empathie – concept « nomade » impossible à figer, à la fois compréhension et ressenti –, nous échappe dès que l'on tente de la cerner d'un peu trop près.

Nous allons tenter d'éclairer – même si chacune d'entre elles mériterait pour révéler tout son intérêt d'être complètement resituée dans son contexte conceptuel et théorique spécifique – les différentes facettes et dimensions de l'empathie, à la fois pour mieux la cerner et pour se *remémorer* à leur évocation, son origine et sa nature, dans la mesure où ce potentiel est enraciné au plus profond de tout être humain, chacun laissant plus particulièrement selon son tempérament, son vécu, résonner, vibrer intérieurement l'une ou l'autre de manière déjà à re-sentir et à re-découvrir cette capacité toute naturelle en lui.

Une définition consensuelle

S'il existe différentes explications du phénomène d'empathie, qui loin de s'opposer se complètent, tous les auteurs spécialistes du sujet s'accordent, à quelques nuances près, sur sa définition : « *Par empathie on désigne aujourd'hui la capacité de se mettre à la place de l'autre pour comprendre ce qu'il éprouve*[3] » ; « *Être empathique, c'est entendre les émotions des autres résonner en nous, sentir intuitivement quels sont ses sentiments, leur intensité et leur cause*[4] ». Pour Alain Kerjean, il s'agit de « *capter les signaux émotionnels et leur donner un sens*[5] » ; pour Daniel Goleman, « *l'empathie, qui est la perception des émotions d'autrui, constitue l'élément fondamental de l'intelligence interpersonnelle*[6] ». Les différentes écoles de psychothérapie, et notamment l'école rogérienne, désignent l'empathie comme « *la capacité de s'immerger dans le monde subjectif d'autrui à partir des éléments fournis par la communication verbale et non verbale*[7] ». Dans une approche strictement tournée vers l'entreprise et le management, Éric Albert définit de même l'empathie comme « *être capable de se mettre à la place de l'autre et être enclin à le faire pour comprendre ce qu'il ressent, de quoi sont faites ses émotions, mais aussi ses attentes, ses frustrations, ses espoirs*[8] », etc.

Aucun doute, il s'agit de « se mettre à la place », de ressentir et de comprendre ce que vit l'autre et a priori dans le but de le soulager. Dans le langage courant, l'empathie signifie d'ailleurs exactement la même chose. Il n'existe de fait aucun décalage entre l'acception « commune » et celle plus « scientifique » de l'empathie. Cela conforte l'idée que si l'empathie est très complexe dans son mécanisme, le phénomène comporte une dimension toute naturelle pour être ainsi, sans aucune réflexion ni connaissance préalable, si spontanément et de façon presque mécanique, appréhendé et « compris ».

Soulagement immédiat

En lisant le journal, vous apprenez qu'un groupe de personnes prises en otage après le détournement d'un avion a été libéré ; immédiatement vous sentez un sourire se dessiner dans le fond de vos yeux et votre corps se détendre.

Sans réfléchir

Agnès apprend à Sabine, une collègue de longue date, que sa fille vient d'avoir un terrible accident de parapente et qu'elle va devoir partir de nombreux mois en rééducation. Sabine, qui pourtant n'a pas d'enfant, sent aussitôt ses yeux se remplir de larmes, sa voix se mettre à trembler et sa main prendre spontanément celle d'Agnès et la serrer dans la sienne.

Une motivation altruiste

> « Éprouver la même chose que l'autre, c'est se soucier de lui[9]. »

Même s'il est toujours possible de chercher à utiliser son « pouvoir » d'empathie pour manipuler, dominer, voire « torturer » l'autre psychiquement, l'empathie semble relever d'une motivation essentiellement altruiste. Goleman, en décrivant l'évolution du phénomène empathique chez l'enfant, illustre bien cette intention « *Après la première année, lorsqu'il commence à prendre conscience de son existence séparée, il s'efforce d'apaiser le chagrin de l'autre enfant en lui offrant, par exemple, son ours en peluche. Dès l'âge de deux ans [...] il peut, par exemple, comprendre que le meilleur moyen d'aider un autre enfant à sécher ses larmes est peut-être de respecter sa fierté et de ne pas trop attirer l'attention sur elles* [10]. »

C'est parce que l'empathie comporte indéniablement ce caractère altruiste que le psychologue Hoffman pense que les jugements moraux y trouvent leur origine.

Une « mise à la place de l'autre » intentionnelle

L'empathie relève d'autant plus d'une intention altruiste qu'elle n'est nullement une confusion entre l'autre et soi. Si l'on se met à la place de l'autre, il existe toujours par définition la conscience d'être deux individus distincts. Par ailleurs, la simulation, le « comme si » engagé dans le phénomène empathique n'est jamais gratuit : il est intentionnel et vise toujours à comprendre autrui et ce qu'il éprouve.

Soulager la « souffrance » de l'autre

Des expériences tant sur les humains que sur les animaux ont pleinement confirmé l'hypothèse de l'altruisme de l'empathie[11]. Elle semble en effet particulièrement développée et s'exprimer davantage en cas de souffrance qu'en cas de plaisir d'autrui. Par ailleurs, la tendance à aider l'autre, à le soulager, se manifeste plus quand le sujet est dans l'empathie que dans la sympathie[12].

Sans hésiter

Deux étudiants font connaissance les tout premiers jours de leur année de concours en médecine. Trois semaines plus tard, le premier se casse la jambe, le second dès qu'il l'apprend, sans hésiter l'appelle pour lui proposer de lui envoyer la copie des cours.

Des mécanismes neurologiques au regard sur la « personne »

Pour mieux cerner les mécanismes et les effets de l'empathie, deux approches m'ont paru être les plus pertinentes : d'un côté, l'approche scientifique pour réaliser à quel point elle s'inscrit au plus profond de la nature humaine, de l'autre côté, l'approche « thérapeutique » de manière à mieux saisir sa puissance au plan humain et relationnel.

Les composantes neurologiques à l'origine de l'empathie

Ce sont les connaissances scientifiques, et notamment neurologiques, qui nous permettent le mieux de savoir ce qu'est en lui-même le processus empathique et quelles en sont les origines.

Un phénomène inné

Les attitudes d'empathie semblent remonter à la prime enfance, et tous les spécialistes dans le domaine ont abouti à la conclusion que l'empathie était innée. « *Les psychologues de l'enfance ont découvert que les bébés souffrent par empathie avant même d'être pleinement conscients qu'ils existent indépendamment des autres. Quelques mois seulement après leur naissance, ils réagissent au trouble ressenti par leurs proches comme s'ils l'éprouvaient eux-mêmes et fondent en larmes, par exemple, quand ils entendent un autre enfant pleurer*[13] . »

Trois éléments déterminants

Même si une partie du phénomène reste inexpliquée, nous savons aujourd'hui que tout individu est capable d'empathie, de par la structure même de son cerveau d'une part, et par l'universalité des émotions humaines d'autre part.

Le circuit amygdale/cortex et le traitement de l'information : les scientifiques ont établi que les mécanismes de traitement de l'information émotionnelle sous-tendus par un ensemble de circuits neuronaux spécifiques[14], notamment des connexions entre l'amygdale – centre de contrôle des émotions et siège de la mémoire affective[15] – et le cortex, sont à l'origine des processus liés à l'empathie.

Une résonance motrice : parallèlement à ce traitement de l'information, une résonance motrice (ou « mimétisme moteur ») semble être à l'origine du phénomène empathique. Au cours de recherches effectuées par le psychologue Martin L. Hoffman, il a été constaté qu'« *un enfant demanda à sa propre mère de consoler un petit camarade en pleurs, alors que la mère de celui-ci se trouvait aussi dans la pièce (…) En voyant sa mère pleurer, un bébé s'essuya les yeux alors qu'il ne pleurait pas (…) Si par exemple, un autre bébé se fait mal aux doigts, l'enfant se mettra les doigts dans la bouche pour voir s'il a mal lui aussi*[16]. ». D'après Titchener, « *l'empathie dériverait d'une sorte d'imitation physique de l'affliction d'autrui, imitation qui suscite ensuite les mêmes sentiments en soi*[17]. »

Un codage commun et la capacité à percevoir la subjectivité d'autrui : enfin, d'après les progrès des neurosciences, la capacité à se représenter les émotions d'autrui et à le comprendre proviendrait d'un codage commun existant au niveau du cerveau entre, ce que l'on ressent si on a l'intention de mener une action, et ce que l'on perçoit des conséquences de la même action menée par un tiers. « *… un même réseau neuronal s'active lorsque nous avons l'intention d'agir, lorsque nous pensons agir et lorsque nous regardons d'autres personnes agir*[18]… » « *Dans ce modèle, la perception des conséquences d'une action exécutée par une personne active dans le cerveau d'un observateur a une représentation similaire à celle qu'il aurait lui-même formée s'il avait eu l'intention de l'exécuter*[19]. »

Ce code commun est donc à l'origine des représentations partagées, dont le rôle semble essentiel dans le phénomène empathique, puisqu'elles permettent, dans la mesure où il n'est pas nécessaire d'avoir vécu un événement ou commis une action pour en connaître les conséquences, d'expliquer pourquoi ce qui touche autrui peut également nous toucher nous-mêmes.

Vous n'avez pas eu peur ?

Vous racontez à votre médecin, sur un ton presque amusé avec le recul, ce qui vous est arrivé cet été dans le fin fond de l'Afrique, juste après votre dernière visite chez lui pour votre vaccin. En plein séjour, brutalement atteint d'un virus très rare (détecté d'ailleurs seulement à votre retour en Europe), vous avez dû d'abord être emmené d'urgence dans le dispensaire le plus proche puis rapatrié *in extremis*, les heures vous étant comptées. Le virus, en effet, ayant provoqué une très violente infection, vous nécessitiez un très fort traitement antiviral et d'importantes doses de pénicilline qui faisaient là-bas cruellement défaut. Votre médecin vous écoute, attentif, et spontanément vous demande : « Vous n'avez pas eu peur ? »

L'approche thérapeutique de l'empathie

Carl Rogers – nous l'avons évoqué – a fait de l'empathie la clé de la relation thérapeutique. C'est d'après lui parce que l'empathie, ou plus précisément l'écoute et la compréhension empathique, permet à l'autre de se sentir accepté, accueilli tel qu'il est, qu'il peut lui-même s'accepter, devenir une *personne* et ainsi évoluer et guérir. Par personne, Rogers entend – dit très synthétiquement – l'être dans son authenticité et son unité.

En effet, en comprenant de l'« intérieur » ce que vit l'autre, ce qu'il éprouve, comment il « voit » et comment il « sent », l'écoute empathique lui permet ainsi sans jugement, sans interprétation, de reconnaître et de s'accepter lui-même tel qu'il est réellement.

Or, c'est précisément parce qu'un individu peut s'accepter comme il est, qu'il peut évoluer et guérir, car il est alors moins fragile et prend moins le risque de se dissoudre s'il se remet en cause, s'il montre ses failles, s'il accepte de changer, bref s'il cesse de vouloir être quelqu'un d'autre que lui-même.

Le cœur ou la tête ?

> *Empatheia* signifie en grec « ressentir de l'intérieur ».

Si tout le monde s'accorde, à quelques nuances près, à définir l'empathie comme la « compréhension », l'appréhension de l'éprouvé émotionnel d'autrui, théoriciens, voire « praticiens » de l'empathie, mettent l'accent, soit sur la capacité à *ressentir*, à s'immerger dans l'univers ou l'éprouvé émotionnel d'autrui, à savoir sur l'aspect « affectif », soit sur la capacité à *comprendre*, à saisir la nature et le pourquoi des émotions, à savoir sur l'aspect « cognitif ».

« Ressentir » ou « comprendre » ?

Sans entrer dans les débats théoriques et conceptuels, l'empathie suppose à la fois de *ressentir* l'état émotionnel de l'autre et de le comprendre, d'en saisir la raison, même si la plupart du temps ces deux phases sont simultanées. Si je « ressens » sans « comprendre » ou si je « comprends » sans « ressentir », il manque de toute évidence une dimension à l'empathie. En fonction du contexte, de la nature de la relation, des caractéristiques des individus concernés, l'empathie est plus ou moins *ressenti ou compréhension*, mais elle est toujours au total la somme des deux.

Comme il préfère...

Claude votre collègue de presque 25 ans part en retraite un peu contre son gré ; s'il n'avait tenu qu'à lui, il serait resté encore au moins deux ou trois ans... Affectif, très attaché à l'entreprise où il a vécu des moments forts, il était passionné par son métier de commercial. Divorcé, père d'une fille vivant à Rennes et qu'il voit peu, sans beaucoup d'amis, Claude n'a pas encore vraiment pensé à la manière dont il allait s'organiser et vit en réalité plutôt mal ce tournant dans sa vie. Après vous êtes concerté avec l'ensemble de ses plus proches, vous lui dites que vous avez l'intention de fêter son départ, sauf si cela risque de le mettre mal à l'aise ou de le peiner. S'il préfère, ils peuvent aussi simplement aller dîner en petit comité à trois ou quatre... c'est vraiment comme il veut...

Ni purement ressenti, ni purement compréhension

L'empathie est d'autant moins purement ressenti ou purement compréhension des émotions d'autrui que la frontière entre les deux dimensions est très difficile, voire impossible à poser tant les deux mécanismes sont imbriqués l'un dans l'autre. De fait, il existe entre eux des interactions complexes non entièrement d'ailleurs clarifiées. Sans chercher une fois encore à rentrer dans des subtilités théoriques, on comprend aisément que le *ressenti* fait appel à autre chose qu'au seul processus affectif, tout comme la *compréhension* relève, elle, d'autre chose que de la seule dimension cognitive faite de déductions et qu'elle ne peut être uniquement intellectuelle.

Il est toutefois intéressant de les évoquer séparément, d'une part pour appréhender en quoi consiste globalement le phénomène empathique, et d'autre part pour garder à l'esprit ces deux directions à explorer, à emprunter, repères très utiles sur cette route rarement droite, il faut bien le reconnaître, qui conduit parfois à l'univers émotionnel de l'autre.

L'empathie : une intuition ?

Plus on cherche à expliquer le phénomène empathique et plus on a paradoxalement parfois l'impression de s'éloigner de la capacité à le saisir dans sa globalité et dans son essence même. C'est probablement la raison pour laquelle on peut être tenté, d'en parler comme d'une « intuition », un « sixième sens ». « *L'empathie est une sorte d'intuition à l'égard des émotions. Son fonctionnement stupéfie les novices car elle semble dépendre d'une habileté qui ressemble parfois dangereusement à de la clairvoyance. Être empathique, ce n'est ni déduire, ni penser, ni voir, ni entendre les émotions des autres. Quelqu'un a pu dire que l'empathie est en fait un sixième sens avec lequel nous percevons l'énergie des émotions au même titre que nos yeux perçoivent la lumière. Si tel est le cas, l'empathie a lieu dans un canal intuitif – distinct des cinq autres sens – qui accède directement à notre conscience*[20]. »

La compassion : un accès direct aux émotions de l'autre ?

Dans le désir d'aller plus loin et d'éclairer autrement que scientifiquement les liens entre le *ressentir* et le *comprendre* d'une part, entre le « moi » et « l'autre » d'autre part, on peut aller jusqu'à évoquer le rapport qui existe entre empathie et compassion, dans la mesure où l'expérience de compassion semble de facto permettre l'état d'empathie. Nathalie Deparz à la lumière d'enseignements bouddhistes, évoque, comme condition à la fois de l'empathie et de la compassion, la capacité à s'effacer, à s'oublier soi-même en tant qu'ego de façon à se mettre sur « *un total pied d'égalité avec l'autre*[21] » et ainsi « *échanger soi-même et l'autre*[22] » afin de mieux ressentir ce qu'il ressent[23].

Quand on parle ici d'ego il n'est pas fait pas référence à l'individu « différent » des autres dans sa personnalité, ses intérêts, ses biens, ses caractéristiques diverses mais à l'être « séparé » des autres, c'est-à-dire qui ne se conçoit pas comme un être *uni*, *relié* aux autres et en ce sens *égal* à eux. Ainsi, à partir du moment où je me mets sur un pied d'égalité avec l'autre, c'est-à-dire où je m'oublie moi-même, où je m'efface – entendons-nous bien, en tant qu'ego, où j'ai dépassé dans une certaine mesure mes attachements égotiques – je peux alors rejoindre l'autre là où il est. De fait, il n'y a plus alors deux ego par définition séparés mais deux êtres à *égalité*, profondément reliés qui peuvent ainsi compatir chacun du vécu de l'autre et faire de la souffrance de l'*autre*, non dans le nivellement mais dans l'échange, en quelque sorte la sienne. Parce qu'il n'y a plus de séparation entre l'*autre* et moi, parce que je rejoins l'autre là où il est, je peux *souffrir* sa souffrance. C'est en dépassant d'une certaine façon la « différence » que j'ai accès à une universalité en devenant davantage capable du même coup de ressentir les résonances, les *similitudes* entre l'*autre* et moi.

Ce lien entre empathie et compassion me paraît très précieux pour la compréhension profonde, sensible et unifiée de ce qu'est l'empathie. Il s'agit là en effet d'un accès presque direct à l'éprouvé émotionnel de l'autre, ressentir et comprendre devenant alors une seule et même chose. On imagine bien que l'« exercice » n'est pas facile et requiert beaucoup de « dépouillement », mais cette « magie » opère aussi chaque fois que l'on se laisse aller à un immense et spontané élan du cœur. J'ai tendance à penser qu'il ne peut y avoir empathie, s'il n'y a pas, ne serait-ce qu'une fraction de seconde, totalement spontanément, ce « moment de compassion », c'est-à-dire d'effacement du « petit je » au profit du « grand je ». C'est probablement là, et au-delà des explications scientifiques, que réside le « mystère », le « miracle » de l'empathie, à savoir ce passage du moi à l'autre et de la « tête » qui seulement raisonne, au « cœur » qui, lui, comprend – au sens propre du terme, qui « prend avec ». De fait, il existe dans le phénomène empathique une dimension *profondément et fondamentalement humaine*, qui en éclaire la simplicité et l'évidence si l'on se place du point de vue du *cœur*, mais aussi toute la complexité et la difficulté à le comprendre, l'appréhender globalement si l'on se place seulement du point de vue de la *tête*.

Incroyable

On m'a un jour raconté qu'une femme s'était coupé le doigt pour que son bébé, resté sous les décombres, ne se sente pas abandonné, le temps qu'elle aille chercher du secours.

L'autre et soi : comment peut-on entrer dans la « bulle » de l'autre et jusqu'où ?

Il nous reste à présent à nous demander comment l'on peut entrer dans l'univers subjectif de l'autre et quelles en sont également les limites.

De la perception et/ou du ressenti des sentiments d'autrui à la capacité de les cerner et de les comprendre véritablement, le parcours n'est pas de la plus grande simplicité. Même quand il arrive d'être disponible, réceptif, en capacité de ressentir, il n'est pas évident de percevoir ou comprendre entièrement les émotions d'autrui, dans la mesure où le processus même d'empathie comporte au-delà des obstacles culturels et personnels, des limites intrinsèques.

Les apports de la psychologie cognitive

L'empathie n'est pas « *un froid processus de raisonnement où nous nous contenterions de théoriser les émotions d'autrui*[24] ».

La psychologie dite cognitive[25] s'est naturellement largement interrogée sur le comment du phénomène empathique.

Pour simplifier, on peut dire qu'il existe principalement deux approches : la première consiste à expliquer l'empathie comme la capacité à percevoir directement les émotions d'autrui, la seconde comme la capacité à se les représenter. Ces deux approches, loin de s'annihiler, se complètent tant il est vrai que l'empathie comporte la capacité à percevoir l'émotion de l'autre mais également à se la représenter et/ou à l'imaginer, *a fortiori* quand la perception n'est pas aisée. Comme l'évoque E. Pacherie, « *la transparence n'est pas la règle et faute d'indices perceptifs suffisants, nous devons recourir à des formes plus élaborées d'empathie qui font intervenir l'imagination et la simulation*[26] ».

Percevoir l'émotion de l'autre

De toute évidence, il ne peut y avoir empathie sans perception des émotions d'autrui. Cette perception est facilitée quand l'expression de l'émotion par l'autre est relativement transparente, c'est-à-dire que les indices sont suffisants même s'il existe une mécanique primaire acquise qui permet de capter « inconsciemment », comme le dit Daniel Goleman, des signes non verbaux en prêtant suffisamment attention à l'autre. Toutefois un manque d'indices, de signes, de manifestations de l'émotion, d'informations sur la situation, ou bien encore une différence culturelle dans son expression peuvent empêcher de percevoir l'émotion de l'autre ou de la comprendre.

Se représenter l'émotion de l'autre

Que les indices soient suffisants ou non, un autre mécanisme entre en jeu pour « comprendre » ce que ressent l'autre : la capacité à se représenter ses émotions. Cette représentation n'est possible qu'à partir de données ayant trait à la situation présente, à soi-même ou au passé. En effet, c'est souvent en se référant à ses propres vécus, à ses propres expériences que l'on parvient, en lui attribuant des sensations semblables aux nôtres, à se représenter en partie l'émotion de l'autre. Si les spécialistes s'interrogent pour savoir s'il s'agit de la « représentation que l'on se fait de » ou bien de celle de « ce qui se passerait pour soi si l'on était dans le cas », il est probable que la « conscience » de l'émotion d'autrui, par exemple la tristesse ou la joie, est toujours et dans tous les cas pensée à partir du souvenir de ses propres tristesses ou joies passées.

On peut en déduire qu'il existe un lien entre la capacité (le potentiel) d'empathie d'un individu et la somme, tout comme l'intensité, de ses propres vécus. Il est fréquent de constater que des personnes ayant souffert et/ou ayant connu des vécus intenses sont souvent plus empathiques que d'autres ou, plus exactement, présentent un spectre plus large d'*empathie*.

Ne t'inquiète pas, nous serons là

Stanislas s'apprête à réaliser son premier grand déménagement dans un appartement qu'il vient d'acheter après avoir fait et refait maintes fois ses calculs afin d'être certain de pouvoir rembourser son crédit sans trop devoir se priver : c'est sa première acquisition. Stanislas étant assez orgueilleux, il s'efforce de ne rien montrer, mais il est très anxieux, très angoissé et il panique même par moments pour un rien. Ses deux amis Marc et Loïc, un peu plus âgés que lui et qui ont déjà traversé avec ses joies et ses stress cette étape dans leur vie, n'ont de cesse de le rassurer en lui faisant passer certains messages qu'ils savent aussi distiller avec subtilité : il a fait le bon choix, il a tout à gagner, il va découvrir combien il est agréable de s'installer et de décorer son « chez-soi », ils seront là le matin du déménagement...

Imaginer l'émotion de l'autre

On peut « comprendre » l'émotion d'autrui mais on peut simplement l'imaginer sans faire référence à une quelconque expérience personnelle. En effet, on peut comprendre – se représenter – qu'une personne éprouve de l'anxiété à l'approche d'un examen, d'un entretien ou d'un résultat d'analyses médicales, ou de la tristesse à l'occasion de la perte d'un être cher parce que l'on a auparavant vécu une situation similaire... À l'inverse, il faut plus amplement « imaginer », si l'on vit seul ou si l'on n'a jamais été amoureux, la souffrance causée par une séparation ou la joie éprouvée à l'idée d'un grand voyage si l'on n'aime pas soi-même voyager, etc. Cette capacité à imaginer l'émotion d'autrui est une forme très élaborée d'empathie, car pour comprendre l'autre il faut alors imaginer une situation, un manque, un désir, une croyance que nous-mêmes ne connaissons pas.

Certes, l'imagination de l'émotion plus encore que sa représentation peut créer un décalage avec l'émotion réelle ressentie par l'autre. Toutefois, même sans référence à un quelconque vécu personnel, il est possible d'imaginer une émotion ressentie par quelqu'un d'autre surtout si l'on se réfère au mécanisme de codage commun. Même si la différence peut paraî-tre subtile – dans la mesure où l'on imagine bien entendu toujours à partir d'événements vécus et, même quand on se « représente » l'émotion d'autrui, c'est inévitablement avec un peu d'imagination –, elle existe au demeurant, et l'intérêt de cette « flexibilité imaginative », comme l'évoque Élisabeth Pacherie, est d'envisager la possibilité de se mettre à la place de l'autre avec à la base, des vécus et des références complètement différents.

Je ne le comprends vraiment pas

Sébastien est en situation d'échec ; deux de ses collègues parlent de lui :

– J'ai du mal à le comprendre. Pour l'instant, il est vrai que j'ai toujours plutôt réussi ce que j'ai entrepris et décidé, mais je ne réussis pas à comprendre que l'on puisse se retrouver dans une telle situation. De plus, il est complètement abattu alors qu'il aurait intérêt à se dynamiser, et il est agressif avec tout le monde, surtout envers ceux qui veulent l'aider ; cela me dépasse. Si j'étais à sa place, j'essaierais au contraire de faire profil bas et de voir comment je peux me sortir de cette situation.

– Tout le monde n'a pas les mêmes réactions ni la même énergie ; par ailleurs, il s'est déjà trouvé dans un contexte un peu similaire. Tu dis toi-même que pour l'instant tu n'as pas connu d'échec, tu ne peux pas savoir comment tu réagirais. En outre, tu sais bien qu'il a toujours eu horreur de demander. Je ne dis pas qu'il a raison, mais je le comprends et je peux imaginer qu'il ait honte et qu'en même temps, il soit en colère contre lui-même et contre les autres. Il m'est arrivé plus jeune de connaître un échec amoureux : à l'époque je n'étais pas très fier du comportement ni de la passivité que j'avais eus ; je m'en voulais et j'étais plutôt agressif avec mes proches, car j'avais l'impression, même si ce n'était pas le cas, qu'ils me jugeaient et qu'ils me donnaient tort.

Veiller aux « pièges » de la simulation

À partir du moment où l'on se représente, où l'on simule en l'imaginant l'émotion d'autrui, se glissent inévitablement des parasites, dus soit à l'insuffisance des informations à notre disposition, soit à la prégnance de nos propres valeurs, croyances ou fonctionnements. Hormis sans doute l'état de « compassion », on ne peut que s'approcher de l'émotion de l'autre, surtout si l'on tient compte que chacun a pris l'habitude d'« *ajuster ses émotions à l'approbation qu'il guette dans le regard de l'autre*[27] », en perdant lui-même ainsi une partie de ce qu'il ressent vraiment.

Ainsi le processus même d'empathie, notamment dans la capacité à « comprendre » l'émotion d'autrui, suppose-t-il d'être doublement vigilant attendu qu'il comporte deux écueils contraires : d'une part se trouver dans une trop grande similitude avec l'autre au risque de tomber dans une seule identification et dans la contagion émotionnelle, d'autre part d'avoir à faire des efforts qui peuvent rester vains pour se représenter l'émotion de l'autre.

Être attentif à ses projections

S'il est utile, nécessaire de se référer à ses expériences, ses éprouvés émotionnels, son propre vécu pour pouvoir se représenter l'émotion et l'état d'esprit de l'autre, la « projection » à proprement parler représente un dernier écueil et nous éloigne, elle, de l'état d'empathie.

En dehors de la projection au sens psychanalytique du terme, véritable mécanisme de défense du moi, et sans parler de pathologie ou de névrose, nous avons tous tendance à projeter les intentions, les sentiments que nous aurions nous-mêmes dans une situation équivalente. Le risque est particulièrement important quand ce que vit l'autre nous inquiéterait ou, au contraire, correspondant à l'un de nos désirs, nous réjouirait particulièrement ; nous risquons de perdre alors toute objectivité, toute « écoute », toute « empathie ».

La projection est non seulement un piège mais un frein à l'empathie. Quand on projette, on ne cherche pas à comprendre les états d'âme de l'autre, puisque l'on ne fait que projeter sur lui ses propres ressentis.

Même s'il s'agit de processus psychologiques radicalement différents, voire opposés, la frontière entre projection et représentation (empathie) est en pratique souvent floue, et le risque existe toujours de « projeter » entièrement sans médiation ses croyances, ses valeurs, ses peurs, ses besoins, ses désirs en s'éloignant alors de ce que l'autre ressent vraiment.

Il demeure essentiel, pour être dans l'empathie, d'être conscient qu'il n'est possible que de se représenter les états de d'autre et que ses propres références sont précisément les siennes !

Je me mets à leur place

Laurent, jeune directeur des ressources humaines, doit dans le cadre d'un plan social annoncer des licenciements à des collaborateurs dont certains ont une cinquantaine d'années. N'ayant pas dans l'immédiat de solutions sûres ou pérennes à leur proposer, il vit particulièrement mal ces annonces auprès de ces personnes plus âgées, dont il imagine qu'elles doivent être dans une angoisse terrible. Laurent se pense alors très empathique : « je me mets à leur place… » dit-il. Même si ce type d'annonce a de quoi mettre mal à l'aise et place face à ses responsabilités vis-à-vis de l'autre, plus que de l'empathie, Laurent projette sur les salariés concernés ses propres peurs. Issu d'une famille de la petite bourgeoisie provinciale, son père a connu une longue période de chômage et sa mère, fonctionnaire, lui a inculqué un fort besoin de sécurité. Ainsi, Laurent croit-il comprendre les autres quand il ne fait que projeter sa propre représentation de la situation. Il a d'ailleurs été surpris, au cours de cette mission, de s'apercevoir que certaines personnes, contrairement à ce qu'il pensait, étaient plutôt satisfaites de leur changement de situation et sereines quant à leur avenir.

Tu te trompes

Pierre annonce au cours d'un dîner de famille sa quatrième promotion en deux ans. Vincent, son cousin souhaite une évolution de sa carrière depuis presque trois ans sans réussir à voir son projet se concrétiser. Même s'il se sent un peu frustré, il est ravi pour Pierre, enthousiaste sans du tout percevoir que ce dernier est, lui, en réalité très angoissé. D'une part, il est inquiet d'avoir aussi rapidement à assumer de nouvelles responsabilités, alors qu'il n'est pas certain d'en avoir encore la maturité, et d'autre part, il est très agacé dans la mesure où ses patrons n'ont pas tenu compte du fait qu'il ne désirait pas prendre ce poste aussi vite et qu'ils ne lui ont pas laissé le choix.

Malgré tout, des références communes

Si les émotions des autres ne peuvent être pour soi entièrement compréhensibles, avec pour conséquence la nécessité d'être attentif, nous sommes malgré tout en dehors de la stricte analyse cognitive en capacité d'empathie, dans la mesure où au-delà même du codage commun, nous avons des bases communes de connaissance.

L'ensemble des principales émotions en effet – peur, colère, joie, tristesse, amertume... –, même avec des différences irréductibles, est présent dans chaque vécu individuel. Par ailleurs, il existe des contreparties, des équivalences d'un champ d'expériences et de références personnelles à un autre. On peut en effet appréhender « *jusqu'à un certain point le cadre de référence d'une autre personne, parce que de nombreux objets perceptifs – parents, employés, enseignants, etc. – ont leur contrepartie dans notre propre champ perceptif*[28] ».

Quoi qu'il en soit, il est bon de réaliser que la plupart du temps, l'autre *demande* moins à être « compris » entièrement – sachant cette compréhension totale impossible, même s'il la désire parfois, tout comme il sait son vécu unique –, que simplement *pris* en compte.

Vraie et fausse empathie

Empathie et sympathie : se représenter ou partager ?

Sachant la confusion entre sympathie et empathie particulièrement fréquente, il convient de les distinguer. L'empathie consiste à se mettre à la place de l'autre, à « ressentir », ou plutôt à se représenter ce que la personne peut ressentir sans forcément éprouver ses émotions. La sympathie, elle, consiste à éprouver les mêmes émotions que l'autre sans pour autant se mettre à sa place. « *En effet, comme son étymologie l'indique, la sympathie suppose que nous prenions part à l'émotion éprouvée par autrui, que nous partagions*[29] *sa souffrance ou plus généralement son expérience affective*[30]. » On peut donc « *être empathique sans éprouver de sympathie, de même qu'on peut avoir de la sympathie sans être empathique*[31] ».

Dit synthétiquement ; « *la sympathie est une "réaction à l'émotion par l'émotion" alors que l'empathie est "une réaction à l'émotion par le comportement"*[32] ».

Effet miroir ?

Si l'empathie est par nature tournée vers l'autre, l'*autre* que soi, le *différent* de soi que l'on cherche à comprendre, la sympathie elle, dans une sorte d'effet « miroir » semble davantage tournée vers le *même* que soi avec lequel on partage le même sentiment, et part en réalité de soi. « Ce qui te touche me touche ou bien ce qui t'affecte m'affecte » (sous-entendu : c'est la raison pour laquelle tu m'intéresses ou je m'intéresse à toi ; par conséquent je m'intéresse d'une certaine façon essentiellement à moi-même), est différent de « je comprends ce qui te touche ou t'affecte » (sous-entendu : je m'intéresse suffisamment à toi alors que cela ne me touche pas pour essayer de comprendre).

Certes la sympathie peut comporter une dimension altruiste si l'on essaie d'aider l'autre, précisément parce que l'on éprouve pour lui de la sympathie, mais elle n'est pas par nature tournée vers lui. Des expériences menées en milieu animal, entre autres sur des rats, ont montré que « *la situation empathique rend possible une réaction altruiste alors que la situation de contagion des émotions conduit à une réponse égoïste*[33] ».

Identification ?

À partir du moment où l'on se met « à la place de » l'autre, l'empathie implique inévitablement la notion de simulation, la notion de « comme si » et par conséquent, la distinction entre soi et autrui. De fait, l'empathie ne relève ni d'un état fusionnel ni d'un état symbiotique avec l'autre. Dans le phénomène empathique, on ressent le point de vue de l'autre tout en gardant le sien ; en aucun cas, on ne s'identifie entièrement à lui.

S'il existe dans l'état de sympathie un partage d'émotion, ou pour reprendre les termes de Gérard Jorland et de Jean Décety une « contagion des émotions », ceux-ci découlent, en réalité, d'une identification à autrui, d'une confusion entre soi et l'autre. Précisons, afin d'éviter toute erreur, que nous faisons ici référence au processus par lequel un individu confond ce qui arrive à un autre avec ce qui lui arrive à lui-même, et non pas à l'« identification » qui consiste à se faire consciemment « identique » à l'autre précisément, afin de pouvoir se représenter son émotion par exemple, ce qui est là le propre du processus empathique.

Lien affectif avec l'autre ?

La sympathie étant un partage, une contagion des émotions, elle implique *a priori*, même très ponctuellement, l'établissement d'un lien « affectif » positif avec l'autre. L'empathie, en revanche, n'induit pas *a priori* systématiquement ce type de lien. Elle peut même n'être qu'un jeu de l'imagination visant seulement à la compréhension d'autrui et non à l'établissement de liens affectifs. Cela explique d'ailleurs que l'on puisse utiliser sa capacité d'empathie à des fins négatives, ce qui ne saurait être le cas de la sympathie. *« Comprendre en se mettant à la place d'autrui le chagrin qu'il éprouve n'implique pas qu'on le partage ou qu'on cherche à l'alléger. Le sadique peut fort bien s'en réjouir et en perçant par l'empathie les ressorts, chercher à l'exacerber*[34]. *»*

Empathie oui ou non ?

- Tu es triste… je le comprends, mais je ne suis pas triste. À la limite, je suis triste pour toi et je te demande si je peux faire quelque chose pour t'aider → **empathie**.

- Je comprends ton stress car je vis le même, vu que nous sommes dans ce service exactement dans la même situation, à savoir surchargés, avec une incertitude quant à notre avenir et un boss insupportable → **sympathie**.

- Je comprends que tu sois stressée avec en plus les problèmes familiaux que tu as en ce moment → **empathie**.

- Nous sommes tous joyeux de voir Francis après autant de « galères » se marier → **sympathie**, mais j'imagine que pour Philippe, qui l'a soutenu dans tous les moments difficiles, c'est vraiment un grand bonheur → **empathie**.

- Ma fille passe un examen : elle a très peur et moi aussi → **sympathie**.

- Je comprends qu'elle ait peur et je fais tout pour la rassurer ou lui changer les idées → **empathie**.

À l'origine de la confusion

La confusion entre empathie et sympathie vient du fait que dans les deux phénomènes se manifeste une relation de proximité à l'autre et, qui plus est, à forte résonance émotionnelle. Même si dans les deux cas on éprouve, on « ressent » bien entendu « quelque chose », il existe toutefois une différence entre se « représenter », dans le cas de l'empathie, l'émotion de quelqu'un et la « partager », comme c'est le cas dans la sympathie. Par ailleurs, et là est la source principale de confusion, l'on a tendance à confondre non seulement « affectif » et « affection » mais également le lien et l'état « affectif ».

État « affectif » et affection

On nomme état « affectif[35] » « *tout ce qui concerne les états de plaisir, de douleur simples ou complexes* ». Le lien affectif lui, est un attachement à l'autre qui peut d'ailleurs être plus ou moins agréable ou douloureux. Quant à l'affection, elle est un sentiment positif et tendre qui attache à quelqu'un.

Si nous reprenons les trois définitions : état, lien affectif et affection, nous pouvons dire pour les différencier qu'il existe dans les deux phénomènes – sympathie et empathie –, un état affectif, mais qu'il existe uniquement dans la sympathie un lien affectif même très ponctuel. D'ailleurs, quand nous « n'aimons pas » quelqu'un, nous avons du mal à être dans la sympathie, mais nous pouvons ou nous devrions pouvoir être dans l'empathie.

Au-delà d'une éventuelle affection pour l'autre, il est évident que les deux phénomènes d'empathie et de sympathie comportent, bien que d'intensité différente, une dimension *affective*, un *état affectif*, puisque dans un cas on « ressent », on « comprend », et dans l'autre on « partage ». En ce sens, la dimension « affective » n'est pas totalement exclue de l'empathie. En outre, nous pouvons dire qu'il existe un lien affectif positif dans la sympathie.

L'affection, quant à elle, peut venir renforcer la sympathie – on a plus tendance à partager, à « vivre » l'émotion, l'expérience affective de l'autre quand on éprouve de l'affection pour lui –, mais également induire davantage d'empathie si par affection on cherche à mieux comprendre l'autre. Si un être a réellement de l'affection ou de la « sympathie », au sens courant du terme pour quelqu'un, on peut en effet supposer que précisément pour cette raison, il cherchera à le comprendre et à l'aider davantage encore. De fait, un lien affectif durable, voire conjoncturel, peut conduire (au-delà du partage d'une émotion) à une action de type plus empathique, à savoir chercher à comprendre et à aider l'autre précisément parce que l'on a ce lien affectif avec lui.

L'affection peut toutefois à l'inverse – et c'est souvent le cas – induire une incapacité à prendre la bonne distance et par là même entraver l'empathie. Cela est fréquent dans les relations affectives fortes dans lesquelles, précisément, l'on ne parvient plus à faire la distinction entre soi et l'autre ni à être dans l'empathie. On peut aimer quelqu'un et être dans l'incapacité de se mettre à sa place si l'on est dans une relation fusionnelle. On peut aussi, par affection et dans le but d'aider l'autre, de le « sauver », de le materner, de le protéger, finir par « penser », « ressentir » à sa place et donc de ne plus du tout le *comprendre*. Une fois de plus, l'affection ou son absence ne sont pas directement liées à la capacité d'empathie : de même, il ne peut y avoir de sympathie sans lien affectif positif, voire, pour les grands « affectifs », sans *affection*.

Rien n'est exclusif : le lien affectif et/ou l'affection présents dans le phénomène de sympathie vient selon les personnes, les contextes et les enjeux, nourrir ou non l'empathie. C'est parce que coexistent souvent dans la réalité, l'état, le lien *affectifs* et l'affection que toutes les combinaisons sont possibles et que la confusion demeure.

En dehors de l'affection présente ou absente et de tout lien affectif positif ou négatif avec quelqu'un, nous devrions pouvoir être dans l'empathie, c'est-à-dire se mettre à la place, essayer de comprendre et d'appréhender l'état affectif de l'autre. On peut donc avoir de la sympathie pour quelqu'un sans du tout être dans l'empathie, et l'on peut tout autant être dans l'empathie même quand les intérêts ou les points de vue divergent, quand il n'y a pas d'« atomes crochus » avec l'autre. Parallèlement, il est bon de réaliser qu'être dans l'empathie, c'est paradoxalement maintenir une distance avec l'autre, avec son émotion, évitant ainsi l'écueil si souvent craint – et à juste raison, car en effet totalement contre-productif –, de se laisser « embarquer », de ne plus contrôler.

Empathie	Sympathie
Représentation de l'émotion	Partage/contagion de l'émotion
Distinction entre soi et l'autre	Identification à l'autre
Pas (de nécessité) de lien affectif	Établissement d'un lien affectif
Réaction à l'émotion par le comportement	Réaction à l'émotion par l'émotion

Je suis un « affectif » : suis-je empathique ?

Il est fréquent d'imaginer plus facile de « comprendre » les autres et en ce sens d'être dans l'empathie si l'on est d'un tempérament « affectif ». Une fois encore, cela est vrai et faux : vrai, dans la mesure où ce que l'autre ressent, vit, peut *a priori* nous intéresser davantage et nous pousser alors à le comprendre et par là même à le soulager ; faux, car l'on risque d'être là encore sur le versant de la sympathie et donc de passer à côté de ce que l'autre ressent vraiment et/ou de n'être en réalité axé que sur soi.

Il convient également d'être conscient qu'être « dans l'affectif » ou dans le « trop affectif », cache souvent le désir de se protéger – en évitant certaines réactions ou certaines vérités –, de se rassurer sur sa capacité à « aimer » l'autre, de ne pas avoir à « vivre » véritablement la relation – par crainte de ne pas suffisamment lui apporter et/ou d'être rejeté – et, la plupart du temps, celui de chercher à plaire et à être « aimé ». En cette matière, la « demande » est très souvent proportionnelle au « don » : on « aime » beaucoup avec en retour une demande à l'identique, d'où de fortes déceptions parfois.

Les comportements « affectifs » ne déterminent pas des capacités plus importantes d'empathie. L'*affectif* et l'*humain* méritent, notamment dans l'univers professionnel mais parfois aussi dans la sphère privée, d'être une fois pour toutes dissociés. On est sans nul doute davantage « humain » quand on « respecte » l'autre que quand on l'« aime ». On est *a priori* également d'autant plus en capacité réelle d'empathie.

Empathique ? pas tant que ça !

Véronique a un contact facile et parle beaucoup avec ses équipes dont elle se pense et se dit très proche. Toutefois, elle parle surtout de ses contraintes, ses problèmes avec le client, avec Danièle, l'assistante, qui est en dépression et caractérielle, ses enfants… sans jamais penser à demander aux autres comment ils vivent telle ou telle situation ni chercher, la plupart du temps, à comprendre leur point de vue. Si elle « aime » beaucoup ses équipes et si elle ne souhaite aucune barrière, Véronique, qui a surtout énormément besoin d'être appréciée, ne se préoccupe pas le moins du monde de leurs états d'âme ni des émotions négatives qu'elle-même génère parfois et dont elle n'a nullement conscience.

Jean-Philippe, comme Véronique, est très « affectif », extraverti et plutôt volubile. Toutefois, il comprend et s'entend bien uniquement avec les personnes qui fonctionnent comme lui, incapable de collaborer avec des gens plus froids, moins démonstratifs, plus indifférents ou moins passionnés. Il a même tendance à s'en méfier, à les critiquer, bref à ne pas les « aimer » et à ne jamais prendre en compte leur réalité ni leur personnalité, au point de ne pouvoir parfois interpréter cette différence que comme un rejet, une non-affection à son égard.

J'écoute beaucoup les autres : suis-je empathique ?

Tout comme l'on croit parfois être dans l'empathie parce que l'on éprouve de la sympathie pour quelqu'un, l'on pense fréquemment faire preuve d'empathie parce que l'on passe beaucoup de temps – parfois trop – à « écouter » ses collaborateurs, ses collègues, ses clients, parfois même ses patients, ses amis, ses enfants ! Si écouter quelqu'un signifie être disponible et lui consacrer du temps, cela ne signifie pas pour autant être dans l'empathie. Passer du temps, être physiquement présent, n'implique pas forcément se mettre à la place de l'autre, ni essayer de le *comprendre*. De plus, on peut écouter sans « entendre » ce que l'autre dit, ni ce qu'il ressent, c'est-à-dire écouter les faits sans prendre en compte les charges émotionnelles qui y sont liées ni pourquoi elles le sont.

> Au-delà de la difficulté à proprement parler d'écouter quelqu'un, de l'entendre, il est bon de prendre conscience que l'on peut avoir d'autres objectifs que de l'écouter vraiment.

Se donner bonne conscience

En consacrant du temps à l'autre, on peut en fonction des circonstances se donner bonne conscience en ayant le sentiment de faire son « devoir », se rassurer sur son professionnalisme, voire sur son *humanité*, quand il arrive que l'on soit amené à jouer certains rôles ou à accomplir certaines tâches avec lesquels on ne se sent pas toujours en accord. Ainsi peut-on « jouer » sur le registre de l'écoute, de l'*empathie* quand l'intention est, en réalité, uniquement de se rassurer soi-même et/ou d'être reconnu par l'autre, selon les cas, comme bienveillant, professionnel, gentil, « humain »…

Se montrer aimable et sympathique

En « écoutant » l'autre, en lui témoignant de l'intérêt, en reconnaissant son importance – du moins en apparence –, on peut chercher, tout comme lorsque l'on est « dans l'affectif », à « se protéger » de ses réactions éventuelles : *« X aura moins l'envie de contester, de s'opposer si je l'écoute et si je lui démontre ainsi que je m'intéresse à lui, qu'il est important et, parallèlement, que je suis aussi quelqu'un d'aimable et de "sympathique" ».*

S'économiser

Quand on « écoute » beaucoup (trop ?) les autres, même ses proches, cela recouvre parfois une « protection » subtile et d'une autre nature : s'épargner, s'économiser, s'éviter d'avoir à « creuser », soit parce que l'on n'a tout simplement pas envie de dépenser son énergie, de s'impliquer davantage ou que la situation de l'autre ne nous intéresse pas vraiment, soit parce que l'on craint de ne pas être en capacité de l'aider ou de lui apporter de solution. La quantité d'écoute remplace alors sa qualité.

Je passe énormément de temps à écouter

Responsable des ressources humaines, Valérie raconte en séminaire qu'elle passe beaucoup de temps en entretien à écouter les salariés qui s'installent parfois dans son bureau pendant des heures, aux dépens d'ailleurs d'autres tâches, mais qu'elle donne la priorité à cette écoute même si cela désorganise très souvent ses plannings. En l'entendant, certains de ses collègues sont admiratifs, d'autres perplexes. Elle-même a vaguement conscience que son attitude est excessive et, au final, la plupart du temps ni très satisfaisante ni toujours productive, même pour le salarié. Certes, Valérie a envie d'aider l'autre et a conscience dans son métier du rôle important de l'écoute, mais elle réalise en creusant un peu qu'en écoutant aussi longuement les autres, elle cherche souvent en réalité à avoir d'elle-même et à leur donner une bonne image, à savoir celle d'une responsable ressources humaines « à l'écoute », « empathique », « humaine », à combler également un léger manque de confiance en elle surtout quand dans certains cas elle ne sait pas trop comment faire avancer le dossier. Finalement Valérie prend conscience qu'elle écoute beaucoup pour se rassurer elle-même.

On ne le réalise pas toujours suffisamment : l'écoute et surtout le « trop d'écoute » peuvent correspondre à une recherche plus ou moins consciente d'image, de réassurance, de mise à l'abri, de gratification et, parfois même, de manipulation. Cela n'empêche pas qu'il puisse y avoir en même temps un intérêt pour l'autre, mais l'essentiel de son attention est alors malgré tout axé sur soi, tourné vers soi. La question à se poser est toujours celle de savoir pourquoi l'on écoute et ce que l'on cherche véritablement à comprendre de l'autre.

« Trop » d'écoute ou « trop » d'affectif : les besoins cachés

- Besoin de reconnaissance.
- Besoin d'être « aimé ».
- Besoin de réassurance.
- Besoin de séduction.
- Évitement d'avoir à creuser.
- Évitement de la relation réelle et/ou la confrontation.
- Protection par rapport aux réactions de l'autre.
- Manipulation.

Fausse empathie et crainte d'être « embarqué »

Il y a certes des conséquences négatives à ne jamais être dans l'empathie, mais croire être empathique quand on éprouve de la sympathie pour quelqu'un, de l'affection ou simplement quand on passe beaucoup de temps à écouter l'autre, comporte des risques.

Selon le contexte, la nature de la relation, on peut perdre du temps ou de l'énergie – par exemple, si l'on s'investit trop affectivement sans nécessité – ou bien encore générer des frustrations – si l'autre réalise que la « sympathie », l'« écoute », le comportement « affectif » sont en réalité une fausse empathie –, ce qui conduit parfois à une véritable et très rapide dégradation de la relation.

C'est aussi quand on n'est pas vraiment dans l'empathie que l'on risque le plus de se laisser « embarquer » par l'autre, de perdre de vue ses objectifs, de ne plus jouer réellement son rôle, voire de manquer de pertinence – au cours d'un entretien par exemple. Lorsqu'on sympathise, quand on est

« affectif » ou bien quand on écoute trop, il y a un risque réel de ne plus maîtriser la situation et/ou de perdre de vue ses objectifs et intérêts. Lorsque l'on craint de se laisser envahir par les émotions, les états d'âme d'autrui, de ne pas savoir mettre une limite, d'être soi-même déstabilisé, c'est souvent précisément parce que l'on n'est pas dans l'empathie mais dans autre chose. Cette crainte peut d'ailleurs conduire des personnes qui se savent très « affectives » et trop « empathiques » à préférer par « protection » rester indifférentes, froides et factuelles, dans le contrôle d'elles-mêmes, au risque de passer là aussi à côté de l'objectif.

Détecter la fausse empathie permet de facto d'être davantage dans l'empathie réelle.

Ainsi, savoir détecter la « fausse » empathie comporte, outre ne pas se leurrer soi-même, un double avantage : celui de ne pas se méfier à tort de l'empathie – qui, elle, ne peut être que bénéfique – et, inversement, de se méfier davantage d'attitudes qui, pour paraître altruistes, tournées vers l'autre et donc en apparence empathiques, ne le sont pas forcément…

« Vraie » empathie	« Fausse » empathie
Attitude centrée sur l'autre	Attitude égocentrée
Aucune nécessité de lien affectif	Présence ou recherche d'un lien/affectif/affection
« Compréhension » de l'émotion	Partage de l'émotion
Représentation/imagination de l'émotion	Projection
Absence de risque « fusionnel »	Risque de « fusionnel »

MÉMO

L'empathie n'est pas...	L'empathie c'est...
Partager les émotions de l'autre.	Être ouvert à l'autre.
S'identifier à l'autre.	Chercher à comprendre l'état *affectif* de l'autre.
Projeter ses propres sentiments sur l'autre.	Être à l'écoute des ressentis et des « besoins » de l'autre (en restant à l'écoute des siens).
Fusionner avec l'autre.	Chercher à comprendre les émotions et les réactions de l'autre :
Adopter le point de vue de l'autre.	– même si nos intérêts divergent avec les siens ;
Éprouver de l'affection pour l'autre.	– même si l'on n'a aucune sympathie pour lui.

TEST

Êtes-vous « empathique » ?

1. **Avez-vous tendance à aborder les échanges de fond ?**

    a) Facilement   b) Difficilement   c) Très difficilement

2. **Cherchez-vous en général à comprendre les réactions d'autrui ?**

    a) Souvent   b) Rarement   c) Jamais

3. **Observez-vous le comportement des autres ?**

    a) Souvent   b) Rarement   c) Jamais

4. **Vous mettez-vous spontanément à la place de l'autre ?**

    a) Presque toujours   b) Assez rarement   c) Pratiquement jamais

5. **Êtes-vous attentif aux besoins des autres ?**

    a) Souvent   b) Rarement   c) Jamais

6. **Dit-on de vous que vous êtes un « affectif » ?**

   a) Rarement   b) Jamais   c) Absolument

7. **Cherchez-vous des similitudes entre vous et autrui ?**

   a) Très rarement   b) De temps   c) Souvent
                          en temps

8. **Cherchez-vous à comprendre ce que l'autre ressent vraiment ?**

   a) Souvent   b) Rarement   c) Jamais

9. **Avez-vous besoin de partager avec l'autre le même vécu émotionnel ou affectif ?**

   a) De temps   b) Très rarement   c) En permanence
      en temps

10. **Êtes-vous au clair sur vos propres croyances ?**

    a) Plutôt   b) Cela dépend   c) Pas vraiment
                        des domaines

11. **Trouvez-vous les autres dignes d'intérêt ?**

    a) La plupart   b) De temps à autre c) Exceptionnel-
       du temps   lement

12. **Avez-vous envie de savoir ce que les autres « vivent », ressentent intérieurement ?**

    a) Souvent   b) Rarement   c) Jamais

13. **Avez-vous besoin que l'autre perçoive les choses comme vous ?**

    a) Souvent   b) Rarement   c) Jamais

14. **Êtes-vous quelqu'un d'indifférent ?**

    a) Parfois   b) Souvent   c) Toujours

15. **Remarquez-vous spontanément la tristesse, la peur, la joie de quelqu'un ?**

    a) La plupart   b) Assez rarement   c) Pratiquement
       du temps   jamais

16. Vous arrive-t-il de passer du temps pour écouter quelqu'un ?

a) Souvent   b) Rarement   c) Jamais

17. Avez-vous tendance à vous considérer supérieur aux autres ?

a) Très rarement   b) Parfois   c) Souvent

18. Avez-vous tendance à chercher l'approbation des autres ?

a) Rarement   b) Souvent   c) Presque toujours

19. Pouvez-vous accepter facilement de modifier l'organisation que vous aviez prévue ?

a) La plupart   b) Rarement   c) Jamais
du temps

20. Êtes-vous tolérant ?

a) La plupart   b) Rarement   c) Jamais
du temps

RÉSULTATS

Comptez 3 points pour les réponses a, 2 points pour les réponses b, 1 point pour les réponses c.

Entre 40 et 60 points : vous avez manifestement des tendances très empathiques ; vous êtes probablement plutôt ouvert, à l'écoute des autres et de leurs émotions, sans trop de jugement à leur égard. Vous êtes probablement aussi plutôt naturel avec les autres, sans chercher systématiquement à les séduire ou à leur « plaire ».

Entre 20 et 40 points : vous avez quelques atouts pour l'empathie, mais…

– soit vous n'êtes pas suffisamment attentif aux émotions des autres,

– soit vous recherchez trop leur approbation,

– soit vous n'êtes pas vraiment intéressé par les autres.

Entre 0 et 20 points : vous êtes manifestement très peu empathique. Repérez vos principaux points faibles au niveau des réponses que vous avez cochées. S'agit-il d'un blocage émotionnel, d'un désintérêt pour les autres, d'un manque complet de disponibilité ou d'un trop fort besoin d'être aimé ?

2

Les différents degrés d'empathie et leurs effets

Sans être expert, on sent bien quand on parle d'« empathie » qu'il existe une différence entre chercher à entrer dans la « bulle » de l'autre, à « percevoir le cadre de référence interne d'autrui », comme le dit Carl Rogers, à tenter de « saisir » le sentiment, l'émotion de quelqu'un d'autre, – de manière éventuellement à pouvoir l'aider – ou bien, lors d'un désaccord par exemple, se mettre à sa place afin de mieux comprendre son point de vue. Si les ressorts et les mécanismes sont en partie identiques et s'il s'agit toujours d'entrer dans l'univers d'autrui, il existe de fait plusieurs niveaux d'empathie. Selon la nature de la relation, le contexte, l'implication personnelle et le métier exercé, chaque situation induit ou nécessite un degré particulier.

Connaître ces différents niveaux permet d'identifier quel axe il convient pour soi de développer, savoir en situation quel serait idéalement le degré souhaité pour mieux « comprendre » autrui, et cerner ce que plus particulièrement chacun déclenche en l'autre ; ceci de manière, en fonction des circonstances, à avoir le niveau adéquat d'empathie et ainsi paradoxalement, à mieux « contrôler » ce qui se passe dans les réactions de l'autre et dans sa relation avec lui.

Si un comportement empathique favorise la qualité des relations, notamment dans des moments de tension, il produit aussi indirectement – par le regard porté sur l'autre, qui se sent alors « reconnu », « entendu » –, des effets globalement positifs, tant individuellement que collectivement, entraînant de nombreux bénéfices cachés qui se répercutent en chaîne, parfois à retardement, et dont on est rarement conscient.

On peut dire qu'il existe trois degrés d'empathie. Ces niveaux ne sont pas complètement étanches, bien au contraire.

L'« état » empathique

> « Si quelqu'un comprend ce que cela fait d'être moi sans chercher à m'analyser ni à me juger, alors je peux m'épanouir et me développer dans cette atmosphère[36]. »

Qu'est ce que l'état empathique ?

L'état d'empathie relève en grande partie de l'*empathie* du psychothérapeute, en tout cas de l'individu qui fait suffisamment de place à l'autre dans ce qu'il est profondément, dans ce qu'il a d'unique, pour l'aider à se rencontrer lui-même. On peut presque dire qu'il ne s'agit pas là de chercher à « comprendre » une émotion, une réaction mais à reconnaître l'autre dans ce qu'il vit, dans ce qu'il est. C'est un état proche de ce que Rogers appelle l'« écoute empathique ».

Ainsi peut-on définir l'« état » d'empathie comme la capacité à « entendre », à « écouter » ce que l'autre est, en tout cas au moment précis où il est face à soi sans rien chercher de particulier. Il est extrêmement rare d'avoir vis-à-vis de l'autre ou de recevoir soi-même une compréhension de cette sorte. En général, « *nous lui substituons un autre genre de compréhension très différent : "je comprends ce qui ne va pas", "je comprends ce qui vous fait agir comme cela", ou bien "moi aussi je suis passé par là et je n'ai pas du tout réagi de la même façon"*[37]. »

L'état empathique

- Tenter d'entrer dans la « bulle » de l'autre, de le prendre dans la globalité de « son » histoire, de ses valeurs, de ses ressentis.
- Essayer d'entendre ce qu'il dit ou cherche à dire sans rien viser de particulier.

© Groupe Eyrolles

Les bienfaits de l'état empathique

L'état empathique en permettant à l'individu de se sentir pleinement *reconnu*, a de multiples effets positifs.

Mobiliser toutes les re-sources humaines

Dès que l'on est dans l'empathie, *a fortiori* au sens rogérien du terme, l'autre se sent regardé, pris en compte autrement. Un être dont on « entend » et, par conséquent, dont résonnent les émotions, les ressentis, se sent davantage exister et davantage *vivant*, même sur un court instant, au-delà de son rôle, de sa fonction, de son statut, de l'enjeu même de la relation. Il peut donc plus facilement rebondir, retrouver, au sens propre du terme, confiance en lui, en ses capacités propres, en ses ressources, se sortir de situations difficiles, accepter des situations dévalorisantes pour lui, accepter de se remettre en cause pour évoluer.

Là sont les ressources. La personne existant ainsi par ce regard porté sur elle, en dehors de son « problème », de son « échec », de sa « difficulté » peut plus facilement dépasser ses blocages et trouver en elle les ressources nécessaires pour avancer. Cette reconnaissance est d'autant plus importante pour l'individu quand, pour différentes raisons, il se trouve précisément moins reconnu pour ses qualités ou pour ses compétences : s'il est remis en question ou si on lui fait part de ses limites, par sa fonction si elle est menacée, par son statut s'il tombe malade, par son pouvoir s'il le perd, etc.

Elle retrouve confiance en elle

Annie occupe depuis plus de trois ans un poste pour lequel elle n'a pas toutes les compétences requises et se trouve de surcroît en porte-à-faux entre deux responsables, Didier et Michel, qui ne s'entendent pas, bloquant chacun tour à tour ses initiatives. Frustrée, fragilisée, elle a perdu petit à petit confiance en elle. Plutôt que de reconnaître certaines limites ou d'essayer d'avoir un dialogue plus franc avec ses responsables, Annie, déjà facilement irritable, est de plus en plus critique et agressive. Profitant du contexte objectivement peu sain dans lequel elle se trouve, elle ne reconnaît ni ses insuffisances, ni sa part de responsabilité. Remontée contre Didier qui finit par la remettre en cause, tant au niveau de ses compétences que de son comportement, elle refuse d'envisager un éventuel changement de poste. La situation est de plus en plus tendue, et Didier demande à Danièle, responsable ressources humaines, en charge de l'unité, de recevoir Annie pour lui faire entendre « raison ».

Après trois entrevues avec Danièle, Annie prend sereinement la décision de chercher un autre poste dans le groupe. « D'abord je n'ai senti aucun jugement, aucun parti pris, aucune culpabilisation. Danièle n'a essayé ni de me raisonner, ni de m'engager à quitter mon poste, ni de voir dans l'immédiat quelle solution trouver au problème avec Didier, ni de savoir qui avait tort, qui avait raison : elle a pendant un temps mis de côté le problème et ses solutions. J'ai senti qu'elle faisait abstraction de tout ça. Elle m'a posé des questions sur ce que, moi, je vivais et comment je me sentais dans ce poste. Elle a écouté mes ressentis et essayé de comprendre pourquoi la situation avait évolué de la sorte, et pourquoi aujourd'hui j'étais aussi bloquée dans cette position – il faut bien l'admettre – très inconfortable pour moi. Avec le recul, je me rends compte maintenant qu'elle n'était sûrement pas dupe sur le fait que je n'étais pas complètement de bonne foi et que je cherchais à lui cacher, du moins au départ, mes insuffisances. Me sentant en confiance, reconnue de toute façon, et digne d'intérêt dans la mesure où elle m'écoutait vraiment, j'ai fini par admettre que j'aurais peut-être intérêt, au-delà du problème avec Didier, à retrouver un poste plus adapté à mes souhaits et à mes qualités. »

Créer un climat de confiance

C'est parce qu'il se sent *reconnu* que l'autre, non seulement, peut retrouver confiance en lui mais également qu'il est en confiance. En effet, si quelqu'un est suffisamment accueillant et ouvert, s'il sait à un moment s'oublier lui-même, oublier ses intérêts et ses objectifs et vous regarder, vous *reconnaître* comme une personne, alors on peut – au moins pendant un temps – se fier, voire se confier à lui. Il est, de fait, digne de confiance puisque ainsi il témoigne qu'il vous prend en compte et qu'il ne cherche pas seulement, selon les cas, à faire son devoir, à atteindre son objectif, à vous« utiliser », à se débarrasser du problème, etc.

Ainsi, l'empathie, ou plus précisément l'état empathique, crée la confiance. On entend parfois des managers dire avec une relative ambiguïté, « créer l'empathie » au lieu de dire, plus précisément, « être dans l'empathie » et « créer la confiance ».

(Re)donner l'envie et favoriser la motivation

Si j'ai confiance en celui qui me « reconnaît », en ne me sentant pas considéré comme un « pion », je serai probablement davantage motivé et j'aurai davantage envie d'adhérer et/ou de faire, moi aussi, quelque chose pour l'autre. À données équivalentes, pourquoi certaines personnes – professeurs, managers, médecins – en dehors, bien entendu, des compétences et qualités mises en œuvre, obtiennent-ils de meilleurs résultats quant à la motivation de leurs élèves, équipes, patients ? Outre la pédagogie, la psychologie, le savoir-faire, il y a fort à parier qu'à un moment, même minime, il y a une personne qui en considère une autre : or c'est là que profondément l'on peut motiver quelqu'un.

Au plan privé, l'état, le regard empathique, peu éloigné, en dehors du lien affectif, du regard de l'*amour*, produit aussi des effets non pas sur la motivation (terme à connotation essentiellement professionnelle) mais sur l'envie, le désir de grandir, de donner et de s'ouvrir.

Réduire le stress

Enfin, si je me sens reconnu et si j'ai confiance en l'autre, le climat sera probablement plus détendu et je serai moins stressé, moins oppressé, plus heureux. N'oublions pas que « stress » signifie à l'origine pression, dans tous les sens du terme : ne pas *reconnaître* quelqu'un et ne pas lui inspirer confiance sont deux pressions importantes. Elles sont probablement aujourd'hui dans les entreprises et dans notre société l'une des causes majeures et profondes de stress. Or, s'il n'est pas toujours possible de réduire les pressions extérieures, du moins peut-on toujours avoir un regard empathique, être en état d'empathie !

Si certaines personnes permettent, plus que d'autres, des évolutions, des ouvertures, favorisent un meilleur climat et suscitent davantage de motivation, il y a une raison !

État empathique	
Principaux effets	**Contextes adaptés**
Reprise de confiance en soi	Gestion de situations difficiles
(Re)motivation	Soutien ponctuel de personnes déstabilisées
Expression facilitée	Orientation
Acceptation de remise en cause	Relation d'aide
Évolution de comportement	Thérapies

En pratique

- Accueillir l'autre sans jugement ni intention particulière.
- Être dans le respect de ce que l'autre peut ressentir.

L'« attitude » empathique

Qu'est-ce qu'une attitude empathique ?

L'« attitude » empathique relève davantage d'une position, d'une disposition. Elle peut se définir comme l'intention d'écouter et de chercher à comprendre les sentiments et les émotions d'autrui ; nous sommes là au plus près de la définition à la fois courante et scientifique de l'empathie. Par rapport à l'état empathique, le champ d'écoute est en quelque sorte plus restreint, plus orienté aussi dans la mesure où l'on cherche là précisément à percevoir et à comprendre une émotion perçue et/ou exprimée par l'autre.

C'est cette attitude empathique qu'il convient de développer plus généralement, et au quotidien, dans toute relation affective ou professionnelle, notamment quand la dimension relationnelle et émotionnelle fait partie intégrante de son métier : management, ressources humaines, professions médicale, sociale, commerciale, relation d'aide, d'orientation, d'accompagnement…

L'attitude empathique

- Être sensible, attentif aux sentiments et aux émotions positifs et négatifs d'autrui.
- Tenter d'en comprendre la raison et essayer de favoriser l'expression de l'autre sur ses ressentis.

Les différentes étapes de l'attitude empathique

L'attitude empathique qui, plus que l'« état » ou le « comportement », relève du processus d'empathie à proprement parler, comporte elle-même plusieurs étapes :

- la première étape de l'attitude empathique est l'état de disponibilité, de réceptivité, d'ouverture à l'autre suffisant pour pouvoir percevoir ou deviner la présence d'une émotion. Si je ne suis pas réceptif, il y a peu de chances que je remarque les signes d'une émotion chez l'autre ou que j'y sois sensible ;
- la deuxième étape est la capacité à identifier la nature de l'émotion ; je peux ressentir un état émotionnel, une charge émotionnelle, mais savoir identifier cette émotion constitue un degré supplémentaire de l'attitude empathique ;
- la troisième étape, une fois identifiée la nature de l'émotion, est la capacité à comprendre la raison de l'émotion ;
- la quatrième étape est la capacité à favoriser l'expression de l'autre, de manière précisément à mieux comprendre les raisons et éventuellement à approfondir ;
- la cinquième étape est la capacité à communiquer sur l'émotion.

On peut ajouter une sixième étape : la capacité, à partir de ce que l'on a perçu et compris de l'état émotionnel de l'autre, de prévoir ses ressentis, son comportement et ses réactions.

Avoir en tête ces différentes étapes, permet de savoir en contexte réel, et de manière plus générale, où porter son attention et/ou axer ses progrès. On peut, en effet, être réceptif ou deviner l'émotion mais ne pas la comprendre, la comprendre mais ne pas savoir communiquer dessus, être capable de comprendre l'émotion d'autrui mais ne pas être réceptif, etc.

Les étapes de l'attitude empathique

- 1re étape : percevoir l'émotion de l'autre.
- 2e étape : identifier la nature de l'émotion.
- 3e étape : « comprendre » le pourquoi, l'origine de l'émotion.
- 4e étape : communiquer sur l'émotion.
- 5e étape : favoriser l'expression de l'autre sur son émotion.

Les effets de l'attitude empathique

Doublée d'un état empathique ou seule, l'attitude empathique a, elle aussi, de nombreux effets positifs.

Décrisper des situations tendues ou bloquées

Dès lors que l'on a une attitude empathique, c'est-à-dire lorsque l'on perçoit l'émotion de l'autre et que l'on cherche à en comprendre les raisons – pourquoi, par exemple, il ressent un malaise, est en colère ou éprouve un sentiment d'échec –, il y a fort à parier que, déjà, la tension décroît dans la mesure où on prend en considération l'autre et qu'il se sent exister. Par ailleurs, le fait de l'aider à s'exprimer et à prendre conscience de ce qui le rend violent ou nostalgique, désamorce aussi en partie la tension et les émotions, notamment négatives ; surtout s'il découvre en parlant, quel besoin, quelle demande, quel désir, se cachent derrière son émotion.

Parallèlement, il est certain que si je comprends la raison d'une émotion, d'une réaction, et ce, *a fortiori* si je suis partie prenante, il devient plus aisé en ayant les bonnes informations d'apporter une réponse, d'adopter une attitude, de trouver un argument, une compensation appropriés qui contribueront probablement eux aussi, au-delà du regard empathique, à lever un certain nombre de blocages.

Repartir sur d'autres bases

Tout le monde est mal à l'aise dans le service à cause de Francis. Très démotivé, il passe beaucoup de temps à se plaindre auprès de ses collègues, crée une ambiance négative, désagréable, et personne ne sait à présent comment gérer ce problème qui perdure. Quant à son manager, il n'a guère le temps ni forcément l'envie de se confronter à la question. Francis a été mis deux fois, un peu contre son gré au départ, sur des projets qui ont été arrêtés en cours de route ; au passage, il n'a pas connu l'évolution dont il aurait dû bénéficier et qui lui avait été promise. Il a du même coup raté l'opportunité de se positionner sur un autre projet qui l'aurait beaucoup intéressé, parce qu'il n'a pas été mis au courant que la mission sur laquelle il était allait s'arrêter. Parallèlement, si Francis a des qualités et des compétences, personne n'a jamais pris vraiment le temps ni la peine de lui dire ce qu'il devait améliorer pour connaître l'évolution qu'il souhaitait. Se sachant lui-même vaguement un peu en décalage avec ses ambitions, il n'a jamais véritablement cherché non plus à connaître l'avis de ses hiérarchiques. Ainsi Francis se sent-il un peu floué et en perte de confiance, dans la mesure où il se retrouve pour l'instant sans poste à part entière, avec une perspective d'évolution une fois encore repoussée.

Un nouveau manager est nommé à la tête du service. Très rapidement, il reçoit Francis après s'être informé des antécédents. Il lui parle honnêtement en lui disant ce qu'il connaît de sa situation, lui demande comment il a vécu tous ces événements. Il lui signifie qu'il comprend sa frustration et sa crainte de ne jamais être positionné sur des missions valorisantes et lui précise qu'il souhaite à présent trouver avec lui une solution satisfaisante.

David contribue ainsi à la résorption de l'abcès, ce qu'aucun des autres responsables n'avait su ou pris le temps de faire. Personne en effet ne s'était donné la peine de se mettre à sa place pour comprendre ce qu'il pouvait ressentir : frustration, sentiment d'être mené en bateau et sentiment d'échec, d'inutilité, perte de confiance dans son management, doute sur ses capacités, etc.

Aborder et vivre plus aisément des annonces difficiles

On imagine aisément à quel point l'attitude empathique est incontournable dans les contextes délicats, les situations de crise, les annonces pénibles, les moments de vérité parfois difficiles à accepter pour l'autre. Le fait, là encore, de prendre l'autre en compte, de chercher à le comprendre et éventuellement de pouvoir mettre le doigt sur ce qui le fâche, sur ce qu'il craint le plus, sur ce qu'il a du mal à reconnaître, à accepter, à vivre, facilite à plus ou moins court terme une meilleure acceptation de la situation, quelle qu'elle soit.

Quand on doit annoncer à quelqu'un un refus, un problème, un changement non désiré, etc., adopter cette attitude empathique et savoir que l'annonce faite, l'on se mettra à *son* écoute en lui apportant ainsi un réconfort, parfois des clés, peut aider à aborder plus sereinement le dialogue. On a alors peut-être moins l'impression, surtout si l'on se sent démuni pour aider concrètement son interlocuteur, de ne lui assener qu'un « coup » sur la tête. Sinon, appréhendant soi-même la difficulté de l'annonce, l'on risque d'être d'autant plus maladroit et, pour se protéger, davantage fermé aux réactions de l'autre, de se montrer plus froid, ce qui paraît d'autant plus dur et inhumain à la personne concernée et risque de dégénérer en « conflit ».

Témoignages

Charles, médecin spécialiste : « J'avais de temps en temps ce type d'attitude, mais il est vrai que je me sens plus humain ainsi, surtout quand je dois annoncer des diagnostics sévères. Oui, dans les situations très dures, cela m'aide aussi ! »

Ariane, manager : « Cela me paraît plus facile à présent de dire à quelqu'un qu'il doit bouger parce que nous sommes en baisse de charge ou parce qu'il est en insuffisance professionnelle : j'ai moins l'impression de jouer un rôle de censeur ou de « casser » les gens. Je pense que ce serait la même chose pour moi ; même si j'étais un peu paniquée et révoltée, je le prendrais probablement mieux si l'on comprend ma peur, ma colère, mon sentiment d'injustice, si l'on me questionne pour comprendre ce que j'ai le plus de mal à accepter, ce que ça touche en moi, D'après moi, cela enrichit aussi beaucoup mon rôle de manager. »

Éric, commercial : « Même s'il y a un problème dont nous sommes en partie responsables, je me sens moins coupable vis-à-vis du client, moins mal à l'aise en sachant qu'au-delà de la solution que nous allons essayer de trouver, je peux compatir et exprimer, sans craindre que le client en profite par exemple pour renégocier, que sa réaction me semble justifiée.»

Désamorcer des réactions négatives

Au-delà de l'impact positif du regard empathique sur la capacité à se remettre en cause, on peut, si l'on cherche à comprendre et à décoder les émotions de l'autre, l'aider à prendre conscience des raisons de son émotion, désamorçant ou débloquant ainsi certaines réactions négatives, et lui permettre alors de réfléchir, voire, si son émotion est récurrente, de l'aider éventuellement à changer, à évoluer. Si quelqu'un, par exemple, se met fréquemment en colère parce qu'il ne se sent pas reconnu, son émotion a tendance à décroître lorsqu'on l'écoute, même sans partager son point de vue, et il peut par conséquent réfléchir aux raisons de sa colère, ce qui, à plus ou moins long terme, peut l'aider à désamorcer ce type de réaction.

Certes, quand on détient un certain nombre de clés, une attitude empathique peut, si l'on va suffisamment loin et si l'on a accès à la compréhension d'un certain nombre de peurs, de besoins ou de désirs à l'origine d'une émotion, favoriser ainsi l'évolution personnelle ou comportementale de l'intéressé. Les émotions, notamment récurrentes, sont souvent en effet l'expression de frustrations, de peurs ou d'émotions plus anciennes non gérées ; nous y reviendrons. C'est d'ailleurs ainsi – entre autres – que les psychothérapeutes, en remontant à la source d'une émotion, peuvent déjouer des blocages, guérir des blessures psychologiques. Voilà pourquoi Éric Albert, qui prône l'empathie en milieu professionnel, dit que « *pour lever les blocages d'origine psychologique, le repérage des émotions est le point de départ incontournable*[38] ».

Attitude empathique	
Principaux effets	**Contextes adaptés**
Évolution de situations bloquées	Tout contexte relationnel
Meilleure acceptation d'annonce difficile	
Évolution des comportements	Accompagnement

En pratique

- Savoir oublier ses propres objectifs et se rendre disponible.
- Se mettre à l'« écoute » des émotions.
- Tenter de les identifier.
- Tenter d'en comprendre la raison.

Le « comportement » empathique

Qu'est ce qu'un comportement empathique ?

Avoir un comportement empathique relève d'une manière de se comporter et de réagir vis-à-vis de l'autre, et vise plus précisément encore à comprendre son ressenti, à partir de ses objectifs, de son mode de fonctionnement, et de ses contraintes. Il s'agit là, à proprement parler, de « se mettre à la place de » pour mieux percevoir le « point de vue » de l'autre par rapport au sien et pour comprendre ses réactions, notamment vis-à-vis de soi si l'on est partie prenante.

Précisons que pour avoir un comportement empathique il n'est ni souhaitable, ni nécessaire de se référer à des typologies trop réductrices de comportement ou de personnalités ni, sur un autre registre, de vouloir à tout prix et systématiquement comprendre dans le détail le fonctionnement de l'autre. Réussir simplement à se décentrer pour se mettre à la place de son interlocuteur, le lui faire savoir, lui poser franchement la question sur ses besoins, ses ressentis suffit la plupart du temps à apaiser les débats. Par ailleurs, comme il existe au-delà des différences une dimension universelle dans les réactions des êtres humains, il suffit bien souvent de considérer le contexte de l'autre, ses objectifs, ses contraintes, pour accéder plus aisément à son état d'esprit et reconnaître ainsi que, dans un certain nombre de cas, nous réagirions probablement sensiblement de la même façon.

Le comportement empathique

En situation de conflit, de désaccord, quand une réaction, un comportement de l'autre nous irrite, nous déstabilise, nous agace, nous exaspère, nous fait perdre du temps...

- Essayer de se décentrer et de se mettre à la place de l'autre.

- Prendre en compte les caractéristiques, les habitudes, les besoins, les fonctionnements, les contraintes, les objectifs, les peurs, les intérêts, le niveau de connaissance ou d'information de l'autre.

Les impacts du comportement empathique

Se mettre à la place de l'autre pour mieux le comprendre et mieux comprendre ses réactions rend au quotidien les relations plus faciles, favorise des ambiances plus détendues et évite les pertes d'énergie.

Créer des relations plus fluides et plus constructives

Toute relation, on le sait, est souvent empreinte de petites tensions, d'irritations, de susceptibilités, d'incompréhension et parfois de « conflits » plus lourds. Avoir un comportement empathique favorise des relations plus fluides et le dénouement de situations bloquées. Être en mesure de percevoir les émotions d'autrui et de les décoder, surtout si l'on est en partie à l'origine de ladite émotion, permet indubitablement de déjouer certaines tensions, conflits, malentendus et d'harmoniser la relation à l'autre.

Le fait de prendre l'autre en compte le valorise, lui donne une importance et lui fait plaisir. En se « mettant à la place » de l'autre, l'on peut « comprendre » plus facilement qu'une personne soit agressive parce qu'au fond elle est en colère, ou qu'une autre réagisse violemment, non pas directement à notre égard – même si on l'a perçu ainsi –, mais parce qu'elle vient de connaître une grave déception, ou qu'une autre encore puisse interpréter complètement différemment de nous un fait, une remarque. Si, de plus, l'on réussit à en parler, nul doute alors que ce comportement lève des frustrations de part et d'autre, que la relation ou l'ambiance se pacifie et que l'on augmente les chances de parvenir à un accord. Dans tous les cas, cela permet de préserver une relation constructive et rend possible à terme un dialogue.

Incompréhension maximale

Patricia est la supérieure hiérarchique de Guillaume ; elle est aussi affective, volubile, lunatique que Guillaume est froid, réservé et stable d'humeur.

Guillaume n'échange avec Patricia que quand cela est nécessaire et, comme Patricia est très occupée, il ne souhaite pas, par respect, la déranger pour rien. Ayant un fort besoin de parler, de contact, Patricia ne comprend pas pourquoi Guillaume est le seul dans l'équipe à être aussi distant. Plutôt que de comprendre que Guillaume fonctionne différemment d'elle, avec des besoins autres, sans que cela signifie qu'il ne l'apprécie pas ou qu'il cherche à la court-circuiter, Patricia commence à le prendre en grippe, à ne pas l'informer, ce que naturellement Guillaume vit mal. Celui-ci de son côté ne comprend pas du tout comment ni pourquoi un « chef » a un tel besoin d'échange et, selon lui, de « familiarité ».

De plus en plus ostensiblement, Patricia traite Guillaume différemment des autres membres de l'équipe : réflexions, rétention d'informations, non-convocation à certaines réunions. Guillaume commence à très mal vivre la situation, d'autant qu'il ne comprend pas du tout pourquoi elle agit ainsi envers lui, devenant alors d'autant plus froid, plus distant, plus « neutre » ; leur relation se tend de plus en plus. En fait, ni Patricia ni Guillaume n'ont un comportement empathique ; au-delà de leurs différences, aucun ne perçoit la gêne, le malaise, voire l'appréhension de l'autre. Patricia, trop affective, se sent déstabilisée par le regard froid de son jeune collaborateur et prend contre elle une attitude naturelle chez lui. Guillaume, de par ses valeurs, son fonctionnement, la représentation qu'il se fait d'un « chef », *a fortiori* plus âgé, non seulement ne comprend pas son besoin de contact et de réassurance permanent, ni l'émotion produite quand ce « contact » n'est pas créé, mais se trouve lui aussi très déstabilisé par l'attitude de Patricia, dans la mesure où il se sent remis en cause au plan professionnel.

Éviter les pertes d'énergie

Un comportement empathique évite souvent les contentieux et/ou, si l'on a affaire à une personne particulièrement difficile, la dégradation d'une situation. Moins d'énergie est alors perdue en tensions, en mauvaises interprétations, en colère larvée, en déconcentration, etc.

C'est leur intérêt commun

Liliane est nommée chef du laboratoire à la place de Florence, son homologue, qui attendait ce poste. Les deux femmes ne s'apprécient ni au plan de leur personnalité, ni au plan professionnel. Quelques tensions, pour ne pas dire conflits, se sont déjà produites. Liliane, si elle est ravie de cette nomination, craint – ayant été plusieurs années au même niveau que ses collègues, notamment que Florence –, de ne pas savoir s'imposer et ce d'autant que sa nomination n'a pas été bien amenée ni clairement explicitée. Anxieuse, elle redoute aussi un peu d'isolement. Toutefois, assez mûre et généreuse, ne souhaitant surtout pas rentrer dans des conflits ni y perdre de l'énergie, elle se met tout de suite à la place de Florence, comprend son désarroi, sa jalousie, d'autant que Florence est plus âgée de quelques années, vit seule avec un enfant, alors qu'elle-même est mariée et qu'elle s'investit énormément dans son travail pour pouvoir mieux élever sa fille. Même si elle redoute cet entretien, deux jours après sa prise de poste, Liliane décide de parler à Florence. Elle se met à sa place et elle la comprend. Elle-même dans des circonstances similaires ne réagirait probablement pas, du moins au départ, de manière très différente ! Liliane précise que c'est leur intérêt à toutes les deux que le laboratoire tourne et que les choses se passent bien. Leur conversation permet au moins d'éviter que la relation ne s'envenime.

Comportement empathique	
Principaux effets	**Contextes adaptés**
Relations plus fluides et plus constructives	Tensions relationnelles
Ouverture réciproque	Gestion de conflits
Meilleur climat général	Climat tendu, crise
Plus grande efficacité	Situations bloquées
Maintien ou rétablissement d'un niveau de confiance	Contentieux, passif

En pratique

- Penser à se mettre à la place de l'autre.
- Savoir se mettre à la portée de l'autre.
- Penser à expliquer son propre point de vue, ses contraintes, son fonctionnement...

La « conscience » empathique

Qu'est-ce que la conscience empathique ?

Être capable d'empathie, ou plus précisément rester toujours conscient qu'il existe en toutes circonstances des émotions souvent cachées, non manifestées, et intégrer cet état de fait à son raisonnement, permet de déboucher sur deux actions, souvent confondues d'ailleurs avec l'empathie elle-même, alors qu'elles en sont des conséquences. Il s'agit, d'une part, de la capacité d'anticiper sur les réactions probables d'autrui et, d'autre part, de déjouer dans une situation donnée certains blocages liés à des émotions que l'intéressé refoule et dont il n'a pas lui-même forcément conscience.

La conscience empathique

- Avoir en permanence à l'esprit la présence de la dimension émotionnelle.
- Essayer en toutes circonstances d'en tenir compte.

Les atouts d'une conscience empathique

La possibilité d'anticiper

Être dans une conscience empathique, par conséquent informé sur l'état émotionnel de l'autre et/ou imaginer ce que peut produire sur une personne ou un groupe de personnes un fait, un discours, une attitude, permet plus aisément d'anticiper ; mieux évaluer par exemple l'opportunité ou non d'intervenir, de proposer ou non telle ou telle chose, de mieux choisir ses mots, son moment. On peut même, si l'on est bien entraîné, si l'on a le sens de la relation et si l'on est très empathique, deviner ce que nos propres réactions, émotions, pensées peuvent déclencher chez l'autre : je sais que Marie a peur, se referme et risque de se culpabiliser si je me mets en colère ; je sais que Pierre s'agace et s'impatiente quand je suis triste et apathique ; j'ai conscience que je deviens agressif quand j'ai peur, ce qui tend à rendre les autres eux-mêmes agressifs ou à les éloigner de moi, etc.

Comme le dit Claude Steiner « *cette conscience complexe de la façon dont les émotions se combinent les unes avec les autres dans un individu et entre plusieurs personnes est le niveau le plus élevé de la sophistication émotionnelle[39]* ».

Pourquoi n'ai-je pas trop mal réagi ?

Après une mobilité géographique effectuée un an plus tôt pour lancer un projet de développement commercial, sa société change de stratégie et Marc, chargé de ce projet, vient d'apprendre par son directeur que l'antenne de Toulouse est supprimée. Marc est au téléphone avec un collègue à Paris.

« J'étais inquiet et je me doutais, compte tenu de la manière dont évoluaient les choses, qu'ils allaient changer à nouveau de politique. Ce qui me met vraiment en colère, c'est que je suis venu à Toulouse, après maintes promesses, il n'y a même pas un an pour ce projet qui devait en durer au moins quatre !

Heureusement, Yves a été très bien. En fait, il a complètement anticipé, il a dû se mettre à ma place et penser à ce que j'avais besoin d'entendre. Il m'a dit que j'allais sûrement mal le prendre et qu'il le comprenait parfaitement, que ce n'était absolument mes compétences ni ce que j'avais déjà fait pendant un an qui était remis en cause, que tout le monde m'était reconnaissant de la décision que j'avais prise de partir, que bien sûr j'allais réintégrer le service…

Cela ne m'étonne pas de lui : il est vraiment fort, humainement. Maintenant, j'attends de voir. »

Lever des freins, des résistances

Être à l'écoute des émotions, être conscient dans tous les cas qu'elles existent, et révéler parfois à une personne qu'elle a enfoui en elle des émotions dont elle-même n'a pas conscience, qu'elle les refoule, peut désamorcer des réactions négatives et éviter des blocages, car ce sont la plupart du temps les émotions non gérées qui sont à l'origine des situations bloquées, tendues.

Si, par exemple, j'ai face à moi une personne bloquée qui refuse toute solution proposée, qui est en désaccord sur tout, je peux penser, si j'ai à l'esprit l'importance des émotions, plutôt que de rester sur un terrain rationnel, que ce comportement cache une émotion refoulée et explorer avec elle la nature de cette émotion ; peut-être s'agit-il d'une colère rentrée contre une injustice passée, une tristesse liée à un deuil qui n'a pas été fait, etc.

Certes l'attitude empathique est la plus propice à ce type de déblocage, mais plus on a cette conscience empathique, plus ce réflexe est systématique.

Conscience empathique	
Principaux effets	**Contextes adaptés**
Entretien, annonces difficiles	Anticiper
Situations bloquées	Lever des freins, des résistances
Mise en place de projets, de changements	Amortir les réactions négatives Mieux communiquer

En pratique

- Être conscient de l'immanence des émotions.
- Savoir que les émotions ne se manifestent pas toujours.

	Degrés	Effets
État	Être en capacité d'entendre ce qu'une personne vit et « est » à un moment donné	Reconnaissance, plus de confiance, motivation, acceptation, remise en cause
Attitude	Disposition à percevoir et comprendre les émotions et les sentiments d'autrui	Situations moins crispées, relations plus harmonieuses
Comportement	Réaction qui consiste à « se mettre à la place de » pour mieux comprendre le point de vue d'autrui par rapport au sien	Désamorçage des conflits, tensions
Conscience	Savoir qu'il existe en permanence chez l'autre une vie émotionnelle	Anticipation, désamorçage de réactions négatives, blocages

De l'empathie « passive » à l'empathie « active »

Même si pour développer son « empathie » il n'est pas souhaitable (si toutefois cela était possible) de les dissocier complètement, on peut dire que l'idéal est de pouvoir naviguer d'une empathie plutôt intérieure et « passive » (conscience et état empathiques) à une empathie plus extériorisée et « active » (attitude et comportement empathiques).

C'est d'ailleurs ce qu'au fond, inconsciemment, tout individu perturbé, déstabilisé par ses émotions, attend et « désire » : le *respect* et le non-jugement, la prise en compte de ses émotions et l'écoute, la clarification et la facilitation pour l'aider à passer parfois à autre chose, enfin une anticipation sur d'éventuelles émotions négatives, qui sont toujours pour lui l'expression d'une souffrance.

Nous voyons ici très concrètement qu'il ne s'agit avec l'empathie, ni de voler au secours de l'autre, ni de prendre entièrement sa place en perdant de vue ses propres besoins, objectifs, désirs, ni de « sympathiser » avec lui. Par ailleurs, il ne s'agit en rien de se transformer en thérapeute sauvage.

État, attitude, comportement empathiques sont tous à trouver et à retrouver le plus souvent possible et surtout si la situation l'exige. La conscience, elle, doit être permanente alimentant ainsi les autres niveaux.

Empathie « passive » → Empathie « active »
Conscience → État → Attitude → Comportement

MÉMO

L'empathie n'est pas seulement	L'empathie, c'est surtout
Être attentif à l'autre.	Être conscient en permanence de l'immanence des émotions.
Écouter l'autre.	Reconnaître l'autre dans son existence propre.
S'adapter à ses besoins.	Éviter de le juger.
S'adapter à ses fonctionnements.	Chercher derrière ses émotions, à connaître ses besoins, ses désirs et ses peurs.
Changer de niveau de discours en fonction de lui.	Penser à se décentrer pour comprendre son point de vue.

TEST

Jusqu'où êtes-vous empathique ?

1. **Sentez-vous facilement les changements d'ambiance, d'atmosphère ?**

   a) Oui, tout à fait   b) De temps en temps   c) Rarement

2. **Vous arrive-t-il, sans événement apparent, de vous sentir subitement plus ou moins à l'aise face à l'autre ?**

   a) Très souvent   b) De temps en temps   c) Très rarement

3. **Réussissez-vous à identifier vos propres émotions ?**

a) La plupart   b) Parfois   c) Presque jamais
du temps

4. **Réussissez-vous à deviner la nature d'une émotion chez quelqu'un d'autre ?**

a) Très souvent   b) De temps   c) Très rarement
en temps

5. **Comprenez-vous pourquoi une personne a telle ou telle réaction ?**

a) Relativement   b) Assez rarement   c) Pratiquement
souvent   jamais

6. **Devinez-vous les intentions d'autrui ?**

a) La plupart   b) Parfois   c) Presque jamais
du temps

7. **Êtes-vous attentif aux motivations d'autrui ?**

a) La plupart   b) Parfois   c) Presque jamais
du temps

8. **Prenez-vous le temps d'observer les gens ?**

a) La plupart   b) Parfois   c) Presque jamais
du temps

9. **Parlez-vous facilement de vos émotions ou de celles d'autrui ?**

a) Relativement   b) Assez rarement   c) Pratiquement
souvent   jamais

10. **Trouvez-vous les mots justes pour nommer vos états d'âme ?**

a) Relativement   b) Assez rarement   c) Pratiquement
souvent   jamais

11. **Trouvez-vous les mots justes pour éclairer les autres sur les leurs ?**

a) Relativement   b) Assez rarement   c) Pratiquement
souvent   jamais

12. **Réussissez-vous à expliquer pourquoi une personne éprouve telle ou telle émotion ?**

   a) Relativement souvent   b) Assez rarement   c) Pratiquement jamais

13. **Vous fait-on des confidences ?**

   a) Relativement souvent   b) Assez rarement   c) Pratiquement jamais

14. **Appréciez-vous le fait d'être écouté, entendu dans vos ressentis personnels ?**

   a) Relativement souvent   b) Assez rarement   c) Pratiquement jamais

15. **Avez-vous des états d'âme ?**

   a) Relativement souvent   b) Assez rarement   c) Pratiquement jamais

16. **Parvenez-vous à aider les autres à exprimer ce qu'ils ressentent ?**

   a) Relativement souvent   b) Assez rarement   c) Pratiquement jamais

17. **Vous arrive-t-il de penser à la conséquence que votre attitude peut avoir sur l'autre ?**

   a) Assez souvent   b) Très rarement   c) Jamais

18. **Vous arrive-t-il sans y être contraint de penser aux émotions qu'une situation peut déclencher chez quelqu'un ?**

   a) Assez souvent   b) Très rarement   c) Jamais

19. **Décryptez-vous les intentions d'autrui ?**

   a) Assez souvent   b) Très rarement   c) Jamais

20. **Avez-vous le don de rendre des relations plus harmonieuses ?**

   a) En général, oui   b) Quelquefois   c) Pratiquement jamais

RÉSULTATS

Comptez 3 points pour les réponses a, 2 points pour les réponses b, 1 point pour les réponses c.

Entre 40 et 60 points : que vous en ayez conscience ou non, vous avez probablement un degré assez élevé d'empathie et votre entourage doit en être particulièrement satisfait.

Entre 20 et 40 points : vous avez, semble-t-il, un bon « terrain » empathique : il serait sûrement intéressant pour vous et pour votre entourage de le cultiver davantage.

Entre 0 et 20 points : votre conscience empathique est très peu développée : vous devez paraître froid et/ou blesser régulièrement d'autres personnes sans en être conscient.

3

Comment être davantage à l'écoute des « émotions » et des états d'âme d'autrui ?

Puisque l'empathie est innée, pourquoi sommes-nous d'une manière générale si peu empathiques et pourquoi cherchons-nous, une fois adultes, à la (re)développer. Sommes-nous d'une certaine façon coupés de nous-mêmes ? Aurions-nous dans nos sociétés, dans nos modes de vie et de pensée, en partie perdu notre capacité d'attention à l'autre ? Au-delà d'un tempérament plus ou moins « affectif », « froid » ou « empathique », il existe pour se rendre disponible, pour « ressentir » ou pour « comprendre » les « états » de l'autre, de nombreux freins qui parasitent cette faculté naturelle et empêchent d'être à l'« écoute ». Que ces obstacles viennent de l'autre ou de soi-même, du contexte ou de la relation, l'empathie ne relève jamais – loin s'en faut – d'un état permanent. Outre des obstacles structurels et cognitifs liés à la nature même de l'empathie, les freins psychologiques, une culture ayant jusqu'à présent assez peu mis en lumière l'importance de la vie émotionnelle ni valorisé la vie intérieure, beaucoup de pressions – notamment dans le monde professionnel –, sans parler des relations de pouvoir peu propices à l'empathie, inhibent parfois entièrement cette capacité.

Au-delà de la différence entre les individus qui rend parfois difficile la représentation des émotions d'autrui, les freins à l'empathie sont d'ordre :

- culturel, selon que la vie émotionnelle est admise ou non, valorisée ou non ;
- relationnel, quand prédominent notamment les relations de pouvoir ;
- sociétal, quand il existe beaucoup de pressions et peu de temps même pour soi ;
- psychologique, dans le besoin qu'a ou non un individu de contrôler ses émotions et celles des autres ;
- « égotique », c'est-à-dire lié à la difficulté de se décentrer de soi-même.

Valoriser la vie intérieure et émotionnelle

Plus on évolue dans un monde où les émotions et la vie intérieure sont prises en compte, valorisées et exprimées, plus on a *a priori* « naturellement » tendance à être dans l'empathie ; moins c'est le cas et plus on censure inconsciemment les ressentis et les états d'âme d'autrui, tout comme les siens.

L'émotion : une « faiblesse » ?

Nous avons en Occident pendant des décennies, pour ne pas dire des siècles, valorisé et privilégié le rationnel sur l'émotionnel, le cérébral sur l'affectif, la pensée sur la sensation. Preuve en est la véritable révolution produite par le livre de Daniel Goleman sur « l'intelligence émotionnelle », qui met en évidence l'existence de nos *« deux cerveaux, deux esprits et deux formes d'intelligence : l'intelligence rationnelle et l'intelligence émotionnelle »*. De fait, je constate fréquemment en séminaire combien l'univers des émotions, des ressentis, est méconnu, refoulé et encore vécu comme une perte de temps inutile, voire comme dangereux. Même si les mentalités et les comportements évoluent, nous vivons dans un monde où l'émotion reste encore associée à la faiblesse, à une perte de maîtrise, d'efficacité et de productivité, notamment dans les univers professionnels où restent malgré tout valorisés la force et le pouvoir, le rationnel et la logique, la maîtrise des situations et des process.

À partir du moment où l'on valorise le fait d'être « fort », de savoir se contrôler et de ne jamais perdre la « raison », il est logique et naturel que l'émotion – avec laquelle on perd, momentanément, le contrôle sur les événements et sur soi-même et avec laquelle on ne peut plus être entièrement rationnel – soit considérée comme une faiblesse. Les êtres « forts » se contrôlent, se maîtrisent, les êtres « faibles », fragiles, ne se contrôlent pas !

Si, par ailleurs, l'on part du principe sans faire de féminisme primaire que longtemps l'émotion a été l'apanage des femmes, elles-mêmes plutôt dévalorisées et considérées comme le sexe « faible » – le temps n'est pas si lointain où la femme « fragile » s'émouvait et où l'homme « fort » raisonnait et savait se contrôler –, on comprend qu'elle ait été d'autant plus perçue comme une faiblesse, presque une faute. Il n'est donc guère étonnant que l'on s'en méfie autant et que les hommes aient, peut-être, plus de mal encore que les femmes à être non pas dans l'empathie mais à avoir accès à leurs émotions. Au-delà de différences liées, semble-t-il, au fonctionnement du cerveau, il paraît difficile de nier l'impact culturel sur la différence de comportement des uns et des autres.

Émotions bannies

Antoine, telle une statue d'empereur romain comme le nomme l'un de ses collègues, ne montre rien, absolument rien de ses ressentis, sympathies, sentiments. Depuis 18 ans dans la même société, il ne se vit et ne se montre que comme un expert, qu'il est d'ailleurs. Né d'un père militaire, souvent absent, avec qui il n'a eu que très peu de contacts, et d'une mère très effacée, Antoine a été élevé dans un milieu où l'on ne devait absolument rien montrer de ses émotions, pas seulement dans sa vie professionnelle et sociale mais aussi dans sa vie personnelle, ce qui ne manque pas de lui poser des problèmes au plan privé. De plus, assez peu construit affectivement en raison de cette carence, Antoine, plutôt immature même à quarante-deux ans, ne sait pas vraiment comment instaurer à la fois une relation de confiance et d'égal à égal et cache ainsi cette faille en ne laissant rien transparaître de ses émotions. Passant pour quelqu'un d'excessivement dur, il est très isolé et ne comprend absolument pas que l'on ait des états d'âme, ni qu'on lui pose, même au plan professionnel, des questions sur ce qu'il demande de réaliser : il y a déjà réfléchi et en aucun cas il ne parlerait à la légère ; il est donc clair pour lui qu'il n'y a pas de questions supplémentaires à poser. Il y a, dans son service, de plus en plus d'absentéisme et dernièrement plusieurs personnes ont démissionné. Imperturbable, Antoine se fait alors toujours plus exigeant et raide avec les autres.

L'émotion dévalorisée

Ces oppositions entre force et faiblesse et leurs résonances sont amalgamées dans nos inconscients et, même si l'on s'en défend, encore très prégnantes. Ainsi préfère-t-on maîtriser les émotions, qu'il s'agisse des nôtres ou de celles des autres, craignant toujours qu'elles ne nous submergent si l'on s'aventure sur ce terrain et sur celui que l'on appelle parfois du « privé », de « l'intime ». La tendance a beau s'inverser, il suffit d'intervenir en entreprise pour réaliser à quel point la dimension émotionnelle n'a pas encore trouvé sa juste place. Je remarque souvent, au cours de séminaires de formation, le décalage qui existe entre la conviction tout intellectuelle de l'intérêt de prendre en compte les émotions et la capacité à le mettre en œuvre au cours d'exercices et de jeux de rôle ; les référents sont presque exclusivement professionnels et rationnels et beaucoup plus rarement émotionnels. On veut bien que l'autre s'exprime mais sur un canal attendu, on veut bien savoir ce qu'il ressent mais sans aborder ses ressentis ni sans vraiment en tenir compte ! Ce n'est parfois pas très différent dans les relations privées. Cette méfiance est d'autant plus vaine que l'autre ne déborde que très rarement. Contrairement à une « pensée » qui se développe, à une idée qui s'argumente, le ressenti, l'émotion ne font que s'évoquer... On persiste à penser de manière binaire que l'on risque de ne plus rien contrôler si l'on est sur le registre émotionnel. L'émotion n'empêche pas la raison, ni l'*humain*, l'efficacité.

L'action valorisée

L'« action », l'« agir », le « faire » et tous leurs effets, à savoir l'efficacité et, plus précisément, dans le monde du travail – ce qui en partie se conçoit – la production d'objets, l'obtention de résultats tangibles et concrets, voire – à notre détriment parfois – la réflexion, sont bien plus valorisés que la relation, l'ouverture à l'autre et l'écoute des émotions. De fait, ce qui n'est pas « matérialisable », ce qui n'est pas « immédiatement productif » ou immédiatement perçu comme « agissant et actif » n'est guère valorisé ;

c'est dire si l'émotionnel souvent insaisissable, parfois invisible et toujours subjectif, est essentiellement perçu comme un frein à l'action et souvent vécu comme un obstacle indirect à l'atteinte d'objectifs plus concrets.

Masculin, féminin…

Force est de constater qu'un monde où sont valorisés la puissance et la maîtrise d'un côté, la logique et le raisonnement de l'autre, où par ailleurs l'essentiel de l'énergie des individus est tourné vers la production de biens matériels et de produits de consommation, où se battre, gagner, être en concurrence, en rivalité, sont des moteurs importants, est un monde majoritairement empreint de valeurs symboliquement « masculines ». En conséquence, les valeurs « féminines » – notamment la « passivité », l'intériorité, l'ouverture, la réceptivité, l'intuition – à l'œuvre dans l'empathie n'y sont guère valorisées et n'y ont pas encore vraiment le droit de cité. Or l'empathie est chercher à ressentir non à prendre, à partager non à contrôler, à entrer dans une intimité de l'autre et de soi sans vainqueur ni vaincu. Il est d'ailleurs significatif de voir des hommes, et aussi des femmes, ne pas se trouver assez « durs » et vivre presque comme une « faute » de management d'écouter ou de se mettre à la place des autres, ce qui est vraiment paradoxal !

À la lumière de ces facteurs d'ordre culturel, il n'est pas difficile de comprendre pourquoi les émotions, les états d'âme sont méconnus, pour ne pas dire non reconnus et toujours plus ou moins vécus comme des dangers, des menaces, une perte de temps et pourquoi l'on a tellement tendance à s'en méfier.

Faire ou non preuve de sensibilité ?

J'ai rencontré une femme qui occupe le poste de directrice du Développement dans un grand groupe industriel international. Dans un milieu masculin assez dur et très concurrentiel, constitué essentiellement d'ingénieurs, étant une femme, bien que très estimée, aucune erreur ne lui est permise. Anne est d'une grande sensibilité et, à quarante-sept ans, elle souffre parfois d'avoir toujours à se contrôler. Il lui arrive d'ailleurs de ne plus très bien savoir si, même pour être efficace, elle doit ou non, de temps en temps, montrer sa « sensibilité ». Elle sent bien que les personnes qui l'entourent la trouvent parfois un peu trop « raide », « abrupte » « rigide », et qu'elle peut donner l'impression de manquer d'humanité. Toutefois, Anne pense qu'à son poste elle ne peut pas se permettre de se montrer « empathique » ; elle doit rester dure, ferme, ne prend en compte ni les états d'âme des autres ni les siens. Compte tenu de son rôle dans l'entreprise, il est évident qu'elle doit se montrer déterminée dans la plupart des cas, mais cela ne l'empêche pas de témoigner de son ouverture aux émotions d'autrui. Il est impossible, même si cela est parfaitement compréhensible dans son cas, de trop se protéger au risque de se couper des autres, voire à un moment de soi-même !

Valorisation	Dévalorisation
Rationnel	Émotionnel
Cérébral	Affectif
Logique	« Feeling »
Action	Inaction
Tangible	Invisible
Maîtrise	Perte de contrôle
Force	Fragilité
Puissance	Faiblesse
Conformisme	Authenticité

La schize « privé »/social

Il n'y a pas si longtemps encore, il n'était pas admis et mal vu de montrer qui l'on était vraiment. Les conventions, les codes sociaux et les apparences primaient sur la *vérité* de la personne, *a fortiori* sur son ressenti, ses sentiments et ce, même dans sa vie privée. On ne donnait surtout pas à voir à l'extérieur une authenticité de sentiments, d'émotions. L'individu (se) tenait (dans) un rôle, veillait à son image, respectait la bienséance et les convenances, répondant à ce que les autres et la société attendaient qu'il soit.

Une vision binaire

Même si dans la réalité la barrière n'est jamais aussi étanche, on a gardé l'idée et la pratique de cette schize ; authenticité + émotions = monde exclusivement « privé »/bienséance + maîtrise de soi = univers social (j'entends ici « social » au sens large du terme à savoir partout où l'individu est un être socialisé, c'est-à-dire appartenant à un système et en relation aux autres). Nous avons en effet conservé dans une vision parfaitement binaire et parfois dans une véritable schize, l'idée que l'« intime », le « privé » et par conséquent l'« émotionnel » ne doivent pas être abordés, évoqués ; « cela ne se fait pas ». On n'a donc pas à aller sur ce terrain, on n'a pas à chercher à savoir ce que l'autre ressent, notamment dans les relations professionnelles et sociales. Si d'un côté « on ne montre pas », de l'autre « on ne questionne pas » ; au final, émotions, sentiments, états d'âme n'ont donc pas vraiment de place dans la sphère sociale et parfois encore très peu dans la sphère privée.

Cette schize explique la méfiance, qui frôle parfois l'interdit – dans le monde professionnel, par exemple – d'aller sur le terrain des émotions, ces dernières devant rester, selon cet amalgame erroné entre privé et émotions, du domaine du « privé », de l'intime, comme si d'une certaine façon les émotions n'existaient que dans le monde privé ! Inconsciemment bien sûr, il est souvent fait cet amalgame dans la sphère sociale, professionnelle, entre émotions et privé, et dans la sphère privée entre émotions et intimité. Le processus est identique, c'est seulement le curseur qui se déplace. Or, en tant que partie intégrante de la vie, la dimension émotionnelle est omniprésente ; le privé, lui, reste le privé, en opposition à la vie publique ; quant à l'intime, il appartient à chaque individu dans sa relation à l'autre d'en déterminer la limite. Connaître la vie privée de quelqu'un n'est sans doute ni souhaitable ni nécessaire dans les relations professionnelles, mais être à l'écoute ou tout simplement réceptif, faire une place à ce que l'autre peut ressentir – *a fortiori* si l'émotion provient d'une situation, d'un contexte partagé – est souvent très utile. Avec cette vision par trop binaire, c'est comme si – aux confins presque de l'absurde –, l'émotion, l'état d'âme, le ressenti n'existaient pas dans la vie professionnelle ni même sociale : on s'en aperçoit souvent d'ailleurs à nos dépens, face à certains médecins, par exemple, ou à des commerciaux lors d'achats importants...

L'amalgame émotions/vie privée

Bien entendu, aucune personne raisonnable pensera douter que les gens aient des émotions, des ressentis. Toutefois ce raisonnement est fait « à froid », il en va différemment à chaud. Combien de fois ai-je entendu en session de formation – alors qu'il s'agissait de s'entraîner en simulation à questionner l'autre sur ce qu'il ressentait ou comment il vivait tel ou tel fait –, des participants souvent agacés, presque agressifs lâcher parfois : « mais là, on entre dans le privé » ! C'est dire à quel point se mélangent les notions de privé et de ressenti, comme si une fois encore il n'existait pas d'émotion, d'états d'âme dans le monde professionnel. À ce stade, il convient d'être conscient qu'entre ce que l'on sait intellectuellement, ce que l'on a compris et ce que plus profondément, plus ou moins inconsciemment, nous avons intégré, il y a très souvent un décalage. Certes, il existe des moments particuliers où même dans les relations professionnelles et dans le monde social, on voit l'autre comme un individu, comme un être d'émotions, mais il est alors la plupart du temps déconnecté de la relation professionnelle que l'on entretient avec lui. Dès que l'on revient aux relations sociales et professionnelles, surtout s'il existe pour soi un enjeu, la tendance est forte de le perdre de vue à nouveau. Voir en l'autre un être d'émotions, un être de désirs ou de peurs, bref un être humain, n'implique nullement que l'on aille sur le terrain de l'affectif ni du « privé ».

Je n'ai pas osé !

Lors d'un séminaire sur le thème de savoir comment favoriser l'acceptation de changement professionnel non souhaité, je proposai aux participants d'explorer les facteurs de déstabilisation dans ce type de situation. Tant que nous sommes restés sur la théorie, tout le monde était d'accord sur cette nécessité ; au moment des jeux de rôle, aucune allusion n'est faite à cela. L'« interviewer » reste sur un plan factuel, objectif, rationnel, faisant même inconsciemment un barrage complet à l'expression par l'« interviewé » de ses émotions. Au moment du débriefing, l'un de ses collègues lui fait remarquer qu'il n'est pas du tout allé sur le terrain de l'émotionnel, des ressentis, ce qui était la consigne. Et ce dernier de rétorquer : « Tu as raison, j'y ai pensé mais je n'ai pas osé ! »

Principaux freins à l'empathie

- La dévalorisation culturelle des émotions.
- Le contrôle de ses émotions.
- La pression sociale.
- Les jeux de pouvoir.
- Les verrous émotionnels.
- Le contrôle des émotions d'autrui.
- Les attitudes égocentrées.

Sortir des relations et des jeux de « pouvoir »

Il est difficile d'être dans l'empathie quand on est dans des jeux et des relations de pouvoir. *« Un joueur de pouvoir ressent peu d'empathie envers autrui ; il doit rester insensible à la douleur de ses victimes, il fera tout pour conserver le contrôle*[40]. » Même sans réellement vouloir nuire à l'autre, il est évident que si l'on cherche à avoir un « pouvoir » sur lui, l'on est d'autant moins à l'écoute de ses ressentis.

En dehors des relations de pouvoir manifestes, quand l'un par exemple cherche à utiliser l'autre, à l'évincer, à avoir raison, à l'écraser, il existe des relations de pouvoir beaucoup plus subtiles dont nous n'avons parfois même pas conscience, tant nous sommes habitués à fonctionner ainsi. *« Nous remarquons à peine comment fonctionne la domination parce que nous y sommes plongés depuis la naissance... Après avoir passé notre enfance à la merci d'autrui, nous trouvons naturel d'être "faiseur de victime" ou victime, supérieur ou inférieur, responsable ou subordonné, dominant ou dominé... nous acceptons les abus et la puissance du contrôle comme un état de fait*[41]. »

Pouvoir réel et relations de « pouvoir »

Si par son statut un individu se sent autorisé à exercer un pouvoir sur les autres, ou s'il profite de celui-ci pour l'« utiliser » à des fins toutes personnelles, il sera *a priori* moins enclin à les comprendre ! Toutefois la « relation de pouvoir » n'est pas directement liée au pouvoir objectif que confèrent une position hiérarchique, un statut social, une fonction occupée, mais à la manière dont l'individu le vit, l'investit, s'en sert ; tout dépend s'il en joue ou non, en abuse ou non. Ce n'est pas le pouvoir en soi qui empêche l'empathie mais la manière dont l'autorité, le statut, la position de force est vécue, d'une part par la personne qui en jouit, et/ou d'autre part par la « victime » qui peut elle-même se mettre dans une relation de « pouvoir » et/ou accorder à l'autre un « pouvoir » qu'il n'a pas et/ou qu'il ne souhaite pas exercer. Une personne en totale position de pouvoir peut très bien n'avoir aucun besoin de domination et être dans l'empathie ; à l'inverse, des personnes qui n'ont pas de pouvoir objectif peuvent instaurer des relations de « pouvoir », précisément pour en avoir un. Même si des personnes sont tentées de croire, pour éviter de regarder en face la relation de pouvoir qu'elles instaurent parfois elles-mêmes, qu'il existe systématiquement un recouvrement entre les deux, les jeux de « pouvoir » sont complexes et beaucoup plus nombreux que ceux liés seulement à un pouvoir réel et objectif.

En effet, la plupart des individus ont besoin, même ponctuellement, d'asseoir leur « pouvoir » sur l'autre ; en dehors d'attitudes purement sadiques, somme toute assez rares, un besoin de reconnaissance, de valorisation, de réassurance, celui de marquer son territoire, une frustration profonde quant à l'expression de sa *puissance* personnelle, le manque d'estime de soi, de confiance en soi, la peur de ne pas être aimé, la peur des autres nourrissent ce besoin de « pouvoir » sur l'autre. En ce sens, il existe différentes relations et de multiples jeux de *pouvoir*.

Le « pouvoir » sous toutes ses formes

Au-delà du pouvoir réel, quelles sont donc les différentes formes de *pouvoir* sur l'autre ?

Le besoin de domination

Tout individu a un besoin primaire de puissance, c'est-à-dire de pouvoir exprimer ce qu'au plus profond de lui-même et potentiellement il est. Or l'on pense rarement pouvoir assouvir ce besoin de puissance légitime, naturel, autrement qu'en dominant les autres. Comme l'évoque Claude

Steiner : « *Dans un système fondé sur la domination tel que le nôtre, le pouvoir est souvent incorrectement défini comme "la capacité de contrôler d'autres personnes". Et, malheureusement, la plupart des réflexions sur le pouvoir vont dans ce sens, faisant souvent abstraction d'autres formes tout aussi importantes telles que la communication, le savoir, l'amour[42].* »

Le sentiment de supériorité

L'être qui se croit supérieur aux autres exerce plus ou moins consciemment un pouvoir sur eux. Il s'arroge souvent des droits, s'octroie des privilèges, impose ses vues, critique, dévalorise, prend la meilleure place, se fait valoir, il peut aussi plus secrètement mépriser l'autre. Or, parallèlement à l'histoire individuelle qui souvent a nourri ce sentiment de supériorité, nous sommes – tout comme à la domination – étonnamment habitués à ce type de rapport à l'autre. Nous avons tendance à nous évaluer non pas « à égalité » à travers nos différences, mais sur une échelle verticale avec ceux qui sont « en haut » et ceux qui « en bas » de l'échelle, ceux qui sont « au-dessus » et ceux qui sont « en dessous » de soi. Nous sommes au fond assez peu habitués à des modes de relation à égalité, dans le respect dû à chacun, dans la reconnaissance de l'apport de chacun. Les systèmes d'exclusion, les modèles de réussite, les filières valorisées, le besoin de « gagner », induisent inévitablement ce cadre mental.

Besoin de briller

Les membres de la famille de Caroline, les hommes notamment, ont tous des postes importants. Élevée dans une sorte de rivalité avec ses frères, Caroline a développé un besoin extrêmement fort, à la fois d'être reconnue et de dominer. Aujourd'hui directrice commerciale, elle est en quête permanente de pouvoir et dans des relations de pouvoir. Très ambitieuse, elle est obnubilée par sa réussite professionnelle et ne fait de cadeau à personne. Au plan relationnel, elle joue de chantages affectifs, divise pour mieux régner, manie subtilement les encouragements et les menaces de sanction, oublie souvent d'être claire, tient rarement ses promesses, s'appuie sur les uns pour mieux jouer contre les autres... Elle se plaît également à minimiser son entourage pour se valoriser, tant elle a besoin de briller.

Autant dire que ses capacités d'empathie sont totalement réduites, tant son besoin et son désir de pouvoir priment sur le reste, au risque de finir paradoxalement par les grignoter, parce que si Caroline a tendance à les oublier, les autres malgré tout existent !

La quête de pouvoir

Habitué à dominer ou à être dominé, supérieur ou inférieur selon l'échelle de références, il n'est guère étonnant que l'on soit, en dehors même du besoin de reconnaissance, si souvent en quête de pouvoir. Certes, la course à la promotion, la concurrence accrue l'exacerbent, mais on peut se demander finalement : où est l'œuf, où est la poule ?

Si les relations affectives sont souvent, même très subtilement, des relations de *pouvoir*, les lieux de travail sont particulièrement des lieux de « pouvoir ». C'est en effet dans la sphère professionnelle et l'univers social que s'exacerbent les besoins de reconnaissance et de réussite liés, précisément dans notre société, au « pouvoir » au sens courant du terme – donc souvent à la domination sur les autres – et que le système d'évaluation, les comparaisons, les rivalités y sont en permanence à l'œuvre.

Le besoin de « pouvoir »

Nous avons fréquemment le besoin pour nous rassurer d'instaurer à notre insu des relations de *pouvoir* avec l'autre ; ce n'est souvent pas tant le pouvoir lui-même qui intéresse l'individu, mais ce qu'il imagine pouvoir lui procurer. En « dominant » X, je me rassure moi-même sur ma valeur, ma propre sphère d'influence, j'ai l'impression d'être *puissant* ; je peux aussi éviter un éventuel rejet de sa part en me rassurant sur le fait que c'est moi qui contrôle la relation, etc. Ce besoin psychologique de *pouvoir* cherche à s'exercer notamment à travers le contrôle de l'autre, la manipulation, la séduction.

Se donner le temps

Une pression envahissante

Pour revenir à une dimension très concrète pour tous, si l'une des conditions incontournables de l'empathie reste la disponibilité, il est certain que dans la société et le monde du travail actuels où tout s'accélère, où il existe beaucoup de pressions, où chacun est tendu vers ses résultats, où la concurrence est accrue, le diktat des actionnaires omniprésent, la prise en compte de l'autre, l'intérêt réel porté à l'autre en sont réduits d'autant. Dans beaucoup de milieux professionnels, la pression des objectifs fait vivre l'expression des ressentis comme une perte de temps. Je ne pense pas nécessaire de développer ce point tant l'évidence est criante, même s'il convient d'en être précisément conscient le plus souvent possible.

Un paradoxe : plus d'« humain » et moins d'« humain »

Il est ainsi paradoxal de constater – mais ceci explique peut-être cela ? – que si l'on n'a probablement jamais autant parlé, dans l'univers professionnel notamment, de « relation humaine », d'« écoute », d'« empathie », on prend véritablement peu de temps dans la réalité pour se mettre à l'écoute de l'autre. De plus, l'écoute ne se jauge pas uniquement au temps passé ; elle est également qualitative, tout intérieure, et requiert une vraie « disponibilité ». C'est une contradiction, du moins un décalage, que vivent de plus en plus mal un grand nombre d'individus qui ont parfois cette impression que les relations se déshumanisent plutôt que l'inverse.

Désolé, j'ai une réunion à quinze heures

Lors d'un entretien d'évaluation un peu délicat au cours duquel Eric souhaite demander à Sylvain une augmentation, bien qu'une partie de ses objectifs n'aient pas été atteints, et alors que Sylvain doit lui faire part d'un changement dans l'organisation et par conséquent d'une nouvelle manière de travailler, véritable défi pour Eric, le téléphone n'arrête pas de sonner et l'on frappe plusieurs fois à la porte.

Sylvain sans s'excuser accepte ainsi à trois reprises d'être dérangé, prenant juste soin de signaler qu'il est en entretien mais donnant malgré tout la priorité à la personne qui vient alors le solliciter, il est vrai pour le « business ».

Le temps imparti à l'entretien se trouve ainsi écoulé : « Désolé, dit Sylvain à Éric, nous allons être obligés d'abréger, j'ai une réunion à 15 heures. On s'est dit l'essentiel par rapport aux objectifs, pour le reste, on en reparlera. Ne m'en veux pas. »

Laisser tomber les barrières

Le besoin psychologique plus ou moins fort de contrôler les émotions des autres constitue lui aussi un frein très important à l'empathie. Or il est très fréquent, surtout si l'on a appris qu'il ne fallait rien laisser paraître de ses propres émotions et si l'on est soi-même fortement dans le contrôle de soi. L'individu, sans forcément en être conscient, met ainsi une barrière entre l'autre et lui et selon les cas se retranche derrière son statut, les objectifs à atteindre, le devoir à accomplir ou bien encore crée et/ou maintient une relation de « pouvoir » ! Outre le refus d'être renvoyé à ses propres émotions plus ou moins assumées, ce besoin de contrôle des émotions de l'autre est en général sous-tendu, motivé par :

- un désir de tranquillité, de facilité, surtout si l'on vit les émotions, les déstabilisations, les manifestations de la vie en général comme dangereuses ;

- la crainte, en fonction des circonstances, d'être soi-même déstabilisé, touché, voire de souffrir ;

- la crainte d'être impuissant, de ne pas avoir de réponse, de solution face notamment à des émotions « justifiées » ;

- le manque de confiance en soi et/ou dans sa capacité à gérer ce qui précisément peut s'exprimer, à pouvoir apporter quelque chose à l'autre, être d'un quelconque soutien, en d'autres termes la peur de pas être à la hauteur du cadeau ;

- la crainte, en se laissant aller à des attitudes positives à l'égard de l'autre, d'être déçu, soit par soi-même en n'étant pas à la hauteur alors de ses exigences, soit par l'autre dans la confiance que nous lui avons témoignée.

Ces verrous sont d'autant plus forts que l'on n'a pas intégré en quoi les émotions, les sentiments, non seulement sont des régulateurs mais stabilisent et épanouissent, s'ils sont gérés, à la fois l'intéressé et la relation avec lui.

Les origines du besoin de contrôle des émotions d'autrui

- Besoin de « tranquillité ».
- Crainte d'être déstabilisé.
- Crainte de perdre de vue son objectif.
- Crainte de ne pas avoir de réponse, de solution.
- Crainte de ne pas être à la hauteur du cadeau.
- Crainte d'être déçu dans la confiance témoignée à l'autre.

Savoir se dé-centrer

Rappelons-nous, l'empathie est d'abord la capacité à ressentir, à accueillir les émotions de l'autre : c'est dire à quel point la disponibilité est essentielle, non seulement la disponibilité de l'instant mais plus profondément la disponibilité intérieure. Or, pour être disponible, ouvert à l'autre, et pour observer, percevoir, ressentir, il est essentiel de ne pas être (trop) préoccupé par soi ; en l'occurrence par ses objectifs, ses intérêts, ses besoins, ses peurs, ses désirs, par le besoin de pouvoir, de contrôle que l'on a sur l'autre...

De toute évidence, les attitudes égocentrées — difficiles parfois à déceler et/ou à reconnaître – ne sont pas favorables à l'empathie tant elles excluent en partie ou en totalité la possibilité d'être réceptif à l'autre. Être égocentré signifie que dans la relation à l'autre, au-delà des moments où il est entièrement nécessaire et légitime de l'être, l'on est à des degrés divers plus tourné vers soi que vers lui. Or les pressions de toutes sortes, externes et internes, ont tendance à générer ce type d'attitude, de posture.

Même avec les meilleures intentions, il n'est ainsi jamais simple de faire le vide pour « accueillir » l'autre.

La tension vers ses objectifs

Le besoin, au demeurant tout à fait légitime, d'atteindre ses objectifs professionnels ou personnels, la surcharge, le manque de temps, le stress, les pressions diverses ne favorisent pas le centrage sur l'autre. Si l'on est très tendu vers des objectifs de réalisation personnelle, de réussite matérielle ou professionnelle, guidé par un fort besoin de reconnaissance, une quête de pouvoir, il est évident que l'on est dans ses relations, plus tourné vers soi que vers l'autre.

Les systèmes de « protection »

Les barrières élevées entre soi et l'autre pour « protéger » ce que l'on pense, en fonction de son enfance, de son vécu, être une vulnérabilité génèrent plus d'attention à soi-même qu'à l'autre, compte tenu de la vigilance permanente et du contrôle accru qu'elles requièrent.

Chaque individu marqué, blessé dans l'enfance ou plus tard, d'une façon ou d'une autre, met en place des systèmes de protection pour être à l'abri d'éventuels déceptions, moqueries, trahisons, jugements, rejets qui l'ont fait souffrir et qu'il redoute toujours, en « cachant » ainsi aux autres, selon les cas : son authenticité, sa vulnérabilité, ses émotions, sa sensibilité, ses désirs, ses sentiments, ses doutes, ses failles ou simplement un trait de sa personnalité qui n'a pas été reconnu, accepté et/ou qui lui a joué des tours. Or ces protections mises en place mobilisent inévitablement une partie de son énergie et détournent souvent de la réalité de l'autre.

Il existe aussi, tout simplement, des contextes dans lesquels l'individu éprouve le besoin de se protéger pour éviter des critiques, des attaques justifiées ou non, des arguments parfois redoutés, des moments où il ne désire pas entendre certains messages, certaines vérités, où il ne veut pas avoir à prendre parti, où il craint d'être déstabilisé, remis en cause... Là encore les protections mises en place réduisent alors l'ouverture à l'autre.

Les besoins psychologiques

Plus l'individu éprouve, parfois inconsciemment, un besoin de reconnaissance professionnelle, de réassurance sur ses compétences, de légitimité quant à son poste – menant parfois d'ailleurs à un besoin de « pouvoir » –, et moins il est tourné vers l'autre, à *son* écoute, au-delà même des apparences. Si l'on reprend le cas de l'écoute ou du « trop » d'écoute, on peut, par exemple, chercher à donner l'impression à l'autre qu'on l'écoute, que l'on entend ses besoins, ses ressentis, alors qu'en réalité l'on est uniquement tourné sur soi dans un pur besoin de réassurance ou de reconnaissance et que l'on vise essentiellement à donner à l'autre ou à soi-même une image favorable. De même, un besoin psychologique de *pouvoir* génère inévitablement, au-delà du pouvoir même, du contrôle que l'on cherche à instaurer sur l'autre et de ses conséquences sur lui, une attitude égocentrée dans la mesure où quel que soit le contexte, une partie de soi est alors mobilisée à vérifier que pouvoir il y a ! Quand le besoin psychologique est fort, l'autre peut ainsi presque essentiellement en devenir l'objet.

Les « demandes » affectives

Plus il manque de confiance en lui, plus il a été carencé affectivement et plus l'individu est en quête de signes de reconnaissance, d'estime, de valorisation et d'amour, bref de marques d'intérêt qui l'empêchent, là encore, d'être vraiment tourné vers l'autre. L'individu en « demande » a du mal à imaginer, si l'autre omet de le saluer, qu'il ait un problème ou qu'il soit distrait, et il peut – blessé d'avoir été ainsi ignoré – commencer à nourrir de la colère, du ressentiment.

Même si les personnes plus fragiles, plus carencées se montrent souvent plus « sensibles » aux problèmes des autres, avec une plus forte capacité à les « comprendre » et à les aider, il n'empêche que ce « don » cache toujours une « demande », une attente de « reconnaissance », un fort besoin de plaire et d'être aimées et qu'elles sont souvent en réalité, à leur grande surprise fortement égocentrées ; l'un en effet n'exclut pas l'autre.

Empathique ? Pas toujours !

Nadia est une femme très sensible, généreuse, à l'écoute des autres, toujours prête à les aider, à chercher avec eux des solutions à leurs problèmes, et les gens lui parlent beaucoup. Toutefois, dès qu'elle est elle-même impliquée dans la relation, que ce soit professionnellement ou en famille, elle est dans l'incapacité de faire preuve de la moindre empathie si elle ressent une petite tension, si on lui fait une réflexion, si elle est face à un comportement inattendu ou si elle a l'impression de ne pas être acceptée d'emblée. Elle a tendance à accuser l'autre, à ne voir en lui que le négatif, toujours prête à juger, à lui attribuer des intentions néfastes et ne lui trouve aucune circonstance atténuante. Elle a alors toujours le sentiment d'être visée et n'est plus en mesure de prendre en compte l'état, la peur, l'attente de l'autre.

En fait, Nadia, qui n'a pas connu son père, a eu une mère peu tendre, très dévalorisante, qui la rabaissait, voire l'humiliait, sans arrêt. Pour ces deux raisons, elle est toujours en train de guetter chez l'autre une reconnaissance, une approbation. Ayant beaucoup souffert et étant, par nature, très tournée vers les autres qu'elle sent et cerne très bien, Nadia devient par contre complètement égocentrique et dans l'incapacité de comprendre l'attitude d'autrui, si elle ne vient pas combler son attente et son énorme demande affective.

À l'origine des attitudes égocentrées

- La surcharge de travail.
- Le stress.
- L'envie de carrière.
- La passion.
- Le trop d'exigence.
- Le manque de confiance en soi.
- Le besoin de reconnaissance.
- Le besoin d'affirmation.
- Le désir de séduction.
- La recherche de manipulation.
- Le besoin de contrôle.

Même avec les meilleures intentions, la capacité d'empathie, pour de multiples raisons, fluctue et se rejoue à chaque fois que nous sommes en relation. La conscience de ces obstacles ne doit toutefois pas décourager mais conduire au contraire à la fois à une lucidité et à une humilité, toutes deux nécessaires pour être précisément davantage empathique.

MÉMO

Se défaire de ses idées fausses

Avoir des émotions n'est pas une faiblesse.

Parler des émotions est une force.

Nier une émotion ne l'empêche pas d'exister.

Chercher à comprendre l'émotion de quelqu'un n'est pas rentrer dans sa vie « privée ».

L'écoute, tout comme l'action, est une valeur.

Être empathique fait gagner du temps.

On « contrôle » mieux une situation quand on est dans l'empathie.

L'empathie ne fait pas perdre son « pouvoir » et donne même plus de « puissance ».

On est davantage en « sécurité » si l'on fait tomber les barrières.

On n'a pas à être parfait ni à tout comprendre pour être empathique.

TEST

Vous mettez-vous facilement en état d'empathie ?

1. Cherchez-vous, même sans leur nuire à « utiliser » ou à « profiter » des autres ?

    a) Rarement   b) De temps   c) La plupart du temps
                            en temps

2. Accueillez-vous facilement vos émotions ?

    a) Toujours   b) Souvent   c) Rarement

3. Les émotions des autres vous mettent-elles mal à l'aise ?

    a) Rarement   b) Souvent   c) Toujours

4. Êtes-vous préoccupé ?

    a) Rarement   b) Souvent   c) Très souvent

5. **Vous méfiez-vous des autres ?**

   a) Rarement b) Souvent c) Toujours

6. **Vous montrez-vous aux autres tel que vous êtes ?**

   a) La plupart b) Rarement c) Jamais
   du temps

7. **Acceptez-vous vos faiblesses ?**

   a) Facilement b) Assez difficilement c) Très difficilement

8. **Êtes-vous stressé ?**

   a) Rarement b) De temps c) En permanence
   en temps

9. **Aimez-vous contrôler les situations ?**

   a) Rarement b) La plupart c) Toujours
   du temps

10. **D'après vous les relations humaines sont-elles une richesse ?**

    a) Oui la plupart b) Quelquefois c) Excessivement
    du temps rarement

11. **Avez-vous tendance à être surchargé ?**

    a) Rarement b) La plupart c) Toujours
    du temps

12. **Avez-vous tendance à chercher à plaire à l'autre ?**

    a) Pas spécialement b) Quand cela c) Toujours
    est nécessaire

13. **Avez-vous confiance en vous ?**

    a) En grande partie b) Modérément c) Pas du tout

14. **Avez-vous pu exprimer vos émotions dans l'enfance ?**

    a) En grande partie b) Rarement c) Jamais

15. **Êtes-vous ambitieux ?**

    a) Pas vraiment b) Modérément c) Énormément

16. **Avez-vous tendance à mettre des barrières entre vous et les autres ?**

    a) Très rarement   b) De temps   c) La plupart du temps
                        en temps

17. **Craignez-vous de ne pas réussir ?**

    a) Pas vraiment   b) De temps   c) En permanence
                        en temps

18. **Savez-vous vous rendre disponible, faire abstraction de vos problèmes pour vous mettre à l'écoute de quelqu'un ?**

    a) La plupart   b) Parfois   c) Très rarement
       du temps

19. **Avez-vous tendance à juger les autres ?**

    a) Rarement   b) Souvent   c) En permanence

20. **Admettez-vous que l'on puisse avoir des réactions complètement différentes des vôtres ?**

    a) Tout à fait   b) De temps   c) Difficilement
                       en temps

RÉSULTATS

Comptez 3 points pour les réponses a, 2 points pour b, 1 point pour c.

De 60 à 40 points : vous n'avez apparemment que peu de freins personnels ou conjoncturels à l'empathie.

De 40 à 20 points : vous avez un certain nombre de freins à l'empathie ; essayez à la lumière des réponses que vous avez cochées notamment en c, d'en identifier la nature plus précise pour en lever certains.

De 20 à 0 point : même si vous êtes sensible, vous cumulez manifestement les freins à l'empathie.

2

Se mettre en « état » d'empathie

La capacité d'empathie est une façon d'être et relève essentiellement d'attitudes et de dispositions intérieures, ce qui explique pourquoi, même quand on est plutôt « empathique », on peut selon le moment, l'interlocuteur, l'enjeu de la situation, l'être plus ou moins. Le regard que l'on porte sur l'autre, le fait de le considérer comme une fin ou comme un moyen, les intentions que l'on porte à son égard, la façon dont on est ou non assailli par ses propres émotions, impactent inévitablement sa capacité d'empathie.

Même si cela peut surprendre, l'empathie passe avant tout par une disponibilité et un calme intérieurs, permettant l'*état* de réceptivité et d'ouverture à l'autre qui lui est précisément propice.

De plus, dans la mesure où l'autre ressent la manière dont il est regardé, considéré, ce qu'on lui « veut », quel est l'espace qu'on l'autorise à investir et si ses émotions ont ou non la place de se dire, il se sent aussi plus ou moins en confiance pour s'exprimer.

Quelles sont les attitudes qui président à l'empathie ? Pourquoi sont-elles déterminantes ? Comment se rendre plus disponible à l'autre ? Comment mieux ressentir ses émotions ? Comment se mettre plus fréquemment en état d'empathie ? Quelles sont les bonnes questions à se poser ? Comment savoir modifier son propre comportement ?

4

Voir en l'autre une personne

> « Nous ne pouvons changer ni le monde, ni l'autre notre semblable [...] mais nous pouvons changer notre regard sur lui, et par là même notre relation. Et cela, c'est fabuleux de possibles[43]. »

Si, comme le dit Rogers, l'écoute empathique favorise le développement de la *personne*, c'est quand on voit l'autre comme une *personne* dans son unité, et pas seulement comme un collaborateur, un client, un patient, un prospect, par exemple, que l'on est plus facilement en état d'empathie.

L'« émotion » – il est bon de le rappeler – a étymologiquement la même origine que « motion » c'est-à-dire « mouvement ». Être réceptif aux émotions d'autrui, c'est prendre en compte ses *mouvements intérieurs* qui sont précisément l'expression de la *vie*. C'est dire à quel point il est primordial pour être dans l'empathie, pour voir l'autre comme un « être d'émotion », de le considérer dans sa *vie* intérieure, dans sa *vie* propre, comme une *personne*, au-delà de l'enjeu personnel, affectif ou professionnel qu'il représente pour soi, au-delà de ce que l'on doit produire, au-delà des affinités de caractère et de la sympathie que l'on éprouve ou non pour lui.

Or, la plupart du temps, on voit en l'autre la fonction qu'il a, le rôle qu'il joue, l'enjeu qu'il représente, un miroir et non comme une *personne* à part entière. Dans de multiples situations en effet, pour ne pas dire la majorité d'entre elles, *a fortiori* dans les relations professionnelles où l'objectif est principalement de produire et/ou de faire fonctionner ensemble un système dans lequel, même s'il ne s'y réduit pas, chacun est une sorte de maillon, cette conscience se voile. Si l'on y réfléchit, on a tendance à considérer l'autre essentiellement comme celui ou celle dont on veut obtenir quelque chose, comme le représentant d'un statut qui peut impressionner ou au contraire nous mettre en position de force, comme une « personnalité » avec laquelle on doit fonctionner, travailler, comme quelqu'un dont on attend une réaction, une décision, comme un rival, un ennemi ou un allié, bref comme un moyen, un support ou un obstacle mais plus rarement comme une *personne*, surtout quand les intérêts divergent ou quand on le croit. Il est presque nécessaire d'être hors contexte, sans enjeu ou paradoxalement sans quiconque en face de soi, d'être « à froid » pour penser vraiment à l'autre comme à une *personne*, c'est-à-dire comme à un être *vivant* en dehors de soi et de ses propres intérêts.

Ainsi, si l'empathie est innée, naturelle, il est fou de constater à quel point, dès que l'on est dans le social, on oublie *qui l'on est* et *qui est l'autre*, comme s'il fallait revenir à une sorte de B.A.-BA.

Sur quel plan vous connectez-vous ?

Il existe, dès que nous sommes en relation, plusieurs manières de « regarder » l'autre, de le prendre en considération, de se relier à lui ; plusieurs niveaux de connexion possibles, en dehors des connexions plus partielles du type : intellectuel/affectif, émotionnel/rationnel ou bien, pour prendre un registre différent, enfant/adulte, etc. J'appelle ici *connexion*, non seulement la liaison, le pont entre deux individus mais plus spécifiquement la nature et le niveau global, à un moment donné de cette liaison, le type de canal en quelque sorte par lequel on se relie à l'autre.

L'être « vivant » ou l'être « social » ?

Très synthétiquement, l'être humain est à la fois un être avec ses réalités biologique, neurologique, physiologique, fait de pulsions, d'affects, d'instincts, et un être socialisé, « cultivé », qui a appris des rôles, des manières de se comporter, acquis des codes lui permettant de développer des relations sociales en formant avec les autres un groupe social et à partir desquels il construit en partie sa personnalité et son image. Nous sommes là, d'une certaine façon, sur le fameux axe nature-culture. Ainsi quand nous sommes en relation avec autrui avons-nous affaire d'une part à l'être « naturel », « sauvage », et d'autre part à l'être socialisé.

En outre, l'être humain se définit et s'inscrit en relation aux autres à la fois comme individu, c'est-à-dire dans sa différence, son unicité, et par ailleurs comme un être à proprement parler « social », appartenant à un groupe social dans lequel il a une « fonction ». Il est en effet d'une part un individu unique, une sorte d'électron libre déterminé par ses caractéristiques propres, et d'autre part un être non plus seulement socialisé mais aussi « social », avec sa fonction sociale, que ce soit dans sa famille, son entreprise ou dans la société au sens large. De fait, l'être humain existe, à la fois comme un individu par rapport aux autres et comme « fonction », dans la mesure où il occupe « sa » fonction, où il joue « son » rôle social, tant dans sa propre famille – en tant que père, mère, conjoint, enfant, etc. – que dans sa vie professionnelle.

D'ailleurs, tout jeune déjà au sein même de sa famille, l'enfant est reconnu à la fois comme un individu différencié par rapport aux autres individus de sa famille, unique en quelque sorte, mais aussi comme l'un de ses membres, c'est-à-dire non seulement dans son rôle de garçon ou de fille, mais aussi dans sa fonction d'enfant vis-à-vis de ses parents, d'aîné, de cadet, de fils, de petit-fils, etc., à savoir à travers la « place » qu'il a dans l'organisation du système familial. Nous sommes là, à proprement parler, sur l'axe individu/ société avec d'un côté l'individu et de l'autre sa « fonction » dans un groupe.

Fier de sa réussite

Michel, directeur général, quarante-sept ans, autodidacte, s'est construit à la force du poignet. Originaire d'une famille de mineurs, aîné de six enfants, il s'est donné pour rôle de réussir. Très fier aujourd'hui de faire fonctionner la « boutique », de mener rondement ses collaborateurs et ses partenaires, il se valorise essentiellement à travers sa réussite professionnelle et sociale. Dans sa vie personnelle, familiale, il a le sentiment de remplir parfaitement son rôle de mari et de père en ayant « acheté une maison », en « payant de bonnes études » à ses deux fils. Même si, par instants, une onde de tristesse passe rapidement dans ses yeux, les états d'âme ne font pas partie de son univers. S'identifiant essentiellement au rôle qu'il tient, n'ayant jamais senti, expérimenté enfant qu'il pouvait être apprécié pour lui-même et ne s'accordant pas en tant que personne de valeur réelle, il demande aux autres ce qu'il exige de lui-même à savoir : réussir ce qu'ils entreprennent et remplir leur fonction. Patron hyperactif, type « bulldozer » toujours axé sur les objectifs à atteindre, il manque, bien qu'il soit un grand affectif, de la plus élémentaire des écoutes et totalement d'empathie.

Si l'on croise – à travers le prisme spécifique qui est ici le nôtre – les deux axes : nature/socialisation et individu/société, deux angles majeurs de connexion, nous pouvons dire qu'il existe dans toute relation deux grands angles de vue. Le premier, à partir duquel on voit l'autre dans ce qu'il a de « vivant », c'est-à-dire à la fois de naturel et d'unique et, en l'occurrence par rapport à soi, de commun – la nature – et de différent – l'unicité. Le second, par lequel on le voit essentiellement comme un être social, c'est-à-dire à la fois socialisé et remplissant une fonction dans un groupe, dans un système. Si les deux connexions coexistent presque toujours, on regarde en fonction de la situation, des enjeux, soit l'être social, soit l'être vivant. La palette comporte de nombreuses nuances possibles et nous oscillons la plupart du temps entre les deux. Toutefois, il est évident que plus on regarde l'autre comme un être vivant, naturel et unique, plus on penche du côté de la personne et plus on est en capacité d'empathie ; plus on penche du côté des codes, des comportements sociaux partagés et de la fonction que l'autre occupe et plus on s'en éloigne.

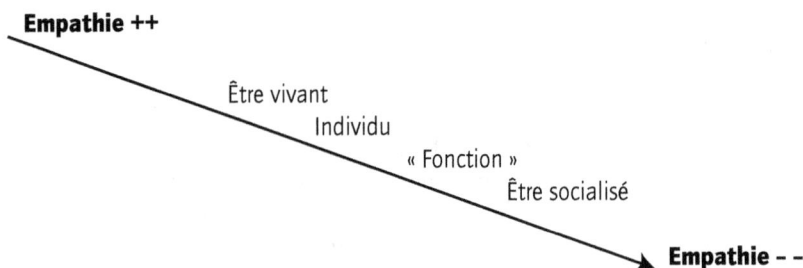

Empathie ++

Être vivant
Individu
« Fonction »
Être socialisé

Empathie – –

La « fonction » ou l'« individu » ?

Afin de prendre plus finement conscience du niveau sur lequel on se connecte prioritairement à l'autre, zoomons, pour bien les identifier, sur les connexions qui précisément nous empêchent de voir en l'autre la *personne*. En effet, il est important de se focaliser sur la différence entre l'individu, sa fonction, l'individu et son rôle, car c'est là que la confusion est rédhibitoire.

L'individu est l'être distinct, unique, avec son histoire, ses origines, sa trajectoire, ses héritages biologiques et génétiques qui lui donnent son *identité* d'individu dans sa différence, avec ses préférences, ses caractéristiques, son vécu, ses désirs.

Les connexions « parasites »

La fonction : si l'on prend au sens générique la définition du *Petit Robert*, la fonction est *« action, rôle caractéristique d'un élément, d'un organe dans un ensemble »*. Au plan social, il s'agit de l'action attendue d'un élément dans un ensemble et, en l'occurrence, d'un individu dans une organisation collective. Dans tout système social, la fonction correspond également à la charge réelle dont une personne est investie. La fonction définit ce qu'un individu doit faire pour que le système, le collectif, l'ensemble fonctionne. Un salarié, un ingénieur, un patron, un collaborateur, un mari, un parent, un enfant – « fils » ou « fille » –, en dehors de l'aspect affectif, sont en ce sens des fonctions.

Le statut est la place officiellement, légalement reconnue à un individu par un système, un organisme quel qu'il soit, notamment par rapport à sa fonction.

Le rôle est la conduite sociale acquise pour jouer dans le monde un certain personnage, remplir une certaine fonction. L'être humain, en se socialisant, apprend des rôles qu'il doit jouer, une certaine manière de se comporter, d'être. Il attend parallèlement que l'autre aussi joue ses rôles. Cet apprentissage est en partie nécessaire pour pouvoir fonctionner ensemble et pour que chacun puisse se repérer. C'est l'un des aspects positifs de la socialisation, le risque étant toutefois, en jouant trop son rôle, de s'éloigner de sa vérité, de perdre en authenticité. Or, on regarde souvent l'autre par rapport au rôle qu'il joue et/ou à celui que l'on joue face à lui.

D'une manière générale, la fonction implique le rôle/voire le statut : j'ai la fonction de mari, de directeur, je joue les rôles qui y correspondent. C'est pourquoi on fait souvent l'amalgame des deux. On confond souvent le rôle et la fonction, dans la mesure où en remplissant sa fonction, l'individu a effectivement un « rôle » à jouer, non pas seulement comme on peut l'entendre parfois en terme d'influence, mais véritablement en terme de conduite sociale adaptée à ladite fonction.

Mère et fils

Sonia, sans qu'elle en comprenne la raison, a des relations très conflictuelles avec son fils Baptiste. Veillant constamment et essentiellement à tous les aspects de son éducation (études, loisirs, croissance, relations), elle joue tellement bien son rôle de mère que Baptiste ne peut que jouer son rôle de « fils » et de préférence de « bon » fils n'ayant plus alors assez d'espace pour lui-même. En aucun cas Baptiste ne peut être que le produit de ses efforts à elle. Ainsi, sans savoir ce qu'il reproche vraiment à sa mère, Baptiste se sent étouffer.

Un mot sur la personnalité

À ce stade, j'introduis quelques mots sur la personnalité. La plupart du temps, surtout de nos jours et alors que cette notion s'est largement vulgarisée, quand on pense à l'*être humain*, on pense très souvent « personnalité ». Il s'agit en effet de l'instance qui nous est la plus familière. De plus, chacun d'entre nous sait qu'il en a une, qu'il en « est » une. C'est d'ailleurs à travers cette conscience qu'il se saisit en général plus ou moins lui-même comme un « moi » construit et cohérent. Mélange, bien entendu, d'inné et d'acquis, on peut dire que la personnalité est l'ensemble de caractéristiques, notamment de l'expression particulière et extériorisée, de quelqu'un.

Or *voir* en l'autre sa « personnalité » n'implique pas forcément que l'on prenne en compte l'individu, ni l'*être* vivant. Le risque est même de rester superficiel ou de limiter en tout cas son champ d'empathie. De plus, en cherchant trop à décoder, à comprendre, à déchiffrer la personnalité de l'autre, on risque aussi de s'éloigner de ce qu'en tant qu'individu, être vivant, il ressent, et par conséquent aussi de l'état d'empathie.

Pensez aux personnes de votre entourage que vous trouvez empathiques et repérez à présent plus précisément sur quel niveau elles se connectent.

Les différents niveaux de connexion

Ainsi, selon la nature de la relation, le degré d'intimité, ses propres intérêts, son objectif, sa propre ouverture, ses filtres, peut-on « voir » l'autre comme la « fonction » qu'il « remplit », le « rôle » qu'il « joue », la « personnalité » qu'avec ses caractéristiques il « a », l'« individu » que dans sa particularité et son histoire il « est ». La plupart du temps, on embrasse les différents niveaux à la fois sans vraiment les distinguer, mais il reste évident que d'une manière générale, et/ou en fonction des situations et des interlocuteurs, l'on se connecte de « préférence » à tel ou tel plan. Il est primordial en matière d'empathie d'être conscient du plan sur lequel on se connecte à l'autre : s'il s'agit de la fonction, *a fortiori* du statut, on oubliera forcément l'émotion ; s'il s'agit du rôle, on risque de manquer d'authenticité... De plus, comme les regards sont toujours croisés et que l'autre s'adapte généralement à notre « appel », à notre « demande », si l'on voit en lui le rôle, il jouera probablement d'autant plus le sien ; si l'on voit en lui la fonction, il y a fort à parier que l'expression de ses émotions et états intérieurs sera moins spontanée.

Les niveaux de connexion

- Le statut.
- Le rôle.
- La fonction.
- La personnalité.
- L'individu.

Sphère sociale et sphère privée : deux prismes différents

La sphère privée et la sphère professionnelle impliquent chacune de se connecter plus ou moins sur l'un ou l'autre de ces plans et, selon que l'on se trouve dans le monde privé ou social, dans des relations affectives ou professionnelles, l'on a normalement tendance à inverser l'angle de vue, à changer de prisme. Dans les relations professionnelles, dans le monde social, là où les fonctions et les rôles ont toute leur importance, sans parler des objectifs à atteindre et des compétences qu'ils impliquent, l'on considère l'autre la plupart du temps davantage comme une fonction, un rôle, une personnalité. On s'adresse alors inévitablement davantage au salarié, au client, au collaborateur, au patron, au stagiaire... qu'à l'*individu*.

Compte tenu de ce qui *a priori* nous lie aux autres dans l'une et l'autre sphère, le regard, même global, se doit dans une certaine mesure d'être inversement proportionnel selon que l'on est dans l'un ou l'autre monde.

L'essentiel est que tout fonctionne

À cause de la profession de ses parents, Béatrice a grandi la plupart du temps éloignée de sa famille. Sans réelle nourriture affective, surtout habituée à ne pas poser de problème dans l'organisation professionnelle de ses parents, elle a assimilé les relations affectives à des relations qui doivent essentiellement fonctionner. Auditeur financier, mariée, mère de deux filles, Béatrice gère aujourd'hui dans une organisation presque parfaite ses rôles d'associée, d'auditeur, de mère, d'épouse et veille toujours à ce que tout fonctionne, sans laisser toutefois beaucoup de place pour les relations à proprement parler, les échanges, la communication... ce dont souffre son mari. Très peu à l'aise dans ses relations aux autres, elle joue d'autant plus ses rôles qu'elle se sait là irréprochable. Plutôt fermée, tendue, angoissée, car fondamentalement insécurisée affectivement, Béatrice a du mal à être réceptive et sensible aux besoins plus « affectifs » tant de son mari, de ses filles que de ses clients et de son patron.

Elle se pose des questions, s'inquiète et est mal à l'aise lorsque son patron et associé s'éloigne d'elle et, sans raison apparente, donne à d'autres des dossiers qu'il lui confiait. Elle réalise en m'en parlant qu'en dehors de réunions strictement professionnelles elle n'a pas eu depuis environ deux ans un moment d'échange un peu plus informel avec lui. Or, cet homme, qui est un grand affectif, vit mal ce qu'il prend pour de la froideur et un manque d'intérêt de la part de Béatrice et lui témoigne en la mettant ainsi un peu à l'écart, sa colère et son besoin de contact.

Très humaine pourtant, Béatrice doit comprendre qu'au-delà de ses rôles, les autres la voient aussi comme un être humain et apprendre à les considérer comme tels. Or, pour elle, comme c'était le cas quand elle était petite, l'important est surtout que tout soit bien organisé, que tout fonctionne.

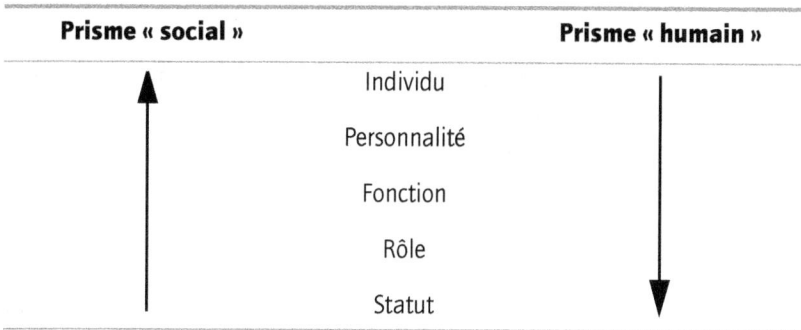

Prisme « social »		Prisme « humain »
	Individu	
	Personnalité	
	Fonction	
	Rôle	
	Statut	

Élargir son regard, savoir changer de connexion

Même si, en fonction du contexte, l'on se connecte davantage sur un plan ou sur l'autre quand on est en relation avec quelqu'un, il est important de voir en l'autre un individu et plus globalement une *personne*, en tout cas d'être conscient « en creux » des autres connexions possibles. Pour développer son empathie, notamment dans la sphère professionnelle, prendre en compte le « rôle », la « fonction » ne doit pas empêcher l'autre regard.

Une vigilance nécessaire

Si pour voir en l'autre l'« être d'émotion », il est incontournable, indépendamment de ses propres intérêts et également du rôle qu'a l'autre vis-à-vis de soi et de son statut, de le voir comme un *individu* plutôt qu'une « fonction », comme un être vivant plutôt qu'un être social, il n'est pas facile d'avoir ce regard, notamment dans les relations professionnelles dans la mesure où on évolue là dans un milieu, par définition, « social ». Je constate souvent à quel point, même quand on évoque en milieu professionnel l'« individu », l'« être humain », il est fait la plupart du temps en réalité référence soit à la personnalité, soit paradoxalement à la dimension « privée », plus qu'à l'*individu* à proprement parler dont le sens, du coup, se trouve dénaturé.

Certes, chacun quand il évoque l'« homme » ou la « personne » entend, voit – selon son expérience, son vécu, sa sensibilité, sa propre inscription dans l'existence – des niveaux de réalités différents et inclut plus ou moins la dimension *vivante* de l'autre. Toutefois, si l'on peut à froid, hors enjeu et/ou dans la sphère privée, se connecter plus facilement sur l'*individu,* on voit bien dans la pratique quotidienne des relations personnelles, et *a fortiori* professionnelles, que cela n'est pas aussi aisé ni aussi spontané. Il n'est guère simple, en effet, quand on est parasité par ses propres objectifs, ou bien quand la relation est conflictuelle, de considérer l'autre comme un *individu.*

Savoir sortir de son rôle

Voir l'autre comme un *individu,* une personne, un *être vivant* implique que l'on se regarde soi-même comme tel. On voit toujours en l'autre ce que l'on réussit à regarder en soi ; on ne repère, on ne reconnaît en l'autre que ce que l'on a reconnu de soi. Or, l'on se vit plutôt soi-même – *a fortiori* dans le monde social et professionnel – comme un rôle, une fonction, voire l'on s'y identifie. L'on est d'autant peu habitué à se valoriser comme *individu,* comme *personne,* que socialement et culturellement ce sont la plupart du temps encore aujourd'hui la fonction et le statut qui sont davantage valorisés et reconnus.

Il est bien entendu d'autant plus difficile de sortir de son rôle quand la situation implique qu'on le joue. Quand un manager évalue son collaborateur, par exemple, il joue par définition son « rôle » et il aura évidemment tendance à se « retrancher » derrière s'il craint ses réactions.

Toutefois, se libérer de son rôle ne signifie bien sûr pas, ce qui ne serait guère souhaitable en contexte professionnel, l'oublier entièrement ; il s'agit de superposer deux regards, de se brancher « en stéréo », pour savoir sortir temporairement de son rôle de manière à pouvoir d'autant mieux le jouer après. Le manager par exemple, au cours de son évaluation peut parfaitement – et même doit – se vivre à la fois comme la « fonction manager », qui s'adresse à la « fonction collaborateur » et comme un être humain, une personne qui s'adresse à une autre. Si l'on est conscient de ces deux niveaux, l'un n'est en rien exclusif de l'autre.

Sur la défensive

Bertrand a une pression forte de la part de sa hiérarchie pour faire accepter des mobilités professionnelles et géographiques à des collaborateurs qui n'ont jamais eu cette pratique ; cela fait partie de ses objectifs annuels. Cette perspective l'angoisse ; la démarche est entièrement nouvelle au sein de l'entreprise, il a toujours été très proche de son équipe et il n'est pas lui-même entièrement convaincu du bien-fondé de la nouvelle organisation.

Bertrand se sent donc coupable, craint d'être contesté et de ne plus apparaître comme le manager « sympa ». Craignant d'être déstabilisé par les réactions de son équipe et par ses propres émotions, en l'occurrence l'appréhension et le sentiment de culpabilité, Bertrand « choisit » de se retrancher et se protéger derrière son rôle, ce qui, plus encore que l'annonce d'une nécessité de changer à laquelle ils s'attendaient, est mal perçu de ses collaborateurs. Figé, sur la défensive, voulant à tout prix faire passer ses messages, Bertrand se ferme à un vrai dialogue et paraît d'autant plus inhumain.

Aller plus loin : de l'individu au « sujet »

Pour aller plus loin et différencier le plus possible l'*individu*, la *personne*, de toutes les projections et prismes sociaux qui déforment souvent notre regard et éviter ainsi de déraper, il est bon d'être conscient que derrière la fonction, le rôle et même l'individu, il existe un être qui est – en d'autres termes : un « sujet »[44]. Au-delà du salarié plus ou moins compétent, de la personnalité plus ou moins facile et même de l'individu et de son histoire personnelle, il est souhaitable d'entrevoir que l'être humain est un « sujet ». Je pense moins ici au sujet tel qu'on l'entendait au sens classique, chez Alain par exemple, à savoir l'individu libre de ses diverses déterminations, que dans son sens psychanalytique. Lacan lui donnait le sens suivant : « *Le sujet est pris dans les rets de l'ordre du symbolique et constitué par lui : le sujet est en effet appelé à se définir dès avant sa naissance dans le nom qui lui est promis et la place qui lui est désignée. C'est bien dans ce tissage-là qu'il va poser son "je"*[45]. » Sans entrer dans les explications complexes[46], on peut dire de manière simple que l'être humain, en prenant conscience de son être, de son existence, se constitue comme « sujet » en disant « je ». Pour la psychanalyse, dont l'objet est en partie cet avènement du sujet capable de dire *je*, la notion de « sujet » renvoie à bien d'autres instances. L'objectif ici, en évoquant cette notion, est d'éclairer une autre dimension, une autre profondeur de la réalité humaine que celle à laquelle on fait habituellement référence. Être conscient de ce niveau de réalité est essentiel pour pouvoir embrasser la *personne* et être plus fortement, plus globalement connecté à cette *vie intérieure* à laquelle nous avons précédemment fait allusion.

Se connecter au *sujet*, entrer en contact avec la *personne*, chercher à la faire émerger, est précisément ce que font les thérapeutes et c'est à partir de ce niveau de reliance que l'autre peut se défaire de ses rôles, de ses masques sociaux et se retrouver lui-même.

Dans le cadre de notre propos, nous pouvons donc dire qu'il existe plusieurs niveaux de réalité d'un être humain et de connexion possibles. On peut voir en l'autre : une fonction, un statut, un rôle, une personnalité, un individu, un sujet. Ces niveaux de connexion correspondent aux différents niveaux de réalité et d'existence d'un être humain, chacun correspondant aux différentes strates de sa construction identitaire et sociale. Les sciences humaines, d'ailleurs, ont fait chacune de ces différentes réalités en partie l'objet de leur science et de leur champ d'étude : la sociologie, les statuts et les fonctions ; la psychosociologie, les rôles ; la psychologie, la personnalité ; la psychanalyse, le « sujet ». La dernière dimension étant la dimension ontologique.

Je le mets à la porte : il me dit « merci »

Un ami manager me fit part un jour de sa surprise : il venait de licencier un collaborateur qui, au moment où il lui serrait la main, lui avait dit « merci ». Jean-Paul, une fois l'aspect administratif et financier réglé, avait longuement écouté Benoît en lui posant des questions sincères sur la manière dont il vivait cette situation, si c'était une éventualité à laquelle il s'était préparé… Il lui avait témoigné de l'empathie en lui faisant part du fait qu'il lui était arrivé plusieurs années auparavant la même mésaventure ; il pouvait donc comprendre que même en partant dans des conditions financières tout à fait acceptables, l'on se sente triste, en colère, écœuré… Jean-Paul avait poursuivi en lui demandant comment il envisageait à présent la suite de sa carrière, s'il pensait continuer dans le même métier ou s'orienter un peu différemment, quel était éventuellement son projet, comment son environnement familial prenait l'événement… bref, il lui avait témoigné un réel intérêt en le reconnaissant ainsi non pas comme un collaborateur dont il avait à se séparer, mais comme un individu, une personne. Or c'est au moment où Benoît se sentait moins reconnu, moins apprécié en tant que responsable projet, en tant que salarié et où il doutait inévitablement de ses compétences qu'il lui était nécessaire d'être reconnu comme un être à part entière. Sans en être complètement conscient, c'est de cela dont Benoît avait remercié Jean-Paul !

Niveaux de connexion

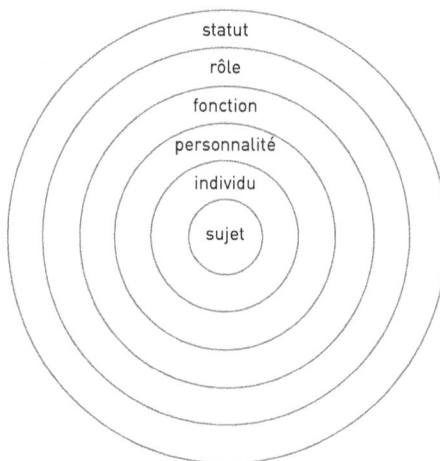

statut

rôle

fonction

personnalité

individu

sujet

Un « garde-fou »

Entrevoir le *sujet* permet d'éviter plus facilement les dérapages toujours possibles si l'on pense seulement « individu », voire « personne ». Le *sujet*, lui, est en deçà et au-delà.

C'est moins la conceptualisation de cette notion qui est ici intéressante que le ressenti, la perception de cet état en chacun. En intégrant la notion de *sujet*, l'on s'éloigne de la connexion plus « sociale », des rôles appris, de la personnalité qui cherche à plaire, à se conformer à une image, et dans la mesure où cette instance renvoie à un niveau de réalité et d'existence fondamentalement différent, l'on est inévitablement transporté sur un autre plan. C'est comme faire un voyage pour se dépayser. On est forcément loin du rôle de salarié, de patron, loin de la fonction de directeur, de commercial, on a accès à une autre vérité, à une autre profondeur permettant donc de reconnaître l'autre prioritairement dans son *être* vivant.

La perception que l'on a de l'homme devient inévitablement plus globale et l'on dissocie alors plus facilement l'*être vivant* de l'être social qu'il est devenu.

Un plus grand dépouillement

Moins l'on se vit soi-même comme un rôle, une fonction, plus on peut voir en l'autre une personne ; or intégrer dans la perception que l'on a de l'autre sa dimension de *sujet* oblige à se dépouiller soi-même davantage de ses rôles, fonctions, statuts. On ne peut en effet penser à l'autre comme sujet sans que quelque chose en soi-même ne soit modifié. Plus je regarde en l'autre le *sujet*, plus je sonde en moi un autre niveau d'être et plus je me débarrasse de mes projections, repères, valeurs et plus je suis ouvert à *lui*.

Finalement considérer la *personne*

C'est finalement en incluant cette dimension du sujet que l'on parvient à embrasser du regard ce que l'on appelle – même dans le langage courant sans pour autant en cerner avec précision les différentes strates – une « personne ». Nous pouvons dire en effet qu'une *personn*e dans son unité est fondamentalement la somme ou l'alchimie d'un sujet, d'un être vivant et d'un être social. Quand j'évoquerai à partir de maintenant la « personne », je ferai référence à cette unité et réalité-là.

Je me suis dit que j'avais quelque chose à faire de moi

« À l'époque j'étais en dépression et je me souviens... tout le monde essayait de m'aider mais je ne me sentais aidé de personne. Mes parents tentaient de me raisonner, mes amis avaient tendance à me plaindre ou à me secouer – je crois qu'ils avaient peur –, mon « boss », très compréhensif au demeurant, attendait – ce qui est logique – que je me remette au travail. Quant à mon médecin, je sentais qu'il me voyait uniquement comme un patient et qu'il mesurait à chaque entrevue l'évolution de mon état dont il tentait de diagnostiquer l'origine. J'avais l'impression d'être toujours le fils qui devait réagir, le patient qui devait évoluer et guérir, le salarié qui devait pouvoir recommencer à travailler. Je comprenais tout cela... Même avec les rares amis que je voyais, j'avais l'impression d'avoir endossé le rôle du dépressif ; j'étais presque dépressif comme l'un était en fac de droit ou l'autre à HEC. En tout cas, je continuais à me vivre comme un poids mort et je n'en sortais pas. Un jour, j'ai été consulter à l'hôpital et j'ai rencontré un jeune médecin. Il m'a écouté lui parler de ma dépression, de mon angoisse, de mes traitements, mais je sentais qu'il était attentif autrement, qu'au-delà des mots, il me regardait autrement : pour la première fois, je me suis senti exister différemment de d'habitude. C'était comme si, au-delà de ma dépression, je devenais intéressant. Quand j'ai eu fini, il m'a demandé : "Et vous, comment vous sentez-vous ?" Cela a été un déclic : je me suis dit que j'avais quelque chose à faire de moi. »

Se connecter à la personne et développer son empathie

Plus on « voit » chez l'autre le rôle, la fonctionnalité et parfois même la personnalité, moins on a de chances d'être dans l'empathie ; plus on se connecte à la *personne*, plus on est en état de percevoir sa *vie*, son émotion, d'en embrasser la complexité intérieure. Parallèlement, se connecter à la *personne* comporte des effets secondaires eux-mêmes très propices à l'état d'empathie, dans la mesure où cela favorise l'expression de l'autre.

Des effets instantanés inestimables

Être immédiatement plus disponible

Déplacer son regard, son attention sur la *personne*, permet d'« oublier » ses objectifs, de se dégager des enjeux du moment, de ses intentions, liés la plupart du temps à la fonction que l'on exerce et/ou au rôle que l'on joue. En mettant ainsi de côté les contraintes que confèrent cette fonction et/ou ce rôle – non pour les oublier totalement mais pour les mettre en sourdine –, on peut, par conséquent, mieux écouter l'autre, être plus réceptif, en meilleure capacité de ressentir et de comprendre ce qu'il « vit ».

Personne ++ → Rôle -- → Écoute ++

Porter moins de jugements

Plus on voit en l'autre la *personne*, plus on se dépouille de ses rôles, fonctions, de sa « personnalité », et moins l'on risque de juger l'autre. C'est toujours *en* soi, la fonction et le rôle qui lui est attribué, la personnalité et ses limitations, l'individu et les marques de son histoire qui « jugent » l'autre.

Personne ++ → Rôle, Fonction -- → Rapport « social » -- →
Jugement -- → Confiance/expression ++

Faire tomber les barrières

Si l'on voit l'autre comme une *personne*, notamment dans ce qui le constitue de plus archaïque, à savoir le *sujet*, et si l'on s'entrevoit de même, nous avons conscience d'être à « égalité », puisque, au-delà des différences, nous avons en commun d'être des *personnes*, d'avoir été et d'être des *sujets*. À partir de là, sur ce terrain commun, beaucoup de « constructions », de protections, d'illusions, deviennent inutiles. Les relations de pouvoir perdent alors en partie leur intérêt, les égocentrages leur sens. Ainsi l'accès à l'autre devient-il plus simple et la capacité d'empathie accrue.

Personne ++ → Rôle, fonction -- → Barrières -- → Confiance ++

Avoir un accès plus direct aux émotions

On ne se connecte à l'autre que d'où l'on part soi-même ; plus on voit l'autre comme une *personne*, plus l'on se considère de même et plus on a accès tant à l'être vivant de l'autre et à ses émotions qu'au souvenir des siennes.

Personne ++ → Rôle, fonction -- → Accès aux émotions ++

S'autoriser davantage à être dans le ressenti

Voir en l'autre une *personne*, permet davantage de « fondre » en tant qu'être socialement construit (sans même parler ici d'ego) et de pouvoir plus facilement sans réfléchir, sans penser, sans se retenir, reconnaître, ressentir davantage l'autre en soi, être tout simplement davantage en capacité de ressentir ce qu'il ressent.

Personne ++ → « Position sociale » -- → « Égalité » ++ →
« Universalité » ++ → Capacité à ressentir ++

Créer les conditions de l'expression

L'expression des émotions facilitée

Si être dans l'empathie, c'est ressentir les états d'âme de l'autre, c'est également créer les conditions pour qu'il puisse en présence d'un tiers y avoir accès et les « laisse » s'exprimer : cela implique qu'il se sente en confiance et qu'il ressente que leur expression est permise.

Nous avons évoqué comme l'un des principaux effets de l'empathie la mise en confiance de l'autre, nous voyons mieux à présent comment elle s'opère, ce qu'il y a derrière. C'est quand on voit l'autre comme une *personne*, sans jugement, sans attente que l'on crée précisément la confiance dans la mesure où il se sent alors profondément reconnu, accepté. Je ne fais pas ici allusion à la confiance qu'un individu peut avoir ou développer dans sa capacité à faire telle ou telle chose mais de la confiance, de l'état de confiance dans lequel on peut se trouver plus ou moins avec quelqu'un et qui permet d'exprimer davantage ses ressentis, de se livrer, de se libérer parfois, de se découvrir en parlant.

Nous sommes loin de la seule reconnaissance des compétences, ou même d'une personnalité.

Il est d'autant plus important de créer cette confiance pour permettre l'expression des émotions que l'on n'est pas du même côté de la barrière et qu'il peut donc, au contraire, y avoir méfiance.

Personne ++ → Reconnaissance ++ → Confiance ++ → Expression ++

À l'une on parle, à l'autre pas

Deux consultantes interviennent dans le cadre d'une antenne Emploi. Leur rôle est de permettre à leurs candidats de mettre au point un nouveau projet professionnel et de se dynamiser vers une recherche active d'emploi. Compétentes, impliquées l'une et l'autre, Sophie obtient manifestement de meilleurs résultats que sa collègue. Ses stagiaires réagissent mieux, plus vite et ceux qui peuvent difficilement continuer dans la même voie professionnelle identifient plus rapidement des projets personnels qui leur correspondent et pour lesquels ils sont davantage motivés. Gaëlle a tendance à penser qu'elle est tombée sur les candidats les moins dynamiques. En fait, Sophie moins formelle, moins dans l'image qu'elle cherche à donner d'elle-même, plus authentique, plus libre, paradoxalement sans attente particulière à laquelle l'autre devrait répondre, interpelle davantage en lui l'individu avec ses émotions et ses désirs « la personne » et son potentiel profond de réactivité que le « salarié » licencié qui, pénalisé par sa perte d'emploi, se doit d'en retrouver un. Elle appelle ainsi plus de confidences et de sincérité, favorise l'expression de projets différents, mobilise d'autres ressources : la dynamique est décuplée.

Une plus grande authenticité

Nous avons évoqué comment selon le niveau de connexion, l'échange, la relation se trouvent modifiés. En effet, les attitudes, les discours, les réponses sont différentes selon que l'on s'adresse au rôle, à la fonction, à l'individu, à la *personne*. De fait, le niveau de connexion détermine la manière dont l'individu se sent interpellé, à quel niveau, quel niveau de son être est reconnu ou non et la manière presque dont on l'autorise à exister, ce qui explique pourquoi le niveau de connexion à l'autre est si important quand on est en position d'écoute, d'aide.

Ainsi, plus j'interpelle la *personne* en l'autre, moins il sent le besoin de jouer son rôle, de répondre aux attentes supposées, plus il est en mesure de prendre de la distance par rapport à ses objectifs immédiats, ses enjeux personnels et plus il peut facilement, par conséquent, avoir accès à ses émotions, à ses ressentis et s'autoriser à être davantage lui-même. Si l'on regarde les choses de plus près, c'est toujours le rôle que l'on pense devoir jouer, la fonction que l'on croit devoir remplir, l'image que l'on veut donner, la personnalité prise parfois dans ses propres contradictions qui parasitent l'accès aux ressentis.

Enfin, selon le jeu des interactions relationnelles, plus on considère en l'autre une *personne*, plus on se voit soi-même comme tel, ce qui induit *a priori* plus d'authenticité, et comme l'interlocuteur ne manque pas de le percevoir, il s'autorise à être lui-même davantage authentique.

Ainsi, se connecter à la *personne* est essentiel pour favoriser l'expression de l'autre surtout si l'on a des messages difficiles à faire passer, si l'on doit faire des reproches, exprimer une demande, poser une limite, et/ou dans les moments de tension, de crise.

```
                    --→ Reconnaissance ++ --→ Confiance ++
Personne ++                                                Authenticité ++
                    --→ « Rôle », « fonction » - --→ Image - -
```

C'est quand on se relie à la *personne* que l'on se met le plus en « état » d'empathie. Nous voyons ici pourquoi prendre en compte l'autre, embrasser sa *personne* ne veut pas dire perdre de vue son propre objectif ni se laisser déborder par ses émotions.

MÉMO

Pensez toujours vous-même à la manière dont vous aimeriez être accueilli, reconnu.

Souvenez-vous que l'autre « perçoit » et ressent tout.

N'oubliez pas que chaque individu est unique ; vous le regarderez mieux.

Autorisez-vous à être plus naturel, plus authentique.

Essayez de vous libérer de l'image que vous voulez donner aux autres.

Essayez d'être conscient des masques que vous portez.

Valorisez-vous vous-même en dehors de vos rôle, statut, fonction.

Essayez au-delà de vos objectifs de voir en l'autre la *personne.*

Essayez au-delà de ce que l'autre vous donne à voir, de considérer la *personne.*

Comme point de repère ou « garde-fou », souvenez-vous qu'en l'autre existe un « sujet ».

SE POSER LES BONNES QUESTIONS

Quand je suis face à quelqu'un :

Qu'est-ce que je regarde en lui ?

Qu'est-ce que je montre de moi ?

À quoi suis-je attentif ?

Qu'est-ce que je valorise de moi en ce moment ?

Qu'est-ce que je valorise de l'autre ?

Suis-je authentique ?

Sur quel plan finalement est-ce que je me connecte à lui ?

Sur quel plan vous connectez-vous ?

A priori quand vous êtes face à quelqu'un, pensez-vous :

1. **Au résultat qu'il doit obtenir**

   a) Toujours   b) La plupart   c) Pas systémati-
               du temps   quement

2. **À l'action qu'il doit mener**

   a) Toujours   b) La plupart   c) Pas systémati-
               du temps   quement

3. **À sa réussite sociale**

   a) Pratiquement   b) La plupart   c) Pas en priorité
       toujours   du temps

4. **À l'objectif que vous devez atteindre**

   a) Toujours   b) La plupart   c) Pas systémati-
               du temps   quement

5. **À l'influence que vous avez sur lui**

   a) Toujours   b) La plupart   c) Rarement
               du temps

6. **À ce que vous représentez pour lui**

   a) Toujours   b) La plupart   c) Rarement
               du temps

7. **À la manière dont vous devez vous comporter avec lui**

   a) Oui et   b) La plupart   c) Plutôt rarement
       sans exception   du temps

8. **À ce qu'*a priori* il « attend » de vous en vous y conformant**

   a) Pratiquement   b) Assez souvent   c) Plutôt rarement
       toujours

9. **À la manière dont il vous perçoit**

a) Pratiquement toujours   b) Assez souvent   c) Plutôt rarement

10. **À ce qu'il représente pour vous**

a) Pratiquement toujours   b) Assez souvent   c) Plutôt rarement

11. **Aux droits que vous avez sur lui**

a) Pratiquement toujours   b) Assez souvent   c) Plutôt rarement

12. **De quoi êtes-vous le plus fier ?**

a) De votre parcours professionnel et de votre statut actuel   b) De vos compétences   c) De votre parcours de vie

13. **Les autres vous parlent-ils de ce qu'ils vivent ?**

a) Jamais   b) Très rarement   c) Souvent

14. **Les autres vous parlent-ils de leurs choix ?**

a) Jamais   b) Très rarement   c) Souvent

15. **Les autres vous parlent-ils de leurs désirs ?**

a) Jamais   b) Très rarement   c) Souvent

16. **Vous-même leur parlez-vous de vos réussites ?**

a) Toujours   b) Pas systématiquement   c) Rarement

17. **Vous-même leur parlez-vous de vos doutes ?**

a) Jamais   b) Rarement   c) Relativement souvent

18. **Vous-même leur parlez-vous de vos faiblesses ?**

a) Jamais   b) Rarement   c) Relativement souvent

19. Vous-même leur parlez-vous de vos déceptions ?

a) Jamais   b) Rarement   c) Relativement
souvent

20. Vous-même leur parlez-vous de vos espoirs ?

a) Jamais   b) Rarement   c) Relativement
souvent

RÉSULTATS

Comptez 1 point par réponse a, 2 points par réponse b, 3 points par réponse c.

Entre 0 et 20 points : vous vous vivez apparemment davantage comme un être éminemment social, c'est-à-dire essentiellement à travers votre rôle, votre fonction, votre statut, et vous êtes sans doute très soucieux de votre image et de votre pouvoir sur les autres ; de ce fait, vous avez peut-être du mal à voir en l'autre la personne.

Entre 20 et 40 points : vous vous intéressez probablement à l'autre en tant que personne, mais vous avez sûrement un besoin de plaire, de vous conformer, et certaines protections vous empêchent d'être aussi libre que vous le souhaiteriez dans votre relation à l'autre.

Entre 40 et 60 points : vous êtes manifestement assez authentique, vous ne craignez pas de vous montrer tel que vous êtes, ce qui très probablement vous conduit, quand vous êtes en relation aux autres, à les considérer pour ce qu'ils sont et à chercher en eux la part de vérité et d'authenticité.

5

Être au clair sur ses intentions et sur ses « désirs »

> « Ainsi mon efficacité s'accroît [...] si je m'aperçois que j'ai le désir de former ou de manipuler l'autre, et que je reconnais ceci comme un fait en moi. Je voudrais être capable d'accepter ces sentiments aussi aisément que les sentiments de chaleur, d'intérêt, de tolérance, de bonté, de compréhension[47]. »

Le lien entre la capacité d'empathie et l'intention qui nous anime est très étroit. Dès que nous sommes en relation avec autrui, nous avons inévitablement, parfois sans en être conscient, des buts, des intentions. Si nous les analysons assez rarement, nos intentions sont pourtant un facteur déterminant dans la qualité de la relation, l'authenticité de l'échange et peuvent parasiter plus ou moins fortement la capacité d'empathie. En fonction de leur nature mais également de la conscience que l'on en a, on est en effet plus ou moins réceptif à l'autre, on lui laisse plus ou moins de place. Qui n'a pas remarqué combien, quand on désire imposer ses vues, éviter le dialogue, se protéger, etc., on écoute moins l'autre. De plus, étant pour une grande part pressenties, même quand elles ne lui sont pas ouvertement déclarées, les intentions peuvent freiner, voire empêcher l'autre d'être au contact de ses émotions et *a fortiori* de les exprimer.

Être au clair sur ses intentions et sur les désirs qui en sont souvent à l'origine est la seconde condition pour être en « état » d'empathie. Or, l'intention d'une part, est souvent complexe et d'autre part, le plus souvent tourné vers d'action, on prend rarement le temps d'y réfléchir. De plus, on a du mal à reconnaître certaines intentions, soit parce qu'elles ne correspondent pas à l'image que l'on a et/ou que l'on aimerait donner de soi, soit parce qu'elles correspondent à un désir plus profond difficile parfois à identifier et/ou à reconnaître.

Savoir analyser ses intentions

Il existe différents types d'intention. Si avec le *Petit Robert*, on peut définir l'intention comme le fait plus ou moins conscient « de se proposer un certain but », nous pouvons dire, dans la mesure où il existe plusieurs types de buts, qu'il existe de même plusieurs types d'intention et que, comme les buts, elles peuvent être plus ou moins simples, précises, immédiates, positives, déclarées, avouables et conscientes à soi-même.

Les types d'« intention »

Le but

Une intention est « simple » quand le but est à la fois concret et conscient, ce qui la plupart du temps est le cas ; je m'adresse à X pour lui faire passer une information, obtenir un résultat, le convaincre, le faire changer d'avis, etc. ; ou bien je travaille pour réussir, obtenir un examen, etc. Dans ce cas, l'intention est simple, puisqu'elle équivaut presque complètement au but, elle le recouvre presque entièrement. Il n'y a en effet aucun décalage alors entre le but et l'intention.

Le « désir »

D'autres de nos intentions sont « complexes », dans la mesure où elles ne correspondent pas à un but ponctuel et/ou plus ou moins précis mais relèvent en réalité d'un désir. On peut définir l'intention complexe – tout comme le *désir* – comme la « mobilisation d'une énergie ou de toute son énergie, en vue d'obtenir ou d'aboutir à quelque chose ». Parallèlement, et très synthétiquement, nous pouvons dire que les désirs correspondent en partie à la manière dont un individu s'est structuré, notamment pour

© Groupe Eyrolles

combler ses besoins affectifs, de sécurité et d'expression de soi. Si, par le passé, le besoin par exemple de se sentir aimé/d'être aimé a été comblé, il y a fort à parier que le *désir* de l'individu aujourd'hui est de s'entendre avec les autres, de chercher à les comprendre, à se faire comprendre, en d'autres termes à « aimer » et à se faire aimer. Si, par contre l'individu, a été ou a le sentiment d'avoir été délaissé, mal aimé, son *désir* pour combler ce besoin et obtenir cet amour risque, entre autres, d'avoir été et d'être en partie encore aujourd'hui de chercher à séduire, à manipuler, à dominer, à contrôler ou à se rendre indispensable, voire au contraire inconsciemment à se faire rejeter tout comme il s'est précisément senti rejeté par le passé. Prenons un autre exemple : si le besoin de sécurité d'un enfant n'a pas été comblé, il est fort probable qu'une fois adulte celui-ci aura, pour se sécuriser, le *désir* de réussir coûte que coûte ou, sans comprendre pourquoi, de chercher à profiter d'un système ; ce *désir* primant alors toujours sur les autres. À l'inverse, si ce besoin de sécurité a été comblé, son *désir* sera probablement davantage, quelles que soient les circonstances, de donner en priorité le meilleur de lui-même. De fait, les *désirs* se matérialisent et s'expriment, entre autres, à travers des intentions permanentes, récurrentes, structurelles en quelque sorte et, par conséquent, très fortes.

C'est autour de deux grands pôles que s'articulent ces intentions complexes liées à des désirs :

- dans la relation aux autres ; nous retrouvons ici l'*intention* de dominer, de contrôler, d'utiliser et leurs pendants : celle d'échanger, de partager, de se compléter ainsi que toutes leurs déclinaisons ;

- dans le rapport à sa réalisation personnelle ; nous retrouvons ici l'*intention* d'avoir du « pouvoir », de la « notoriété », de fuite aussi par rapport à ses responsabilités si l'on ne souhaite pas, par exemple, se confronter à la réalité et leur pendant : l'*intention* de puissance, d'expression, d'épanouissement personnel, d'engagement, etc.

L'intention « mixte »

L'intention est « mixte » quand le but est à la fois moins concret, plus vague, moins immédiat que dans l'intention simple – réussir sa carrière, avoir de bonnes relations, bâtir une clientèle, donner le change – et/ou qu'il correspond de près ou de loin à l'expression limitée, circonscrite dans le temps comme dans l'intention complexe, d'un *désir* plus profond –

arriver à ses fins, donner une bonne image de soi, se faire valoir… Plus que d'un but à proprement parler, il s'agit là d'un souhait, d'une envie de quelque chose. En ce sens, l'intention est mixte dans la mesure où elle se situe à cheval entre le but et le *désir*. L'objectif est alors plus large, plus lointain que dans le but *stricto sensu*, parce qu'il correspond la plupart du temps en partie à un désir plus profond. Mon intention (mixte) est de réussir ma mission ; mon intention *complexe* (désir) est d'être reconnu et mon but, d'être promu. Ainsi, c'est en réalité l'intention *complexe* ou *désir*, par exemple d'avoir un pouvoir sur l'autre (pour me rassurer) ou *celle* d'être reconnu (pour me sentir aimé) qui s'exprime à travers mon intention (mixte) de prendre de plus en plus de responsabilités et mon intention (but) de ne pas donner aux autres toutes les informations ; ou bien encore c'est mon intention complexe ou désir d'être reconnu, aimé, qui se concrétise ou qui s'exprime à travers mon intention (mixte) d'avoir avec l'autre de bonnes relations et à travers mon intention (but) de toujours rendre service.

Buts et désirs

L'intention complexe (désir) de **Titien** est de se protéger, son intention (mixte) est ne pas prendre de responsabilité, son but est que Mélanie se charge du dossier.

L'intention complexe (désir) de **Stéphane** est de s'épanouir, son intention (mixte) est de donner le meilleur de lui-même dans toutes les situations, son but est d'occuper une fonction à la hauteur de ses ambitions.

L'intention complexe (désir) de **Danièle** est de dominer les autres, son intention (mixte) est d'être toujours perçue comme la « meilleure », son but est de garder pour elle les informations utiles.

Intensité de l'intention et empathie

Plus il existe derrière un but une intention mixte ou un désir et plus l'intensité de l'intention et la mobilisation de l'intéressé sont importantes.

Prenons comme exemple l'intention d'« arriver à ses fins » :

- s'il s'agit d'un but ponctuel et concret par rapport à une situation précise : l'individu est *a priori*, sauf si le temps imparti est extrêmement court, en capacité de faire la part des choses, à savoir qu'il peut, parallè-

© Groupe Eyrolles

lement à la poursuite de son but, être réceptif à autrui et l'intention cesse quand son but est atteint ;

- s'il s'agit d'une intention mixte, à savoir parvenir sur un temps plus long à obtenir tel ou tel poste : cette intention détermine *a priori* davantage d'actions de la part de l'intéressé et mobilise plus amplement son énergie ;

- enfin, s'il s'agit d'une intention *complexe,* à savoir vouloir dans tous les cas et dans toutes les situations arriver à ses fins, sans que rien ne vienne le contrarier : il est évident qu'elle mobilise alors l'individu en permanence, en parasitant en grande partie son ouverture aux autres.

En fonction de sa nature, de son intensité et de la conscience que l'on en a, l'intention parasite plus ou moins l'ouverture et la capacité d'empathie.

Intentions « positives » et « négatives »

Les intentions, notamment à l'égard de l'autre, sont bien entendu plus ou moins positives, plus ou moins constructives. Il est évident que l'intention d'aider, de résoudre, de faire avancer, de dialoguer, de comprendre le point de vue de l'autre est plus positive que de l'utiliser, de noyer le poisson, de tirer son épingle du jeu, d'imposer ses idées et de veiller uniquement à son bien-être personnel, par exemple.

De même les intentions négatives, qu'elles soient ou non conscientes, parasitent *a priori* davantage l'état d'empathie dans la mesure où l'individu ne se sent pas « clair », pas « honnête ».

Si certaines intentions sont par nature toujours négatives et d'autres toujours positives, une grande partie des intentions ne sont ni mauvaises ni bonnes en elles-mêmes ; l'évaluation qui peut en être faite dépend en effet du contexte et de leur adaptation à la situation et à son enjeu. Une intention négative dans certaines circonstances sera totalement positive et légitime dans d'autres, et *vice versa*. « Se valoriser », « vouloir atteindre son objectif », « être reconnu », « utiliser », « séduire », par exemple, peut selon le contexte être positif ou négatif ; tout dépend des moyens employés et des effets probables sur les autres.

Pour se mettre sur la voie : exemples d'intentions		
– Aider	– Être reconnu	– Manipuler les autres
– Clarifier	– Se légitimer	– Se valoriser
– Comprendre	– Avoir raison	– ...
– Assainir	– Se rassurer	
– Trouver la solution	– Utiliser	
– Soutenir	– Séduire	
– Valoriser l'autre	– Se faire bien voir	
– Communiquer	– Atteindre son objectif	
– Établir la relation	– Aller vite	
– Se faire comprendre	– Avoir la main	

Intentions conscientes ou non

L'exercice d'analyse se complique dans la mesure où l'intention n'est pas toujours consciente ou conscientisée. C'est souvent le cas, notamment, quand il s'agit d'intention complexe et/ou négative à l'égard de l'autre.

Une intention simple est la plupart du temps consciente, clairement énoncée à soi-même, si elle recouvre le but que l'individu cherche concrètement à atteindre. Toutefois, il arrive qu'elle ne soit pas entièrement consciente, soit parce que l'intéressé n'a tout simplement pas pris le temps d'y penser, soit parce qu'il est sous pression, tendu vers un objectif à atteindre, perdant ainsi la conscience de l'intention positive ou négative qui peut exister en amont de ses actes ou de ses propos. Je peux me dire que Claude doit accepter cette décision (objectif/but) d'autant que j'ai très peu de temps à lui consacrer (contrainte/pression) et que, de toute façon, je suis son « boss » (recours : le « pouvoir ») ; cela n'empêche pas que je puisse avoir l'*intention/ désir* de le convaincre vraiment (intention positive) ou au contraire de le manipuler (intention négative).

L'intention mixte, elle, n'est pas systématiquement conscientisée, soit pour les mêmes raisons, soit parce que le but lui-même est plus vague, soit encore parce que le but ou le désir dont elle est l'expression n'est pas avouable. C'est le cas, par exemple, s'il n'est pas valorisé socialement, non admis par la morale ambiante, s'il ne correspond pas aux valeurs de son propre milieu, voire à l'image que l'on veut donner et/ou que l'on a de soi. Mon intention mixte est de ne pas trop m'impliquer dans cette mission pour à la fois m'économiser et pouvoir veiller davantage à mon marketing personnel ; à moins d'être totalement libre avec moi-même et avec les autres, je n'ai *a priori* pas franchement envie de le reconnaître.

Les intentions complexes, quant à elles, sont assez rarement conscientisées, dans la mesure où elles sont liées à des *désirs* qui restent eux-mêmes la plupart du temps non conscients ; l'individu s'interroge en effet assez peu sur son *désir* – là encore, précisons-le, au sens de construction –, *a fortiori* s'il est négatif. Si les *désirs* positifs – avoir des rapports harmonieux, réussir, s'engager, prendre ses responsabilités, etc. – ne sont déjà pas toujours conscients, puisqu'ils ont dans tous les cas des conséquences positives et semblent naturels, l'individu ayant alors moins de raisons de s'interroger, de s'analyser ; on imagine aisément que les *désirs*/intentions plus négatifs à l'égard d'autrui soient d'autant moins conscients. De fait, on conscientise plus facilement une intention, un *désir* « positif », dans la mesure où avouable, l'on peut l'accepter, le reconnaître plus facilement qu'un désir désavoué par la morale. Toutefois, il est bien sûr tout à fait possible d'être conscient d'une intention négative, néfaste à l'égard d'autrui ; il s'agit alors d'être habile, surtout si l'intention risque d'être perçue par l'autre. Néanmoins, des personnes, même si elles sont rares, excellent à ce jeu. Quand ce type d'intention négative est conscient, il est parfois presque plus facile, même si elle est fortement en décalage avec l'intention déclarée, officielle, de la masquer, de la gérer, du moins un certain temps. En effet, si le *désir* n'est pas conscientisé, on a moins de lucidité et de latitude pour mettre en place ses discours, ses stratégies et l'on risque d'être d'autant plus rapidement perçu par l'autre. Moins les buts, les souhaits, les *désirs* sont avouables et moins en général l'intention est consciente, en tout cas moins elle est claire, transparente.

Quoi qu'il en soit, on peut facilement imaginer à quel point les intentions, *a fortiori* non conscientes et/ou négatives à l'égard de l'autre, parasitent l'empathie dans la mesure où leur auteur, d'une certaine façon moins « honnête », se sent moins clair, moins libre et où elles risquent toujours d'être perçues compromettant alors la qualité et l'authenticité de l'échange avec l'autre.

En décalage...

Fabrice dit haut et fort qu'il est un bon manager, proche de ses équipes qui, d'après lui, l'apprécient beaucoup. Il pense également être empathique, très à l'écoute et motiver chacun en fonction de ses ressorts individuels. Pourtant, du côté des équipes, les échos sont moins bons, il existe un turnover conséquent et Fabrice est perçu essentiellement comme un arriviste calculateur. L'intention de Fabrice, en réalité, n'est pas tant d'être empathique que de toujours montrer ou se prouver à lui-même qu'il est le meilleur : à la fois expert sans faille et manager hors pair. Avec un ego assez démesuré, il a toujours besoin de penser qu'il est parfait et même quand il déclare vouloir motiver et faire grandir ses collaborateurs, c'est avant tout cette image d'absolue perfection qu'il cherche à avoir et à donner de lui-même.

Emmanuel a tendance à croire qu'il est profondément égoïste, individualiste, ne roulant dans son métier que pour lui et évaluant toujours ce qui va lui rapporter le plus et lui coûter le moins. En réaction à son milieu familial, où il lui a trop été demandé d'être gentil, effacé, conforme, au service des autres, Emmanuel a développé face à ce qui lui a été trop fortement imposé, des pensées et un comportement rebelles... En réalité, son intention est toujours de donner satisfaction à ses clients, de tenter d'avoir avec chacun des relations harmonieuses et d'aider les autres à s'épanouir. Alors qu'il croit se moquer de tous et ne penser qu'à lui, son intention réelle est à l'opposé de ses dires.

Intentions explicites ou implicites

Toute intention peut ou non être déclarée à l'intéressé. Toutefois, plus une intention est négative et moins elle est *a priori* déclarée, ce qui risque aussi de parasiter la capacité d'empathie, une partie de l'énergie, de l'attention étant alors captée, prise dans le fait de cacher à l'autre quelque chose, voire de lui mentir. Par intention déclarée, j'entends ici soit une intention énoncée explicitement, soit la mise en évidence d'une pleine cohérence entre la parole émise, l'acte produit et l'objectif recherché, en d'autres termes, l'existence d'un recouvrement total entre l'intention et sa manifestation.

Toutes les intentions – simple, mixte ou complexe – peuvent, pour peu qu'elles soient conscientes, être ou non déclarées à l'autre, mais il est évident qu'elles le sont là encore d'autant moins qu'elles sont peu avouables.

Même parfaitement consciente, l'intention « simple », tout comme le but, peut ou non être déclarée à l'intéressé. On peut en effet, pour différentes raisons, ne pas déclarer à l'autre, voire chercher à masquer des intentions simples et conscientes : j'ai l'intention (but) conscientisé de promouvoir Jean à moyen terme, j'ai l'intention prochainement de confier plus de responsabilités à Claire, j'ai l'intention (but) de faire faire à Nicolas cette mission à ma place ; ou, dans le domaine privé, j'ai l'intention de faire préparer à Xavier le dîner d'anniversaire samedi ou d'organiser une semaine de vacances à la montagne... Dans tous les cas, je peux déclarer ou non à l'autre mon intention, mais je ne suis en aucun cas obligé de le faire, surtout si elle risque d'être néfaste pour lui.

Il en est de même pour l'intention mixte, hormis le fait qu'étant déjà moins fréquemment conscientisée elle est d'autant moins déclarée à l'autre, *a fortiori* si elle n'est pas honorable : j'ai l'intention (mixte) d'aider Vincent à avoir confiance en lui, j'ai l'intention de réussir à avoir des relations plus harmonieuses avec Pierrette, etc.

L'intention complexe, quant à elle, est plus rarement consciente et plus rarement encore déclarée. L'intention négative ne l'est *a priori* jamais, même une fois consciente, sauf à être en confidence ou à avoir fait un certain travail sur soi pour pouvoir s'accepter soi-même là où l'on en est. En effet, même si l'individu souffre de certains de ses *désirs*, s'il en est prisonnier, victime, avec le souhait profond de s'en libérer un jour, s'il est conscient que ces *intentions ou désirs* lui jouent des tours, il lui est *a priori* dans un premier temps difficile de les avouer, surtout s'ils nuisent à l'autre, s'ils renvoient alors de lui-même une mauvaise image et s'il se sent parfois pris en faute par rapport au rôle, à la fonction qu'il est censé tenir !

Pour leur part, les intentions positives n'ont bien sûr quand elles sont déclarées qu'un surcroît d'effets bénéfiques.

Décalage entre intention déclarée et intention réelle

Dans la mesure où d'une part les intentions ne sont pas toujours conscientisées, surtout si l'on ne souhaite pas se les avouer, et où d'autre part l'on peut déclarer à l'autre de fausses intentions, nous réalisons à quel point il peut exister un décalage entre l'intention déclarée aux autres et l'intention réelle. En effet, la tendance quand l'intention n'est pas « bonne » et que l'on en a conscience, est d'en déclarer officiellement une autre, opposée en général à l'intention réelle. Quand il existe un écart important entre l'intention déclarée et l'intention réelle, la première est d'ailleurs souvent sursignifiée.

On peut non seulement, sciemment déclarer à l'autre une intention contraire à celle dont on a parfaitement conscience, mais également en « toute bonne foi », lui déclarer et/ou se déclarer à soi-même une intention fausse, parce que l'on ne veut ou l'on ne peut pas s'avouer la vraie. Il arrive ainsi de déclarer une intention et de la croire réelle quand une autre intention non conscientisée, cachée, est en réalité bien plus puissante.

Ce mécanisme est relativement fréquent ; mon intention déclarée est d'aider, de donner satisfaction, alors que mon intention réelle est de me faire reconnaître, de donner une bonne image, de me débarrasser au plus vite, etc. ; ou bien mon intention déclarée est d'aider, mon intention réelle est d'avoir un pouvoir sur l'autre, d'être reconnu ou de me prouver à moi-même que je suis utile, etc. De fait, on peut penser vouloir aider réellement quelqu'un alors que son intention réelle est de se donner bonne conscience ou d'être reconnu par lui. Une fois encore, cela est d'autant plus vrai quand l'intention est néfaste pour l'autre et/ou non avouable à ses propres yeux, voire si l'on se connaît mal soi-même. Je préfère, par exemple, me dire que je veux protéger Carine plutôt que d'avoir un pouvoir sur elle. Ce mécanisme se produit également, bien que plus rarement, sur un registre positif : je peux croire, parce que j'ai souvent « fonctionné » ainsi, que mon intention est de profiter d'une situation, d'utiliser certaines personnes, alors que cette fois mon *intention* est véritablement de réussir à faire équipe, de faire bénéficier les autres de mon expérience, de trouver une bonne entente avec l'autre, etc.

Cet effort et ce « mensonge » à soi-même et/ou à l'autre, surtout quand l'intention est négative, requièrent alors une vigilance et un contrôle qui écartent de l'état d'empathie.

Positive ou négative, une intention déclarée et vraie est moins nocive ; elle laisse en effet plus libre, plus disponible et crée dans tous les cas un espace de dialogue, voire une confiance plus importante chez l'autre même si l'intention n'est pas entièrement bénéfique à son égard.

L'intention la plus parasitante, pour ne pas dire dangereuse, pénalisante en matière d'empathie est bien entendu l'intention négative non déclarée, consciente ou pas, dans la mesure où :

- l'individu n'est pas « au clair » donc moins disponible ;
- l'intention réelle n'est pas positive.

L'autre, tôt ou tard – ce qui est souvent pire –, « sent », même inconsciemment que quelque chose sonne faux, qu'on lui ment, ce qui non seulement ne contribue pas à le mettre en confiance mais peut générer un retranchement de sa part ou de l'agressivité. Enfin, la fausse déclaration d'intention est la pire quant à ses effets.

C'est à l'intention réelle non déclarée qu'elle soit consciente ou non, positive ou non, à laquelle je ferai référence à partir de maintenant, quand j'évoquerai l'intention et je l'indiquerai en italique.

Il se dit altruiste mais ses associés le quittent les uns après les autres

Jérôme, chef d'entreprise brillant, se présente comme une personne généreuse, avec un projet d'entreprise en apparence très tourné vers les autres, un idéal d'équité dans les relations et le souhait déclaré que chacun dans sa société trouve sa place, s'exprime et s'épanouisse.

Pourtant, avec un désir de valorisation personnel colossal et d'importants besoins financiers, son intention en réalité est surtout d'utiliser pour ne pas dire d'exploiter toutes les personnes qu'il rencontre et avec lesquelles il travaille. Ne se préoccupant guère des états d'âme qu'il génère chez les autres, il se fait au fil du temps plus d'ennemis que d'amis. Ses associés, ses collaborateurs et même ses clients le quittent les uns après les autres.

Éléments d'analyse d'une intention		
Nature	→	Bonne/néfaste (pour autrui)
Type	→	Intensité de la mobilisation
Conscience	→	Conscientisée/non conscientisée
Forme	→	Explicite/implicite
Transparence	→	Rapport déclaration/réalité

Complexité des intentions

Les intentions sont assez rarement limpides et peuvent même être totalement opaques. Pour de multiples raisons, une intention est rarement « pure », dans la mesure où chacun se débat avec des buts différents parfois opposés, ses propres fonctionnements et désirs, ses impératifs, ses conflits intérieurs, auxquels s'ajoutent, en milieu professionnel, la pression des résultats et des objectifs à atteindre. La plupart du temps, il coexiste des intentions parallèles parfois contradictoires. Prenons, par exemple, la relation entre collègues : il coexiste en général, avec des pondérations différentes, à la fois l'intention d'avoir une collaboration constructive et efficace, de penser à ses intérêts propres, de se faire apprécier, de se faire reconnaître, de veiller à son périmètre, d'avoir un « petit » pouvoir sur les autres, parfois de les manipuler, etc. Prenons l'exemple d'un entretien professionnel : on décèle souvent à la fois l'intention de mieux connaître et comprendre l'autre, de légitimer son apport, ou sa position, d'être reconnu par son interlocuteur, d'atteindre son objectif, de défendre son image de « gentil », de se protéger, etc.

Il existe ainsi dans nos intentions quant à l'autre, une partie consciente, une partie non consciente, une partie positive, une partie négative. Cette complexité et cette multiplicité de l'intention fréquentes à l'égard d'autrui parasitent, elles aussi, la capacité d'empathie : l'individu se sentant parfois peu clair risque soit, dans une forme de vigilance, d'être davantage centré sur lui, soit de ne voir que le côté positif de son intention en l'amplifiant, en la sursignifiant sans être conscient de l'éventuel côté plus négatif qui, lui, risque toujours d'être perçu par l'autre.

Une intention existe rarement seule

Jean-Luc, directeur des ressources humaines, doit résoudre un conflit assez grave entre un manager et l'un de ses collaborateurs. Son intention à des degrés divers est multiple :

- comprendre ce qui s'est réellement passé ;
- trouver une solution ;
- atteindre son objectif ;
- ne pas perdre trop de temps ;
- être reconnu par ses interlocuteurs ;

- être reconnu par ses pairs et/ou ses supérieurs hiérarchiques ;
- maintenir son image de DRH efficace ;
- se protéger.

Louis, médecin, peut avec en exerçant son métier avoir à la fois l'intention de :

- soigner et guérir ;
- maîtriser une technique et/ou un savoir ;
- se rassurer sur son pouvoir d'influer sur le cours de choses ;
- se faire une clientèle ;
- réussir financièrement ;
- être reconnu par ses pairs ;
- progresser dans ses connaissances ;
- soulager moralement.

Être au clair sur ses intentions et développer son « empathie »

L'intention et sa nature ont un double lien avec la capacité et la qualité d'empathie ; elles permettent d'une part une plus ou moins grande disponibilité et réceptivité et, d'autre part, mettent l'interlocuteur plus ou moins en confiance, notamment dans des situations difficiles, tendues.

Un impact énorme sur la « disponibilité »

Il ne semble pas nécessaire, tant il paraît évident, de développer le lien qui existe entre la lucidité sur son intention, sa nature, sa déclaration ou non à l'autre et l'empathie. Si une partie de mon énergie est mobilisée à cacher une intention un peu néfaste à l'autre et/ou à tenter de la clarifier tant je me sens mal à l'aise, j'ai de toute évidence moins de disponibilité pour lui.

Au-delà de la lucidité sur son intention et/ou du fait de la déclarer ou non à l'autre, la nature même de l'intention joue sur la capacité d'empathie, la capacité à voir, observer, comprendre, ressentir. Si l'intention, même partielle, *a fortiori* non consciente – ce qu'elle est souvent – est peu tournée vers l'autre – être rassuré, reconnu soi-même, avoir un pouvoir sur lui, aller vite, le « manipuler » –, les chances d'être à son écoute et à l'écoute de ce qu'il ressent, diminuent d'autant. Tendu alors vers son objectif caché, l'attitude est égocentrée, l'autre est alors plus objet que sujet et il devient beaucoup plus difficile de s'ouvrir à lui et de pouvoir ressentir ses émotions.

Parallèlement, au-delà de ce qui est déclaré, il est évident qu'une intention positive, aider l'autre par exemple, permet plus d'empathie qu'à l'inverse, celle uniquement de faire carrière.

C'est dire si la disponibilité, l'ouverture à l'autre, peut être réduite si je suis plus préoccupé de moi-même que de lui, si mon intention est plutôt négative à son égard lui laissant d'autant moins d'espace, si je la lui cache et qu'ainsi, une certaine part de mon énergie est occupée, pour faire bonne figure, à lui « mentir », et si de surcroît je me cache à moi-même cette intention, me débattant alors dans une sorte de conflit intérieur, *a fortiori* si cette intention est l'expression d'un désir qui par ailleurs me piège.

Mémorisez des situations en fonction de vos intentions et essayez de mesurer/repérer d'une part votre disponibilité, d'autre part votre capacité à ressentir.

Une mise en confiance beaucoup plus importante

Dans la mesure où l'intention est tôt ou tard pressentie, elle joue fortement sur la mise en confiance.

Une intention est toujours perçue

L'intention est la plupart du temps pressentie surtout si l'intéressé est sensible, intuitif. On pressent très bien au-delà du discours et même d'une intention déclarée, si l'on y prête attention, même si ce n'est pas immédiat, l'intention que l'autre a vis-à-vis de soi, ne serait-ce que par un sentiment de malaise, de gêne, une impression de flou ou au contraire de bien-être, de relâchement, de clarté.

On « sent » également l'intention d'une personne à travers un mot, un geste, un regard, une attention, une intonation, un oubli, parfois un lapsus, un décalage entre le discours et les actes ; autant de signes, voire de signaux sur son intention réelle à notre égard. Qui n'a pas pressenti, perçu envers lui une intention positive alors que les faits, voire l'intention déclarée était négative ? Je vais te punir, mais mon intention est de t'aider et, inversement, je ne souhaite que ton bien quand, en réalité, l'intention pressentie est : je souhaite surtout que tu fasses ce que je veux. Plus on est clair soi-même sur ses propres intentions et plus on a d'ailleurs de capacité à pressentir celles des autres.

Toujours est-il que, plus ou moins nettement, cette intention de l'autre sur soi – au-delà de l'intention déclarée et ce, même quand elle n'est pas conscientisée par lui –, est captée, ressentie au premier contact et si ce n'est le cas, dans le temps.

Je me sens proche de mon équipe, mais je ne réussis pas à créer un vrai contact

Thierry, jeune manager ouvert, réellement intéressé par les autres, avec l'envie de tirer son équipe vers le haut, sent imperceptiblement qu'il ne réussit pas à gagner vraiment la confiance de ses collaborateurs, qui l'apprécient par ailleurs, ni à créer une relation, à établir un vrai dialogue. En fait, si Thierry, est vraiment motivé par le fait de manager une équipe, il a aussi au fond de lui un très fort besoin d'être reconnu par sa hiérarchie, d'autant qu'il a été élevé par un père extrêmement exigeant, dur pour les études et pour lequel il n'était jamais à la hauteur.

Du coup, ses collaborateurs, sans vraiment savoir pourquoi, se méfient un peu de lui et ne le sentent ni complètement disponible, ni complètement lui-même, ce qui les empêche d'être complètement à l'aise avec lui.

Un désir trop fort

Silvio est consultant en création d'entreprise et croit beaucoup en son métier. Quand il est face à un créateur, son intention est double : l'aider à valider sérieusement son projet mais également le pousser en quelque sorte à créer, non seulement parce que (il doit l'admettre) sa rémunération dans ce cas est supérieure, mais étant lui-même fasciné par la création d'entreprise, Silvio a l'impression, quand les futurs créateurs prennent la décision de se lancer, de s'exprimer lui-même davantage. Son désir en fait est qu'ils créent. Ainsi, presque trop enthousiaste quant aux projets qui lui sont présentés, Silvio ne permet-il pas toujours à l'autre de s'exprimer suffisamment sur ses appréhensions, ses doutes. Ainsi, le projet au lieu d'avancer stagne parfois, voire capote dans la mesure où l'intéressé ne se sent pas toujours ni suffisamment compris ni suffisamment rassuré pour se lancer.

L'intention : levier ou obstacle

Selon l'intention que l'autre perçoit envers lui, l'aider ou plutôt se faire valoir, écouter son point de vue ou imposer le sien, il se sent naturellement plus ou moins en confiance, plus ou moins libre de parler, plus ou moins en état d'être lui-même au contact de ses ressentis, de ses émotions, tout comme en capacité de les exprimer. S'il sent à son égard une intention de « pouvoir », de contrôle ou de manipulation, il sera, là encore, moins en confiance pour laisser monter ses émotions. L'intention perçue et ressentie par l'autre est déterminante pour faire tomber les barrières, pour qu'il ose se dire. Si je sens chez quelqu'un l'intention de m'aider, même s'il ne le dit pas, je lui parlerai plus facilement que si je sens que son intention est essentiellement d'atteindre son objectif, simplement de faire ce qu'il doit faire ou bien encore de m'utiliser. Si l'intention est d'atteindre son objectif, d'avoir raison, ou si l'échange a lieu parce qu'il doit avoir lieu mais que l'intention n'est pas vraiment d'aller au fond du problème, non seulement certaines questions ne viendront tout simplement pas à l'esprit, mais l'interlocuteur *sent* qu'il n'a pas vraiment le temps de s'exprimer, que l'on attend de lui certaines réponses, que les jeux sont déjà faits et se sent par conséquent plus ou moins accueilli, *reconnu* avec ses ressentis et plus ou moins en confiance.

Il risque même, si l'intention par exemple est de le manipuler, de lui cacher des informations importantes, de se « défendre » et de se trouver encore moins en état et/ou dans le désir d'exprimer ses émotions. Nos intentions à l'égard de l'autre peuvent ainsi générer chez lui des réactions, des ressentis, des émotions qui risquent de se cumuler aux émotions et ressentis initiaux de la personne et/ou de provoquer la rupture de la relation.

Ainsi, la nature de l'intention est-elle capitale pour être soi-même plus ou moins en état d'empathie mais également pour créer les conditions d'un véritable échange sur ce que l'autre ressent.

Repérez l'intention de l'autre à votre égard sur votre capacité à vous exprimer.

Il n'y a pas de secret !

Tout le monde vient parler à **Isabelle** qui ne comprend pas pourquoi les autres viennent lui faire des confidences si spontanément dans sa vie privée comme dans sa vie professionnelle. En fait, son intention profonde est toujours d'aider l'autre, de le comprendre, de le soulager et, si elle le peut, de l'éclairer. Généreuse et ayant manqué elle-même de cette écoute, elle l'offre sans même s'en apercevoir spontanément aux autres. Cela est si évident, naturel pour elle, qu'Isabelle n'en est pas consciente ; c'est pourquoi elle s'en étonne toujours autant.

Manuel, cardiologue, a parfaitement compris qu'au-delà pour lui de l'intérêt à la fois humain et intellectuel de comprendre ce qui se passait dans la tête de ses patients dans différentes situations, il fidéliserait sans doute davantage sa clientèle s'il savait écouter, s'il était dans l'empathie. En termes de contact humain, il n'a toutefois au sein du service pas autant d'aura que Denis, véritablement et profondément intéressé par ses patients qu'il désire « comprendre » et soulager par son écoute et à qui, en sa présence, il souhaite donner une occasion de s'exprimer. Si tous deux ont, notamment avec le temps, appris à décoder les ressentis de leurs patients, les échanges sont toujours plus authentiques et riches avec Denis, unanimement reconnu pour son « humanité ».

La personne plus ou moins prise en compte

Selon l'intention qui nous anime, il est plus ou moins difficile de sortir de notre rôle, de notre fonction et, par conséquent, de voir la *personne*. Si, par exemple, mon intention, mon *désir* est d'être reconnu, de faire carrière coûte que coûte, d'atteindre à tout prix mon objectif, de dominer l'autre, de me rassurer sur mes compétences ou mes qualités de mari ou de mère, il y a davantage de risque que je colle à mon rôle, à ma fonction ou que je me serve de mon statut, me perdant ainsi moi-même de vue en tant que *personne* et perdant du même coup, au-delà de la nature même de mon intention, ma capacité à considérer l'autre lui aussi comme une *personne*, avec les effets plutôt négatifs déjà mentionnés sur l'empathie.

Être au clair : un effort bénéfique

Être au clair sur ses intentions et sur les désirs qui s'y cachent peut demander un travail sur soi significatif. Sans aller jusque-là, il est important d'essayer au moins d'être lucide et de rester honnête. Reconnaître, accepter ses intentions quelles qu'elles soient, au-delà des remises en cause que cela suppose parfois et que l'on essaie précisément d'éviter en ne s'y confrontant pas, libère du temps, de l'énergie, de l'espace pour l'autre. Cela permet aussi de mieux « contrôler » ce qui se passe. C'est d'ailleurs ce que l'on constate quand un individu est au clair sur son intention, même très néfaste, à l'égard de l'autre, dans la mesure où il est précisément plus à même de le manipuler ou de profiter de ses failles. Restons positifs ; dans la majeure partie des cas, au-delà de prises de conscience souvent bénéfiques pour soi, clarifier ses intentions permet que l'on gagne d'une manière générale en qualité de relation et en capacité d'empathie. Par ailleurs, la forme d'honnêteté et de sincérité dont témoigne cet effort de lucidité ne manque elle-même jamais d'être perçue par l'autre, favorisant dans tous les cas quelle que soit la nature de l'*intention réelle,* l'instauration ou le maintien d'un niveau de confiance de l'autre vers soi, acceptable.

Lucidité +	Lucidité –
Disponibilité	Préoccupation
Ouverture à l'autre	Protection
« Contrôle »	Perte de maîtrise
Possibilité de s'expliquer	« Mensonge »
Mise en confiance	Méfiance
Expression de l'autre facilitée	Parasites, « blocage »

MÉMO

Questionnez-vous sur vos intentions.

Soyez à l'écoute de vos intentions réelles.

Pour être le plus au « clair » possible, évitez de vous juger.

Repérez l'intention dominante.

Hiérarchisez les autres le cas échéant.

Analysez ce que vous pouvez faire évoluer.

Analysez ce que vous pouvez déclarer.

Soyez conscient de la manière dont votre intention peut être perçue par l'autre.

Dans tous les cas, soyez le plus lucide et le plus honnête possible.

SE POSER LES BONNES QUESTIONS

Quel est mon but ? Pourquoi ?

Ai-je une autre intention derrière ?

Est-ce que je me sens au clair dans cette situation ? Pourquoi ?

Est-ce que je me sens « honnête » avec l'autre ? Pourquoi ?

Qu'est-ce que je cherche vraiment :

– Pour moi ?

– Pour l'autre ?

Qu'est-ce que je cherche toujours dans ce type de situation à obtenir ?

Qu'est-ce qui, dans cette situation, m'importe plus que tout ?

Et si je creuse ?

Êtes-vous « au clair » sur vos intentions ?

1. **Cherchez-vous à donner une certaine image de vous-même ?**

   a) Toujours   b) De temps en temps,   c) *A priori*, non
   en fonction des
   circonstances

2. **Vous arrive-t-il d'être jaloux d'autres personnes ?**

   a) Très souvent   b) Assez souvent   c) Rarement

3. **Craignez-vous de ne pas réussir ?**

   a) Assez souvent   b) De temps   c) Rarement
   en temps

4. **Avez-vous besoin de reconnaissance ?**

   a) Énormément   b) Relativement   c) Assez peu

6. **Cherchez-vous à être efficace ?**

   a) Toujours,   b) C'est quand même   c) Dans la mesure
   quoi qu'il arrive   ce qui prime   du possible
   pour moi

7. **Pensez-vous à l'intérêt d'autrui ?**

   a) Pratiquement   b) De temps   c) Très souvent
   jamais   en temps

8. **Pensez-vous au vôtre ?**

   a) Toujours   b) La plupart   c) Quand c'est
   du temps   nécessaire

9. **Cherchez-vous à rendre service aux autres ?**

   a) Pratiquement   b) De temps   c) Très souvent
   jamais   en temps

10. **Avez-vous un besoin de sécurité...**

    a) Très important   b) Relativement   c) Raisonnable
    important

11. Votre réussite professionnelle est-elle…

a) Essentielle   b) Importante   c) Secondaire

12. Acceptez-vous d'être remis en cause ?

a) Jamais   b) Rarement   c) De temps en temps

13. Avez-vous tendance à fuir les situations difficiles ?

a) En permanence   b) La plupart   c) Rarement
                                         du temps

14. Aimez-vous vous sentir indispensable ?

a) En permanence   b) La plupart   c) Rarement
                                         du temps

15. Avez-vous le besoin d'être valorisé ?

a) En permanence   b) La plupart   c) Rarement
                                         du temps

16. Avez-vous tendance à vous montrer, certes en fonction des circonstances, tel que vous êtes vraiment ?

a) Jamais   b) Assez rarement   c) La plupart du temps

17. Considérez-vous l'autre comme un moyen d'arriver à vos fins ou cherchez-vous à tirer profit des situations ?

a) La plupart   b) De temps   c) Rarement
      du temps   en temps

18. Assumez-vous vos responsabilités ?

a) Pas toujours   b) La plupart   c) En général, toujours
                                         du temps

19. Avez-vous besoin d'être rassuré ?

a) En permanence   b) La plupart   c) Rarement
                                         du temps

20. Cherchez-vous à avoir raison ?

a) Toujours   b) La plupart   c) Pas nécessairement
                                         du temps

RÉSULTATS

Comptez vos réponses a, b et c.

Si vous avez une majorité de a : vos intentions sont la plupart du temps très égocentrées et/ou pas vraiment positives à l'égard d'autrui ; même si l'autre vous importe, vous avez probablement en vous-même des peurs si fortes qu'elles parasitent les intentions plus positives que vous pourriez avoir à son égard ; prenez conscience de leur impact sur votre capacité d'empathie.

Si vous avez une majorité de b : vos intentions à l'égard de l'autre peuvent être positives, mais en fonction des circonstances, certains de vos besoins, voire certaines appréhensions, peuvent vous pousser à perdre l'autre de vue ; il est important pour vous de clarifier le plus souvent possible vos intentions.

Si vous avez une majorité de c : vos intentions semblent être la plupart du temps équilibrées dans la prise en compte à la fois de vous-même et de l'autre ; elles ne semblent être en aucune manière un obstacle à votre capacité d'empathie.

6

Être « libre » avec ses émotions

> « L'empathie repose sur la conscience de soi ; plus nous sommes sensibles à nos propres émotions, mieux nous réussissons à déchiffrer celles des autres[48]. »

Il est probablement difficile d'être dans l'empathie si l'on est coupé de ses émotions, si on ne les reconnaît pas, si on ne leur accorde que peu d'importance, peu de valeur, si l'on ne leur fait aucune place. Comment être à l'écoute d'autrui si l'on ne s'écoute pas, comment accueillir les émotions des autres et aider une personne à s'exprimer sur ce qu'elle ressent si l'on ne l'exprime jamais soi-même ?

Reconnaître, accepter et, *a fortiori*, identifier ses émotions permet indéniablement de les reconnaître, de les identifier et de les « comprendre » plus facilement chez les autres. En se fermant à ses propres émotions, on ne peut que se fermer à celles d'autrui, voire s'empresser, si même on les capte, de rationaliser, d'évacuer, de chercher immédiatement à apporter des solutions…

Par ailleurs, savoir gérer ses propres émotions, notamment dans des situations tendues, des face-à-face difficiles, favorise également l'état d'empathie, dans la mesure où l'on est rarement à l'écoute des émotions et des ressentis d'autrui quand on est submergé par les siens. Plus encore que les intentions, les émotions non gérées parasitent entièrement la capacité d'accueillir celles d'autrui. Elles peuvent de plus, tout comme ces dernières, déclencher chez l'autre des réactions négatives et de nouvelles émotions qui éloignent des émotions initiales supposées devoir être perçues et risquent, par ailleurs, les émotions croisées se renforçant alors l'une l'autre, de faire dégénérer le dialogue et/ou la relation en s'éloignant d'autant de l'empathie.

Être au contact de ses émotions

Nous pouvons largement penser que plus nous sommes à l'écoute de nos émotions, plus nous les ressentons avec leurs différentes intensités et plus l'analyse de celles d'autrui peut être fine. « *À mesure que nous découvrons les différentes émotions, les diverses intensités avec lesquelles nous les ressentons et la raison pour laquelle nous les éprouvons et à mesure que cette conscience s'affine, nous commençons à percevoir et à deviner des textures et des subtilités semblables dans les émotions des personnes qui nous entourent*[49]. » Toutefois, de multiples facteurs nous éloignent de cette faculté toute naturelle. Notre éducation, nos censures, nos blocages parasitent l'opportunité d'accueillir nos émotions et de les voir comme un « système d'information ».

Un manque d'habitude

Même si les mentalités ont évolué, nous ne répéterons jamais assez que nous sommes globalement peu habitués à être au contact de nos émotions, à les exprimer, mais bien plutôt à les refouler et à les taire. « *Ce que nous avons appris sur la vie émotionnelle nous vient de notre famille et de notre culture. Nous reprenons donc à notre compte les problèmes de notre milieu à ce sujet, et héritons de ses préjugés. L'école consacre un temps considérable à nous fournir des connaissances sur tous les sujets se rapportant à la vie en général, mais les apprentissages concernant la vie émotionnelle y sont à peu près inexistants*[50]. »

De fait, peu de personnes ont été entraînées à exprimer leurs sentiments dans la mesure où la communication sur les émotions est rarement un point fort de l'éducation. « *Nos parents sont généralement préoccupés par nos problèmes les plus évidents – l'agression par un voyou, l'incapacité à se faire des amis… – mais rarement à l'écoute de nos souffrances plus subtiles : les rejets, les embarras, les déceptions romantiques ou les impressions de ne pas être à la hauteur*[51]. »

On nous a enseigné pendant très longtemps à dissimuler ce que nous ressentons et qu'exprimer ses émotions et ses ressentis ne se « faisait » pas, relevait d'un manque d'éducation ou était considéré comme une faiblesse, surtout pour les garçons.

Enfin, nous nous éloignons petit à petit quand nous sommes enfants d'autant plus des émotions et de leur vérité – des nôtres et de celles des autres – qu'elles sont la plupart du temps, au-delà d'être exprimées, complètement refoulées. En effet, « *nous apprenons à réprimer notre conscience empathique suite aux mensonges et au déni des émotions si fréquents dans notre entourage à cette période de notre vie*[52]. » Il n'est donc guère étonnant que le contact avec ses ressentis, ses émotions, ses sentiments et la facilité à les exprimer soient si peu répandus.

De marbre…

Philippe apparaît froid, méprisant, inhumain, sans aucune empathie. De famille protestante, fils unique, élevé en pension, il a connu une enfance assez terne au plan affectif, sans aucune expression ni aucun partage d'un quelconque vécu émotionnel. Ainsi a-t-il pris l'habitude de se couper de ses émotions. Ne s'étant pas senti aimé ni intéressant aux yeux de qui que ce soit, et en ayant souffert, Philippe a appris à mettre les autres à distance. Aujourd'hui, il ressent peu, il est de marbre et n'emploie jamais dans son vocabulaire un seul mot ayant trait aux émotions.

Un désir de conformité

Non seulement il est assez rare d'avoir appris à reconnaître et à parler de ses émotions, mais nous ne sommes d'une certaine façon autorisés à le faire que pour les « bonnes » émotions, celles qui peuvent être reconnues sans honte. On a tendance en effet, quand on les accueille, à n'accepter que les bonnes émotions, celles qui sont socialement valorisées, reconnues comme positives, et qui pour certaines correspondent d'ailleurs au rôle, à la conduite sociale apprise : je suis heureux quand je suis promu, en colère quand je n'obtiens pas une promotion, même si en réalité je suis angoissé dans le premier cas et triste dans le second. Que l'on reconnaisse seulement les « bonnes » émotions ou que l'on ne les exprime pas du tout, c'est toujours parce qu'il existe le désir d'être conforme à ce que les autres attendent de nous, à l'image qu'ils ont de nous ou à celles que nous voulons leur donner. C'est pourquoi plus l'individu est dans sa fonction, plus il *joue* son rôle – sauf s'ils impliquent à l'inverse d'être dans l'émotion – et plus il risque d'être éloigné, coupé de ses émotions dans la mesure où le conditionnement, l'apprentissage, la socialisation sont alors par définition particulièrement prégnants et où c'est précisément pour être intégré, accepté qu'il cherche à plaire en se conformant à son rôle. J'ai appris qu'un homme ne montre pas ses faiblesses ; je joue ce rôle en cachant mes émotions, pensant que mon image en dépend. J'ai appris à être le « bon » garçon, le « bon » mari, la « bonne » épouse, la « bonne » mère, etc. et je ne montre jamais ma colère par exemple. J'ai appris que la peur était une preuve de faiblesse, de fragilité, la colère un manque de maîtrise de soi – ce qui bien sûr est en partie vrai quand elle s'exprime de manière « objectivement » inadéquate –, la tristesse un manque de réactivité, de volonté, une forme de laisser-aller, que la honte cachait une faille, que le mépris n'était pas charitable et relevait de l'orgueil, etc, et je les étouffe.

Si l'on ne ressent pas ses émotions et *toutes* ses émotions, on peut au mieux comprendre, au sens très rationnel du terme, que l'autre soit en colère, mais étant dans une sorte d'empathie à deux vitesses l'on ne *ressent* pas forcément cette colère et, à défaut de la « ressentir », l'on se coupe de questions ou de paroles plus « sensibles » qui pourraient toucher l'autre.

Un peu trop lisse

Non seulement Hubert a été interdit d'émotions, mais se doit de ne jamais montrer abattement ni colère. De ce fait, il s'arrange toujours pour être d'accord avec tout le monde, ne surtout jamais créer de conflit, au point que l'on ne sait jamais ce qu'il pense. Un peu trop lisse par rapport au poste à responsabilité qu'il occupe, son image et son charisme en pâtissent et lui-même en souffre. Un peu en perte d'influence dans la société où il travaille, Hubert n'a même pas réalisé, quand je le rencontre, qu'il est lassé d'un mode de vie qui ne lui convient pas et en colère par rapport à ce qu'il vit depuis des années. Coupé de ses émotions, Hubert ne perçoit ni l'exaspération parfois, ni l'anxiété de ses équipes. Stressé, il somatise énormément et la seule émotion qu'il ressente est une forme de culpabilité.

Les « verrous » émotionnels

Les verrous psychologiques et émotionnels sont de véritables obstacles à l'empathie. D'une manière générale, ils ont pour origine des « protections » que l'individu a dû mettre en place quand, pour différentes raisons, ses propres émotions ont constitué pour lui une menace, un danger et déterminent, parfois à son insu ou contre sa volonté, la nature de la relation qu'il entretient avec ses émotions et avec celles des autres.

Si en dehors du bain culturel plus général, l'individu n'a pas été habitué à accueillir, accepter, partager ses émotions, mais plutôt à les contrôler, à les tenir à distance ou bien si certaines de ses émotions pourtant très fortes pour lui à une époque, n'ont pas eu droit de cité dans la famille et/ou le milieu social ; désir, peur, amour, sentiment au sens large, l'individu a tout simplement tendance à les « verrouiller ». Il est assez fréquent de voir des personnes élevées de manière très rigide ou traditionnelle, dans des milieux stricts, sévères, laissant peu de place aux émotions, aux échanges et à la communication, être coupées de leurs émotions et de leurs sentiments dans un désir de conformité à des normes familiales de contrôle et de perfection, sans aucune faille ni zone d'ombre. Elles censurent souvent ainsi leurs émotions et les endorment parce qu'elles n'ont en quelque sorte pas lieu d'être.

On n'est pas là pour ça

Alors qu'il est très sensible et humain, Christian ne s'autorise pas à être dans l'empathie, n'ayant dans son enfance guère été valorisé pour sa sensibilité et peu habitué à exprimer ses émotions, plutôt perçues comme des faiblesses. Élevé à la dure, sans beaucoup de manifestations de tendresse, d'affection, il n'est pas non plus à l'écoute de ses états d'âme. En tout cas, ne montrant pas les siens, il considère ne pas avoir à faire savoir qu'il a remarqué ceux des autres.

L'« anesthésie » émotionnelle

Au-delà de l'éducation et des besoins de conformité sociale, des événements même mineurs de l'enfance ou plus tardifs peuvent conduire non seulement à la mise en place de verrous mais à une véritable « anesthésie » émotionnelle[53]. Pour survivre à une blessure, à un choc émotionnel ou pour faire face à l'impossibilité à un moment dans sa vie d'exprimer ses émotions, ses sentiments, l'individu enfouit, refoule l'émotion ressentie et toutes les autres avec. Ainsi peut-il finir par ne plus rien ressentir, par ne plus avoir conscience de ses sentiments. Toute souffrance provoque à des degrés divers un engourdissement plus ou moins long, dans la mesure où parce qu'il en souffre, l'individu préfère oublier la douleur et/ou la situation qui en est à l'origine.

L'engourdissement temporaire

Il est possible de se « couper » d'une émotion, d'un sentiment, de s'engourdir émotionnellement pour réussir à faire un choix, prendre une décision ou après un événement douloureux – deuil, rupture, mauvais traitement, injustice –, pouvoir tourner la page, s'en sortir, continuer à vivre. Cet engourdissement naturel d'une certaine façon nécessaire, peut alors être bénéfique si l'individu reconnaît par la suite l'émotion temporairement « refoulée ».

Quand un individu traverse de telles périodes, il a tendance soit à être totalement hermétique à l'émotion des autres ou à l'inverse, à y être plus sensible.

De l'« engourdissement » à l'« anesthésie »

Lorsqu'il existe de vraies blessures émotionnelles, l'individu risque non plus d'être engourdi mais, pour « oublier », de s'être anesthésié. Les blessures émotionnelles se produisent quand au-delà du trauma, d'un choc à proprement parler, l'individu est ou se sent blessé intimement, atteint personnellement dans ses besoins de sécurité, d'amour, d'intégrité. Si, alors que je suis très jeune, mon père décède, si je tombe moi-même gravement malade, si ma mère me rejette parce que je suis un enfant non désiré, etc., il y a fort à parier qu'au-delà du chagrin, de la peur, de la souffrance, je vais me sentir abandonné, en « danger », honteux. Les blessures émotionnelles les plus profondes remontent à l'enfance – l'enfant alors moins construit est beaucoup plus vulnérable –, à l'adolescence lors d'une rupture amoureuse, d'un échec, voire dans la vie adulte, surtout s'il préexiste des failles et/ou s'il n'y a pas eu possibilité au moment opportun de s'exprimer, de partager, d'évacuer.

L'origine des blessures émotionnelles

Il n'est pas nécessaire qu'il y ait eu un trauma énorme pour mettre en place ce mécanisme d'engourdissement, voire d'anesthésie ; l'inattention permanente de l'environnement, le non-respect, l'absence importante de communication et un certain isolement, des incidents à répétition, même mineurs, finissent par générer cette attitude de « protection ». *« Les chocs émotionnels débutent tôt dans l'enfance et continuent toute notre vie. On nous crie dessus alors que nous jouons à un jeu passionnant, ou on nous laisse seul lorsque nous avons peur. Nos parents peuvent se quereller ou simplement s'ignorer. D'autres enfants nous frappent ou se moquent de nous [...]*[54] » Des événements habituels, en apparence anodins, peuvent provoquer chez le sujet, qui ainsi se « protège », cet état d'engourdissement ou d'anesthésie.

Ainsi, plus la blessure émotionnelle est violente, plus l'individu a tendance à se couper de l'émotion et à s'engourdir, à s'anesthésier émotionnellement s'il ne peut pas accepter la situation et/ou y réagir « normalement ».

Anesthésie générale

Si l'engourdissement provient d'une blessure, d'un trauma, on peut imaginer qu'il pourrait y avoir anesthésie seulement de la partie touchée, de la zone atteinte. Toutefois, en matière émotionnelle, il en est très rarement ainsi. Le corps entier s'engourdit et l'anesthésie est générale ; émotions positives et négatives ; tout s'endort. En effet, en se coupant d'une émotion, l'individu a tendance à se couper aussi de sa vie émotionnelle. *« Nous survivons à des traumatismes répétés en déclenchant des mécanismes de défense – des murs psychologiques –... Un compromis à double tranchant car si ces murs psychologiques nous éloignent de la douleur, ils nous éloignent aussi de nos sentiments les plus profonds et peuvent nous empêcher de ressentir la douleur, mais aussi l'amour et la joie*[55]. »

L'individu peut également procéder à une sorte d'anesthésie pour éviter d'être éventuellement remis sur la voie d'une émotion et d'avoir alors, par exemple, à faire un deuil, à prendre position, et/ou se couper plus particulièrement de toutes les émotions secondaires liées à la blessure initiale. Je me souviens d'une amie qui ne supportait pas que quelqu'un se mette en colère, ayant elle-même fortement refoulé la sienne à l'encontre de sa mère.

Dans tous les cas, éprouver à nouveau une émotion risque, quel que soit le parcours emprunté, de remettre l'individu au contact de l'émotion refoulée et de la douleur, de la blessure que, pour des raisons très compréhensibles, il a souhaité « oublier ».

À la recherche des émotions perdues

Ainsi, les raisons de se couper temporairement ou sur une durée beaucoup plus longue de ses émotions, ne manquent-elles pas.

Ces engourdissements ou anesthésies peuvent atteindre des stades pathologiques très graves dans lesquels l'individu n'est plus en mesure de ressentir ni ses émotions ni celles des autres. Sans atteindre le degré de psychopathe, ce phénomène est toutefois plus répandu qu'on ne le pense. Nombre de personnes ont du mal à ressentir l'amour qu'elles ont pour autrui ou celui qu'on leur porte parce qu'elles ont dû très tôt faire le deuil, se couper d'un amour qui ne « venait » pas, qu'elles ne recevaient pas ou simplement parce qu'« aimer » ne se fait pas. Nombre de personnes ne ressentent plus leur colère, n'y ont même plus accès, parce que dans leur enfance, elles ont été obligées de totalement la refouler, le rapport de force avec les adultes n'étant pas alors en leur faveur et/ou ces derniers ne l'« entendant » pas. Nombre de personnes ne ressentent pas leur tristesse, leur désarroi parce qu'elles ont été habituées, enfant, à ce que leur tristesse ne soit ni perçue, ni prise en compte, etc.

Plus l'individu a refoulé de blessures, de souffrances, de chocs émotionnels, plus il risque d'être coupé de ses émotions tant qu'il ne décide pas de soulever le voile. Quand nous disons de personnes qu'elles ne sont pas « empathiques », il existe souvent un facteur éducatif et affectif derrière. Inversement, les personnes avec un potentiel empathique important sont, si l'on creuse, des personnes qui dans leur enfance ont eu un rapport relativement sain à leurs émotions ou bien l'ont acquis.

Les principales raisons des « blocages » émotionnels

- Trauma, douleur.
- Blessure émotionnelle.
- Isolement émotionnel : absence de communication, d'expression, de manifestation des émotions.

- Émotions dévalorisées et peur d'être mal vu.
- Éducation rigide.
- Valorisation de la maîtrise, du « pouvoir » sur les situations.
- Valorisation du contrôle de soi.
- Mépris des failles, de la faiblesse.
- Survalorisation de l'intellect, du mental.

Quel est votre niveau de conscience émotionnelle ?

Claude Steiner, dans son ouvrage sur l'alphabétisation émotionnelle, a identifié sept niveaux de conscience émotionnelle[56] : l'engourdissement, les sensations physiques, l'expérience primaire, la barrière verbale, la différenciation, la causalité, l'empathie.

Engourdissement : *« C'est l'absence de conscience chez les gens des sentiments ou des émotions, même dans le cas d'émotions très fortes [...] Les émotions sont comme congelées, hors de portée de conscience. »* Même si les personnes autour perçoivent parfaitement bien l'émotion ressentie, la réponse de l'individu engourdi est souvent : « moi, en colère pas du tout ! », « triste, absolument pas »...

Sensations physiques : *« À ce niveau de conscience, les sensations qui accompagnent les émotions sont ressenties mais pas l'émotion elle-même. »* C'est le stade où l'on somatise.

L'expérience primaire : la personne a conscience de ses émotions mais ne les vit que comme une perturbation, un désordre. Elle n'est en capacité ni de les comprendre ni de les gérer.

La barrière verbale... : la personne a plus ou moins conscience de ses émotions, de ses ressentis mais n'en parle pas.

La différenciation : à ce stade, la personne est capable à la fois d'identifier son émotion et son degré d'intensité. Elle réalise aussi qu'elle peut éprouver en même temps ou successivement plusieurs sentiments : colère, tristesse, ressentiment, jalousie...

La causalité : la personne comprend la cause et l'origine de son émotion et est en mesure de repérer les événements qui l'ont déclenchée.

L'empathie : à mesure que la personne découvre ses émotions, leur force, leur texture, ainsi qu'éventuellement leur origine, sa capacité d'empathie se développe.

L'interactivité : *« L'interactivité émotionnelle est fondée sur le niveau de conscience le plus sophistiqué : la capacité de prendre conscience de ce que vous ressentez et de ce que les autres ressentent, et d'anticiper le mode d'interaction des émotions. »*

Savoir « gérer » ses émotions

Outre le fait d'être au contact de ses émotions, il est important pour être dans l'empathie, de savoir les gérer :

- premièrement, pour rester disponible et réceptif ;
- deuxièmement, parce que plus on comprend les siennes, mieux on comprend celles de l'autre ;
- troisièmement, pour éviter tout dérapage.

Mais qu'est-ce exactement que gérer ses émotions ?

Gérer ou contrôler ? Que faire de ses émotions ?

Il existe une sorte de malentendu et une confusion entre un contrôle que l'on peut appeler négatif et un contrôle positif de ses émotions. Le contrôle qui consiste à étouffer, refouler, nier ses émotions, a plutôt des effets négatifs sur soi et sur son environnement. Celui qui consiste à les gérer, voire à en deviner les impacts éventuels sur les autres, a lui dans tous les cas des effets positifs. Au-delà de cette règle générale, il peut parfois, en fonction des circonstances, être bon de « contrôler » ses émotions, de les taire et inversement de ne pas les « gérer », c'est-à-dire de leur laisser libre cours afin que l'autre puisse prendre conscience de ce qu'il génère. Quoi qu'il en soit, méfions-nous toujours des excès ; il n'y a ni à « contrôler » ni à « gérer » coûte que coûte ses émotions, tels un dossier administratif ou la gestion d'un budget ; il n'y a pas non plus à leur laisser libre cours à tout bout de champ, ce qui risquerait de devenir contre-productif et d'irriter également l'entourage. On parle d'autant plus des émotions aujourd'hui qu'elles ont été très longtemps niées, refoulées – tout comme il y eut, au moment du romantisme, l'explosion et la libération des sentiments également trop longtemps retenus.

Les émotions sont des mouvements intérieurs que, de toute façon, l'on ne peut décider entièrement de contrôler ou de ne pas contrôler dans la mesure où elles sont l'expression à la fois de la vie biologique et psychologique d'un individu. L'important est surtout d'en connaître l'origine et les impacts, de manière à pouvoir en faire dans les relations des leviers plutôt que des parasites.

Si « contrôler » ses émotions consiste à les bloquer, savoir les gérer consiste à les accepter et à les vivre quand elles surviennent, à savoir les exprimer à son interlocuteur, en tout cas à soi-même, à en comprendre l'origine pour mieux s'en libérer notamment si elles sont récurrentes et gênantes, enfin si cela est nécessaire, de les « contrôler ».

Il est donc important de différencier le « contrôle » (refoulement/censure), *a priori* toujours négatif pour soi et l'environnement, et le contrôle, ou plutôt la gestion telle que nous venons de la décrire, dont les effets sont toujours, à plus ou moins long terme, positifs.

Il convient seulement de veiller à ce que la recherche d'une gestion de ses émotions ne cache pas encore sournoisement un besoin de « contrôle » (censure). Les résistances sont tenaces et l'individu peut, en cherchant à les gérer, continuer inconsciemment à vouloir les contrôler ; on ne change pas si rapidement et les verrous ne sautent jamais en une fois non plus.

Hypersensible...

Catherine a dû encaisser et refouler pour « survivre » de nombreuses blessures : un père sympathique mais alcoolique, une mère décédée alors qu'elle est encore jeune, plus tardivement un divorce et assez récemment une relation très conflictuelle pendant près de trois ans avec l'un de ses patrons. Habituée à supporter et à faire face, Catherine serre les dents, élève ses enfants et en aucun cas ne s'appesantit sur ses difficultés qu'elle reconnaît à peine et qu'elle n'évoque jamais. Toutefois, ignorant délibérément ses souffrances, passant sous silence toutes ses émotions, ayant comprimé au maximum ses besoins, tant d'affection que de plaisir, fatiguée de tous les efforts qu'elle est habituée à fournir, Catherine est devenue hypersensible, intolérante, très exigeante avec ses collègues et manque cruellement d'empathie envers les autres, créant dans le service un climat tendu et désagréable. Si personne ne lui en veut, connaissant son histoire, Catherine ne fait que contenir chaque fois un peu plus durement une charge émotionnelle colossale qu'elle n'a jamais gérée.

Ne rien entendre

Alain, aujourd'hui directeur commercial, a commencé à travailler à l'âge de 17 ans. Il a connu deux licenciements en dix ans et, sans diplôme, s'étant formé sur le terrain, il a dû après le premier repartir d'une certaine façon à zéro, en tout cas est-ce ainsi qu'il l'a vécu. Battant, il a rebondi à l'époque en acceptant de se réorienter après une formation de trois ans, ce qui pour lui a été très dur.

Ayant connu peu de phases de répit dans sa vie et avec une tendance à vivre les événements plutôt négativement, en « victime », Alain considère la plupart du temps que tout ce que vivent les autres est minime et ne prend pas assez en compte leurs émotions ni leurs états d'âme. Même si, de fait, il peut s'agir parfois d'après lui de « détails », il se ferme aux ressentis de ses collaborateurs, notamment dans les périodes de stress et ne veut rien « entendre ». Plutôt que de reconnaître, ce qu'il n'a jamais fait, ses trop-pleins émotionnels, Alain s'est durci et ne se met plus du tout à la place des autres.

« Contrôle » des émotions	Gestion des émotions
Blocage	Accueil
Déni	Reconnaissance
Rationalisation	Expression
Refoulement de leur origine	Compréhension de leur origine
Récurrence	Dépassement

Se libérer du besoin de contrôle de ses émotions

Gérer ses émotions, c'est donc paradoxalement d'abord se libérer du besoin de « contrôle ». Il faut être conscient que même sans avoir perdu le contact avec ses émotions et même en étant à leur écoute, la tendance générale reste malgré tout le « contrôle ». C'est pourquoi les émotions – qui par nature ne se contrôlent pas – génèrent parfois à leur seule évocation, une méfiance, une résistance, et pourquoi aussi l'on a tendance à les associer de manière confuse et excessive à une perte totale de contrôle, à un risque de déferlement que l'on ne parviendra pas à enrayer sans aucune possibilité de se ressaisir, de se recentrer. C'est en partie d'ailleurs cette crainte d'être submergé, envahi, qui s'exprime quand on se méfie de l'empathie. Si l'on ne peut pas toujours contrôler ses émotions, on peut paradoxalement dire qu'il y a réellement perte de contrôle de la situation, quand on ne reconnaît pas ses émotions, quand on ne les exprime pas.

Apprivoiser ses émotions

Si trop « contrôler » ses émotions est un obstacle à l'empathie, les émotions non gérées (au sens évoqué) en parasitent et en perturbent fortement elles aussi la capacité. Si une émotion non gérée est partagée avec l'autre, on peut au moins – ou au mieux – éprouver de la sympathie, mais si elle est de nature différente et/ou si le contexte n'autorise ni n'implique la « sympathie », voire si l'émotion est provoquée par lui, il devient alors proprement impossible de ressentir ou de comprendre l'émotion et le sentiment d'autrui. L'impossibilité à ressentir ce qu'un autre individu ressent quand on est soi-même en proie à une émotion violente a d'ailleurs été prouvée : *« [...] lorsque le cerveau émotionnel impose à l'organisme une forte réaction – disons une flambée de colère –, il n'y a pas ou peu d'empathie. Celle-ci exige une réceptivité et un calme suffisants pour que les signaux subtils indiquant les sentiments de l'autre puissent être perçus et imités*[57]. »

Dans la mesure où il y a peu de moments où l'on ne connaît pas, consciemment ou non, d'émotions positives ou négatives déclenchées soit par un événement, un contexte ou directement par le comportement d'autrui, il est important de pouvoir en grande partie les apprivoiser, les comprendre et les dépasser, surtout s'il s'agit d'émotions récurrentes – colère, agacement, culpabilité, peur, etc. –, *a fortiori* à l'égard d'une même personne, ou de déstabilisations émotionnelles, qui font régulièrement perdre moyens, assurance, objectivité, parasitant presque entièrement là encore l'ouverture à l'autre. Cela est d'autant plus vrai si le métier implique presque en permanence d'être en relation avec autrui.

Minée par la culpabilité

Nadine, responsable marketing, vit dans la culpabilité. Quoi qu'elle ait à traiter, elle se remet sans arrêt en cause, pense ne pas avoir fait ce qu'elle aurait dû, craint d'avoir été trop dure, trop souple, trop directe, trop factuelle ou pas assez, etc. Elle trouve toujours quelque chose à se reprocher. Minée par cette émotion dévastatrice, il lui est difficile parfois d'être réceptive aux autres, de vraiment « comprendre » leurs ressentis, de ne pas être sur la défensive quand on lui pose une question. Nadine, doit comprendre l'origine de sa culpabilité pour s'en libérer : une mère très exigeante, autoritaire, à qui elle craignait de déplaire et dont elle ne se sentait jamais très appréciée.

Identifier la « peur » cachée derrière son émotion

Pour mieux *gérer* ses émotions négatives ou des états de tension, de malaise, d'angoisse, peu propices à l'empathie, il convient d'être conscient que toute émotion négative – nous le développerons plus loin – est l'expression d'une frustration par rapport à un besoin fondamental, un désir, une attente, et/ou l'expression d'une peur, celle notamment que les besoins, désir, attente en question ne soient pas comblés. J'ai besoin d'être reconnu, je me mets plus facilement en colère ou je suis triste si je ne le suis pas ; si j'ai particulièrement besoin d'avoir une bonne image de moi, j'aurai plus fréquemment honte de rater quelque chose. Toutefois, si je me mets en permanence en colère ou si j'ai honte à tout propos, il existe probablement au fond de moi une peur latente : celle de ne pas être reconnu ou de ne pas être accepté tel que je suis vraiment. Ainsi, pour mieux *gérer, contrôler,* dépasser des émotions parfois violentes ou récurrentes, il suffit souvent d'identifier sa peur, ce qui permet d'ailleurs de le faire plus facilement et plus systématiquement pour les autres car ce sont toujours elles qui en réalité déstabilisent et font perdre le *contrôle* : la peur d'être contesté, de l'autorité, du conflit, de ne pas être à la hauteur, etc.

Mieux gérer ses émotions et développer son empathie

Il semble aller de soi qu'en matière d'empathie, les incidences sont particulièrement nombreuses selon que l'on « contrôle », que l'on écoute ou que l'on gère ou non ses propres émotions.

Toujours plus de « disponibilité »

Les émotions non *gérées* – colère, honte, peur, culpabilité, mépris – envahissent inévitablement l'individu concerné et brouillent autant sa raison que son « intelligence émotionnelle ». S'il ne *gère* pas ses émotions, l'individu est essentiellement axé sur lui dans la mesure où, face à l'autre, soit il essaie de les « contrôler », de sauver la face, soit il est littéralement lui-même submergé, envahi.

De plus, comme la plupart des émotions et des déstabilisations émotionnelles sont déclenchées par des frustrations et des « peurs » il est difficile en se battant avec sa propre frustration et/ou sa propre appréhension d'être ouvert à l'autre.

Enfin, une émotion non *gérée* en génère souvent une autre, amplifiant ses effets négatifs sur l'empathie. Si je ne reconnais pas la colère que j'éprouve vis-à-vis de quelqu'un, je risque de me bloquer ou de devenir agressif, ce qui peut générer amertume, culpabilité, honte, etc.

Moins de parasites sur les ondes

De fait, l'autre perçoit toujours chez son interlocuteur l'émotion surtout si elle n'est pas gérée, se sentant alors d'autant moins accueilli, entendu, *a fortiori* si l'émotion perçue est liée à lui et plus encore si elle est récurrente. *« Lorsque mon attitude reflète l'agacement que j'éprouve vis-à-vis de quelqu'un, mais que je n'en suis pas conscient, ma communication comprend des messages contradictoires. Mes paroles communiquent un certain message, mais je communique aussi d'une manière détournée l'agacement que j'éprouve, ce qui crée une certaine confusion chez l'autre personne et la rend moins confiante, bien qu'elle aussi puisse être inconsciente de ce qui cause la difficulté entre nous*[58]. *»*

Éviter les « clashs »

Ne pas gérer son émotion parasite non seulement la capacité d'empathie mais risque de déclencher chez l'autre de nouvelles émotions qui viennent, soit se superposer et « étouffer » les émotions initiales, soit envenimer la relation, ce qui dans les deux cas éloigne alors d'autant de la capacité d'empathie et d'écoute de l'autre. Si je suis déstabilisé et que je ne le *gère* pas, je peux par exemple me fermer, me durcir ; si l'autre en fonction de sa sensibilité se sent alors agressé, par exemple, il risque lui-même de se mettre en colère, alors que son émotion initiale était la nostalgie. Prenons un exemple. Nadia violemment et fréquemment humiliée dans l'enfance craint toujours de ne pas être reconnue, entendue ; de ce fait, elle est agressive et se met très souvent en colère ; Ève sa collaboratrice a tendance chaque fois alors à se fermer, à se bloquer, ce qui déclenche en général chez Nadia une agressivité accrue, dans la mesure où Ève ne répondant pas à sa demande, elle est d'autant plus déstabilisée. Si, de plus, l'on sait qu'Isabelle vit de son côté particulièrement mal l'agressivité et qu'elle a tendance à finir par détester, rejeter les personnes un peu dures, il n'est pas étonnant qu'après de longs mois de collaboration Nadia ait complètement perdu le contact avec Ève, ce qui contribue, là encore, d'autant plus à l'irriter et à l'insécuriser, et ainsi de suite. Imaginons quand les deux personnes ont la même peur – celle de ne pas être reconnue, par exemple – et la même émotion – la colère, voire le stress – quels en sont les effets ! Nul doute que nous aboutissons alors à des malentendus, des conflits, des blocages, en tout cas à une empathie fortement, pour ne pas dire totalement réduite et complètement brouillée. Or nous assistons à ce phénomène dans moult relations privées ou professionnelles.

> **Repérez combien vous êtes à l'écoute des émotions d'autrui selon que vous êtes vous-même en proie ou non à vos propres émotions.**

Plus de liberté dans l'échange

Comme nous l'avons évoqué, l'individu, quand il se protège, a tendance à contrôler l'autre et ses émotions. Ainsi, quand il s'est anesthésié, engourdi, il risque de ne pas écouter, de ne pas « entendre » les émotions d'autrui, voire de les censurer surtout s'il pressent chez l'autre précisément la même émotion. On entend, on « comprend » parfois d'autant moins une émotion chez l'autre qu'on la refoule en soi. Cette attitude est fréquente, légitime en quelque sorte, mais bloque la capacité d'empathie.

Ces « protections » peuvent d'ailleurs, dans le désir de réduire au maximum l'expression de l'autre quant à ses ressentis, induire des attitudes d'apparente froideur, d'indifférence, de dureté... qui ne sont alors que des barrières et des remparts supplémentaires entre l'autre et soi.

Pour se protéger, il est fréquent aussi que l'individu se retranche davantage derrière son rôle, sa fonction, s'éloignant d'autant de la *personne* face à lui, et/ou que son intention soit, par exemple, davantage de contrôler la situation que d'écouter ou de communiquer vraiment. Nous voyons ici comment tout est lié.

Enfin, tout comme avec les intentions, si l'individu n'est pas au clair avec ses émotions, il est d'autant moins disponible pour l'autre dans la mesure où, là encore, il se bat ou se débat déjà avec lui-même.

Plus de « permission » et plus d'expression

Selon qu'il sent ou non une ouverture, une possibilité ou non d'être entendu, l'autre non seulement exprime plus ou moins ses émotions mais s'autorise également plus ou moins à rentrer en contact avec elles, à s'écouter lui-même. Comment se fait-il que certaines personnes recueillent des confidences et d'autres jamais ? Pour que quelqu'un s'autorise à parler de ses émotions, de ses fragilités, de ses peurs, il doit sentir que son interlocuteur l'y autorise et en l'occurrence, accepte, reconnaisse en lui ses propres émotions, voire les mêmes types de sentiments ; sinon il y a de fortes chances qu'il les « refoule » à son tour.

Automatique

Valentin, consultant, est au clair avec sa « honte » et sa « culpabilité » d'avoir « raté » la carrière qu'il ambitionnait ; ses stagiaires reconnaissent facilement leurs échecs et les émotions qui y sont liées.

Jean-Michel, médecin, est au clair avec la peur, ses patients évoquent la leur et se détendent plus facilement.

Aurélie, avocate, est au clair avec les deuils et les tristesses qu'elle a endurés ; ses clients évacuent plus vite les leurs.

Essayez de repérer les personnes avec lesquelles vous vous sentez plus libre pour exprimer vos émotions ; qu'ont-elles en commun ?

Émotions gérées	Émotions non gérées
Plus grande disponibilité	Moindre disponibilité
Meilleure réceptivité	Moindre « compréhension »
Meilleur contact	Protection accrue
Plus de liberté	Moins d'authenticité
Libre cours aux émotions de l'autre	Contrôle des émotions de l'autre
Plus grande expression de l'autre	Espace d'expression réduit
Meilleure stabilité de la relation	Instabilité de la relation

De bons présages

Ne pas être libre avec ses émotions et ne pas savoir les gérer est un obstacle majeur à l'empathie. Toutefois, il n'est pas toujours facile en situation, « à chaud » de faire la part des choses, précisément parce que l'on est alors dans un état émotionnel qui brouille la pensée, d'autant que derrière une émotion se cachent pour chacun des rapports de cause à effet relativement différents et des liens qu'il n'est pas toujours aisé de savoir établir. Cependant, accepter ses émotions et également réaliser combien il est parfois difficile de pouvoir les gérer rend plus humble, ce qui est d'un bon présage pour l'empathie. Dans la mesure, en effet, où cela ne relève pas d'une simple acquisition de technique – dont on se pourrait se plaire à penser qu'elle fonctionne à coup sûr –, il ne peut y avoir, quand on cherche à mieux gérer ses émotions, que la conscience d'un besoin et/ou d'un désir : ce qui, par l'ouverture et par l'envie de grandir dont ils témoignent, est un autre bon présage pour le développement de l'empathie qui requiert elle-même précisément les deux.

MÉMO

Intégrez l'idée que l'on ne peut pas vivre sans émotion.

Apprenez à faire confiance à vos sensations, à vos ressentis.

Communiquez avec vos émotions.

Pour mieux les accueillir, attendez-vous toujours à ce qu'elles surviennent.

Ne cherchez pas à les nier ou à les contrôler à tout prix.

Entraînez-vous à les analyser et à les exprimer.

Repérez ce qui vous fait entrer dans l'émotionnel : situations, personnes, etc.

Identifiez ce qui alors vous fait réagir ou vous déstabilise.

Tentez de comprendre pourquoi.

Cherchez toujours à identifier derrière vos émotions la nature de votre frustration ou celle de votre « peur ».

SE POSER LES BONNES QUESTIONS

En règle générale, est-ce que je me sens « libre » avec mes émotions ?

En ce moment, est-ce que je me sens « libre » avec mes émotions ?

Est-ce que je suis prêt à entendre ce que l'autre a à me dire ?

Y a-t-il des choses que je ne veux surtout pas entendre ?

Y a-t-il des choses que je veux surtout entendre ?

Suis-je prêt à accueillir toutes ses émotions ?

Est-ce que je crains d'être déstabilisé ? Si oui, pourquoi ?

Est-ce que je me sens capable de gérer mon état émotionnel antérieur à la discussion ?

Est-ce que je me sens capable de gérer mes émotions au cas où elles surviendraient au cours de la discussion ? Si non, pourquoi ?

Est-ce que, le cas échéant, je pourrai les exprimer à mon interlocuteur ? Si non, pourquoi ?

Êtes-vous libre avec vos émotions ?

Oui /Non

1. Vous sentez-vous agressif ? ☐ ☐ A

2. Êtes-vous dépressif ? ☐ ☐ B

3. Somatisez-vous ? ☐ ☐ A

4. Êtes-vous à l'écoute de vos états intérieurs ? ☐ ☐ B

5. Avez-vous l'habitude de nommer vos émotions ? ☐ ☐ B

6. Parlez-vous de vos émotions aux personnes autour de vous ? ☐ ☐ B

7. Avez-vous tendance à minimiser vos sentiments, vos émotions ? ☐ ☐ A

8. Accordez-vous de l'importance à vos sentiments ? ☐ ☐ B

9. Vous sentez-vous fragilisé quand vous parlez de vos sentiments ? ☐ ☐ A

10. D'après vous, les émotions sont-elles nécessaires ? ☐ ☐ B

11. Avez-vous tendance à vous replier sur vous ? ☐ ☐ A

12. Craignez-vous le jugement des autres ? ☐ ☐ A

13. Êtes-vous hyperactif ? ☐ ☐ A

14. Vous méfiez-vous de vos émotions ? ☐ ☐ A

15. Êtes-vous négatif ? ☐ ☐ A

16. Trouvez-vous toujours un peu ridicule les personnes qui parlent de leurs émotions ? ☐ ☐ A

17. Êtes-vous souvent submergé par des émotions que vous ne contrôlez pas ? ☐ ☐ A

18. Aimez-vous les situations dans lesquelles
on éprouve des émotions fortes ? ☐ ☐ **B**

19. Savez-vous facilement ce que vous ressentez
et pourquoi ? ☐ ☐ **B**

20. En règle générale, craignez-vous de ne pas
pouvoir contrôler vos émotions ? ☐ ☐ **A**

RÉSULTATS

Questions A : comptez 2 points pour les réponses Non et zéro pour les réponses Oui.

Questions B : comptez 2 points pour les réponses Oui et zéro pour les réponses Non.

Entre 40 et 30 points : vous êtes manifestement très libre avec vos émotions et vous devez les exprimer facilement.

Entre 30 et 20 points : vous semblez relativement équilibré quant à vos émotions, même s'il y a sûrement soit des situations qui vous mettent mal à l'aise, soit certaines émotions que vous ne reconnaissez pas et/ou que vous n'exprimez pas.

Entre 20 et 10 points : vous ne semblez pas très à l'aise avec vos émotions et vous devez avoir tendance à les refouler.

Entre 10 et 0 point : vous semblez bloqué et très peu en contact avec vos émotions, vos sentiments, vos besoins que vous devez soit complètement refouler, soit taire aux autres.

partie

3

Développer ses attitudes empathiques

« Lorsque les sociobiologistes cherchent à expliquer pourquoi l'évolution a conféré aux émotions un rôle de premier plan dans la psyché, ils soulignent la prééminence du cœur sur le mental. Nos émotions, disent-ils, nous aident à affronter des situations et des tâches trop importantes pour être confiées au seul intellect ; le danger, les pertes douloureuses, la persévérance en dépit des déconvenues... chaque émotion nous prépare à agir d'une certaine manière[59]... »

L'importance des émotions dans la vie des êtres humains et sur les relations entre eux n'est plus à prouver. Les émotions ne sont pas un épiphénomène, la manifestation ponctuelle et impromptue de pulsions incontrôlables, mais sont au cœur de la vie de chacun. S'il est presque impossible d'être en permanence à l'écoute de ses émotions, notamment les plus fines, les plus subtiles, et *a fortiori* de celles des autres, il est important d'être conscient de leur réalité, tout comme l'on *sait* sans même avoir à y réfléchir que tout être vivant – c'est une évidence ! – a un corps physique. La vie émotionnelle, de fait, est tout aussi présente, concrète, permanente ; derrière tout événement, tout acte, toute situation, il existe en amont ou en aval une face cachée qui n'est autre que sa manifestation.

Si se mettre en « état » d'empathie est la condition première, celle qui préside à toutes les autres, repérer l'émotion, en capter les signes, en saisir la nature, enfin en comprendre la raison, sont les trois attitudes empathiques qui restent à développer.

Quels sont les principaux états émotionnels et les différents types d'émotions ? Quels en sont les signes et les manifestations ? Comment identifier la nature d'une émotion ? À quoi convient-il, en contexte professionnel, d'être particulièrement attentif ? Comment mieux cerner l'origine d'une émotion ? D'où viennent la colère, la révolte mais aussi la jalousie, la honte et la culpabilité ? Comment comprendre les réactions excessives ?

7

À l'écoute de quoi ?
ou les grands types d'émotions

« Avant de nous demander dans quelle mesure nous pouvons comprendre par empathie les émotions d'autrui, nous devons nous interroger sur la nature des émotions et sur les processus qu'elles mettent en jeu. On trouve dans la littérature, tant philosophique que psychologique et neurologique, de multiples tentatives de caractérisation des émotions sans pour autant qu'il y ait d'accord général sur les listes de traits et de propriétés associés[60]. »

L'être humain « trouve », « écoute », « regarde » toujours mieux s'il sait ce qu'il « cherche », ce qu'il est essentiel d'« entendre », ce qu'il souhaite « voir ». S'il n'est guère toujours simple d'être dans l'empathie, connaître les principales émotions à repérer, à comprendre, permet de défricher le terrain d'autant qu'il existe toutes sortes d'expériences émotionnelles. Que nous évoquions la colère, le trac, la tendresse, le malaise, la culpabilité, l'angoisse, nous parlons la plupart du temps indifféremment d'« émotion »... De fait, nous confondons souvent les sentiments, les déstabilisations, les ressentis et les émotions à proprement parler. Ceci est en partie logique dans la mesure où ces différents états ont, en effet, en commun d'être des émotions, au sens où nous pouvons nommer « émotion » tout mouvement intérieur non contrôlé qui produit un certain nombre d'effets sur le corps physique, effets que nous ne maîtrisons dans aucun des cas. Il existe par ailleurs une forte tendance à amalgamer tout ce

155

qui est ni rationnel ni maîtrisable et à le placer dans le registre finalement assez flou de l'*émotionnel*. C'est pourquoi il est opportun de repérer des différents types d'émotions pour naviguer en pays (re)connu et ainsi plus facilement deviner, saisir et décoder les émotions d'autrui. De fait, que cherche-t-on finalement à comprendre, à saisir, notamment dans le monde professionnel où il s'agit moins, en réalité, de percevoir les émotions à proprement parler de l'autre que de « deviner » ses ressentis, de percevoir ses déstabilisations, de prendre en compte ses charges émotionnelles, de comprendre ses dispositions d'esprit, etc. ? Quel que soit le contexte, il est préférable pour développer son empathie et pour déjouer éventuellement certaines réactions, notamment négatives, de l'autre d'avoir déjà repéré, différencié, hiérarchisé les différents types d'émotions et expériences émotionnelles d'autant qu'ils s'alimentent l'un l'autre : un ressenti, une déstabilisation viennent souvent nourrir une émotion plus violente. Toutefois, plus que de les figer dans une définition, l'important ici est d'entrer au cœur des « émotions » afin de mieux les repérer et de mieux les *ressentir* en faisant revivre, ne serait-ce qu'à la lecture de ces pages, pour mieux saisir toute la diversité de ces sentiments *en* soi.

Les grands types d'états émotionnels

Quand nous parlons dans le langage courant d'« émotions », nous faisons en réalité allusion à des expériences et des éprouvés émotionnels différents dans leur nature mais qui comportent plus ou moins tous « *une réaction affective en général intense se manifestant par divers troubles neurovégétatifs*[61] », ce qui, définit précisément une *émotion*. Tous les états émotionnels, quelle que soit leur nature, ont en effet en commun de comporter une dimension affective, telle que nous l'avons définie précédemment à savoir afférente aux « états de plaisir ou de douleur » ; c'est pourquoi nous avons précisément tendance à les confondre. Il existe toutefois une différence entre les émotions à proprement parler, les sentiments, les ressentis, les déstabilisations...

L'émotion

L'émotion, à proprement parler, est une vive réaction intérieure, ponctuelle qui s'accompagne de réactions physiques souvent intenses. Il s'agit d'états occurrents ou d'épisodes. Les émotions de base sont la colère, la joie, la tristesse. Elles sont inscrites au plus profond de notre nature « *Les émotions sont innées, générées automatiquement dans la partie la plus primitive, reptilienne de notre cerveau. La peur, la colère, la tristesse, l'amour et la joie nous rappellent constamment notre nature animale*[62]. »

Le sentiment

Il convient de distinguer les expériences émotives, que l'on appelle « sentiment », des émotions. Les sentiments sont des états durables qui même intenses, avec de nombreuses et fortes sensations corporelles, ne présentent pas le caractère envahissant de l'émotion, comme la tendresse, l'affection, le mépris… Il s'agit d'états affectifs complexes et assez stables qui se fondent sur des connaissances plus ou moins précises et comportent des éléments tant affectifs qu'intuitifs. L'émotion renvoie au contraire à une réaction vive intérieure. Elle est ponctuelle alors que le sentiment est plus durable. « *L'émotion surgit et parfois envahit contrairement au sentiment qui s'installe plus discrètement même s'il est important*[63]. »

Le ressenti

Plus que d'émotion, il s'agit de la perception affective et/ou cognitive de certaines situations, événements, attitudes qui, de fait, peuvent provoquer des émotions. C'est parce que je ressens/perçois telle situation comme une injustice que je suis triste ou en colère… Les ressentis positifs ou négatifs génèrent en effet des émotions et en sont assez fréquemment à l'origine.

La déstabilisation émotionnelle

Il s'agit moins d'une émotion ou d'un sentiment précis que d'un état de trouble, d'une non-quiétude liés la plupart du temps à des manifestations physiques, même mineures, une sensation de malaise, (transpiration, accélération cardiaque, baisse de la voix, perte de concentration…). Ces déstabilisations sont moins liées à la « peur » au sens fort du terme, comme face à un danger, une menace réelle, qu'à des « peurs », des appréhensions, des « peurs circonstanciées » plus ou moins conscientes : peur du jugement, de décevoir, de ne pas être à la hauteur, etc. voire également à des désirs. En ce sens, on peut dire que les déstabilisations émotionnelles sont en général déclenchées par une « peur cachée », non consciente ou non encore dépassée, ou par l'apparition ou la présence d'un désir qui, quelle qu'en soit la raison, dérange ; dans les deux cas, l'individu n'est pas au « calme ».

C'est en partie, même si d'autres nuances seraient à apporter, ce que nous pouvons classer sous l'« angoisse », le « malaise », le « trac », l'« inquiétude »...

Je crains, par exemple, de ne pas être à la hauteur, ce qui me déstabilise, me rend anxieux. Cette appréhension peut provoquer une émotion (la peur) mais elle n'est pas elle-même une émotion à proprement parler. Il s'agit d'un état émotionnel qui peut générer de la peur.

La disposition émotionnelle

La disposition émotionnelle est la tendance d'un individu, indépendamment des éléments extérieurs (en tout cas récents), à être presque en permanence, de façon latente dans un certain état émotionnel : en colère, triste, déprimé, joyeux, jaloux, coupable, anxieux...

Les « pseudo-émotions »

Les fausses émotions, ou les « pseudo-émotions », regroupent diverses expériences qui, comme le dit Michelle Larivey, *« n'ont des émotions que l'apparence*[64] *». « Le fait de commencer une phrase par "je me sens" ne garantit pas que j'évoque un sentiment*[65] *»* et n'implique pas forcément que nous évoquions une émotion. Or nous en avons souvent l'impression et nous confondons pseudo-émotions et émotions réelles, vraies. Cela ne signifie nullement que ces pseudo-émotions ne méritent pas l'écoute, l'attention, voire une certaine « empathie », bien au contraire, d'autant qu'elles peuvent mettre sur la piste d'une émotion, d'un sentiment, d'un ressenti.

Michelle Larivey a très précisément repéré et listé les principales pseudo-émotions[66] :

- Les états de fait : être seul, rejeté peut correspondre à des états de fait réels, objectifs. C'est la manière dont ils vont être vécus qui génère des ressentis, des émotions, « *être rejeté peut me laisser indifférent ou me peiner* ».

- Les images : se sentir « loin », « proche », « grand » « petit » « à l'étroit », « à l'aise » sont plutôt des images qui peuvent exprimer au plus près ce que nous ressentons mais également, dans d'autres cas, nous éviter d'avoir à le préciser. Michelle Larivey parle d'« *approximation de sentiments* ».

- Les états d'âme : je suis serein, déprimé, content, confus, énervé... On décrit bien là des états qui « *sont inévitablement teintés d'émotion* ». Comme les images, ces états peuvent décrire au plus près l'état dans lequel nous sommes mais nous éviter, là encore, d'aller plus loin, de préciser et de chercher à s'expliquer les raisons de ces états.

- Les attitudes : on peut confondre certaines attitudes, certaines façons d'être, surtout si elles impliquent la relation à l'autre avec des émotions ou des états émotionnels ponctuels : « *Être curieux, ouvert, chaleureux, hostile sont des façons d'être* ». Certes, ces attitudes peuvent être soustendues par la joie, l'amour ou au contraire par la peur ou la haine. De fait, on peut être chaleureux parce que l'on est joyeux et l'on peut être hostile parce que l'on a de la haine ou du mépris, mais dans tous les cas il s'agit non pas d'une émotion mais d'une attitude.

- Les évaluations : on a tendance à mélanger émotions et évaluations. On dit souvent : « *Je me sens stupide nul, ridicule. Il serait plus juste de dire : je me trouve stupide, nul, ridicule. Il est impossible de ressentir la stupidité, la nullité. Or, par définition, une émotion se ressent.* » Toutefois, cette expression mérite là encore d'être creusée : « *Je me sens ridicule est souvent une manière de dire que je suis embarrassé ; je me suis conduit d'une manière que je juge ridicule et j'en crains les conséquences.* »

Repérages

Nathalie est exaspérée (émotion), elle a l'impression (ressenti) de toujours être informée à la dernière minute et d'être mise devant le fait accompli. Elle finit par avoir un sentiment de rancune.

Nicolas, plutôt anxieux en général (disposition), éprouve une forte appréhension (émotion). Il attend les résultats de son examen et est particulièrement irritable (déstabilisation).

Irène est souvent d'humeur joyeuse (disposition). Anne-Marie vient de lui confirmer sa promotion ; elle est fébrile, incapable de se concentrer (déstabilisation) et perturbe gentiment ses collègues tout le reste de l'après-midi.

Jean, qui a le fort sentiment d'être incompris dans son milieu professionnel (ressenti), est stressé (contre-émotion) et perd régulièrement en réunion le contrôle de ses émotions (déstabilisation). Il a par ailleurs un réel attachement à l'entreprise (sentiment), ce qui le rend parfois coupable (émotion).

Vraies et fausses émotions

Que l'on ne se méprenne pas : ce que nous nommons « émotion » n'en est donc pas forcément une, « scientifiquement » parlant du moins. Toutefois, vraies ou fausses, toutes les émotions, ou plutôt tous les éprouvés émotionnels, méritent d'être repérés, captés, perçus, exprimés. Il est intéressant de souligner que les émotions *stricto sensu*, notamment les émotions de base, ne sont paradoxalement pas les plus difficiles à repérer quand elles surviennent. Elles se « voient » tout d'abord davantage, même si l'individu cherche à les contrôler, dans la mesure où elles se manifestent physiquement ; par ailleurs, étant par nature plutôt ponctuelles et circonscrites dans le temps, il est *a priori* plus facile de les repérer, pour peu que l'on soit attentif, à travers notamment le passage de l'état de « calme » à un état émotionnel. On « voit » une personne qui se met en colère, une personne qui se montre joyeuse ou une personne qui se met à avoir peur. En revanche, détecter des ressentis, des déstabilisations, des sentiments ou bien, comme nous allons le voir, des émotions plus secondaires, moins basiques, est en réalité moins évident, plus subtil, dans la mesure où ces éprouvés émotionnels ou « émotions » sont souvent moins perceptibles que les émotions primaires, alors qu'ils peuvent faire d'autant plus de dégâts, tant sur l'individu lui-même et que sur son environnement, précisément parce que l'on ne les repère pas.

Les émotions : principaux repères

Penchons-nous à présent sur les *émotions* à proprement parler. Même si pour être dans l'empathie il n'est pas nécessaire de savoir si une émotion est « sociale », « simple » ou « mixte » et même si, après les avoir passées en revue, on doit presque « oublier » ces différents types d'*émotions* – d'autant que d'une part il existe divers essais de catégorisation et d'autre part qu'une *émotion* primaire ou secondaire peut être à la fois « simple » ou « mixte », « sociale » ou « non sociale » –, ils méritent toutefois d'être nommés, identifiés, reconnus, visualisés pour pénétrer plus avant dans ce vaste monde des émotions, avoir les clés, se familiariser, prendre ses marques et ainsi avoir plus facilement accès à ce que précisément l'on cherche à repérer, à identifier.

Les émotions « primaires » et « secondaires »

Le type de but recherché par l'individu détermine une première distinction entre les émotions « primaires » et les émotions « secondaires ».

Qu'est-ce qu'une émotion primaire ?

Tous les spécialistes des émotions ou presque s'accordent à dire que les émotions de base correspondent aux besoins « primaires » que l'individu cherche à satisfaire : intégrité physique, sécurité, bien-être, satisfaction sexuelle… Les émotions « primaires » sont donc liées à la réalisation ou non des buts que l'individu se fixe précisément dans l'objectif de satisfaire lesdits besoins.

Les émotions de base ou primaires sont : la peur, la colère, la tristesse, la joie (jouissance) ; on peut en ajouter deux autres, le dégoût et la surprise.

Qu'est-ce qu'une émotion secondaire ?

Les émotions secondaires sont liées à des buts ou portent sur des objets plus précis, plus circonstanciés que ceux visant à satisfaire les besoins de base et que l'individu peut se fixer en fonction de la situation, du moment, de son histoire, de son caractère, de son éducation – épouser telle personne, avoir telle promotion, partir à tel endroit, etc. En fonction de la réalisation ou non du but qu'il s'est fixé, il éprouve ainsi amertume, mécontentement, rage, plaisir, satisfaction, etc. On peut être jaloux ou envieux parce que l'on n'obtient pas ce que l'on désirait ; on peut être mélancolique parce que l'on regrette de ne pas avoir eu quelque chose, ou de l'avoir perdu ; on peut être indigné par le comportement de l'autre, etc.

Toutefois, dans la plupart des cas, ces buts secondaires ou sous-buts visent en réalité plus ou moins directement à satisfaire les besoins primaires, *via* des besoins dérivés des besoins primaires eux-mêmes ; désirer trouver un nouveau poste peut de près ou de loin me faire penser, selon les cas, que je vais assouvir mon besoin (primaire) de survie, de sécurité, de joie, d'expression personnelle, ou partir à tel endroit, mon besoin de bien-être, etc.

Repérages... suite

Yves a la nostalgie de son ancienne société : il n'en a pas fait son deuil.

Anne est impatiente de voir sa demande de formation aboutir.

Pierre est ravi de se marier.

Sophie est en colère d'avoir raté son train.

Dominique est irritée de ne jamais être convoquée aux réunions importantes.

Christine craint de ne pouvoir rendre son dossier à temps.

Denise est exaspérée de ne jamais être entendue.

Émotions primaires/Émotions secondaires	
Tristesse	→ Amertume, ennui, nostalgie, peine, chagrin, morosité, mélancolie, etc.
Colère	→ Mécontentement, rage, écœurement, indignation, impatience, haine, rancune, révolte, agacement, irritation, exaspération, fureur, etc.
Joie	→ Ravissement, plaisir, intérêt, contentement, délectation, enchantement, émerveillement, etc.
Peur	→ Appréhension, crainte, trac, frayeur, affolement, panique, épouvante, anxiété, etc.

Les émotions « positives » et « négatives »

Le degré de satisfaction d'un besoin introduit la distinction entre émotions « positives » et « négatives ». Dans la mesure où la fonction des émotions est de nous informer sur notre degré de satisfaction ou d'insatisfaction, les émotions « positives » sont le signal d'une satisfaction, les « négatives » d'une insatisfaction. Toutefois, aucune émotion n'est négative en soi si l'on considère que toutes précisément nous informent sur la satisfaction ou non d'un besoin ; en ce sens, on peut même dire que les émotions « négatives » sont paradoxalement totalement *positives*.

Il existe de nombreuses émotions pour signaler la satisfaction ou l'insatisfaction : elles diffèrent seulement par leur nature et leur degré d'intensité. *« Pour marquer la satisfaction, nous disposons d'une variété de sentiments qui s'étendent du simple contentement à l'euphorie. Entre ces deux extrêmes, il s'en trouve un grand nombre parmi lesquels : le plaisir, la joie, le ravissement, la jouissance*[67]. » C'est la même chose pour l'insatisfaction : de nombreuses émotions du mécontentement à la rage, la fureur, à l'écœurement, de l'ennui au désespoir signalent une insatisfaction.

Les émotions « simples » et « mixtes »

Le processus même de l'émotion introduit, lui, une distinction entre les émotions « simples » et les émotions « mixtes ».

Qu'est-ce qu'une émotion simple ?

Les émotions simples sont celles positives ou négatives ressenties soit directement en fonction de la réalisation ou non du but identifié et de la satisfaction ou non du besoin correspondant, soit indirectement, *via* le responsable de la satisfaction ou de l'insatisfaction dudit besoin, soit encore de leur anticipation. *« Par exemple, la joie survient lorsque les individus ont réalisé leurs buts, la tristesse arrive lors d'un échec et la colère est dirigée vers ce qui empêche l'accomplissement d'un but*[68]. »

Dans tous les cas le but est clair, défini, et le fait qu'il soit directement, indirectement ou par anticipation atteint ou non déclenche une émotion simple positive ou négative. En ce sens, il existe une correspondance entre les émotions tant « primaires » que « secondaires » et les émotions

« simples » dans la mesure où plus le but est clair, plus il est sous-tendu par des besoins de base et plus l'émotion, en fonction de sa réalisation ou non, est presque mécanique, transparente, lisible ; SIMPLE.

Les émotions mixtes

Il s'agit d'états plus complexes : soit le but correspondant à la satisfaction du besoin n'est pas clairement identifié ou très abstrait, soit il n'existe pas vraiment d'obstacle ou de responsable extérieur à sa réalisation, soit l'*émotion* se mélange à des sentiments, à des ressentis, voire est liée à des mécanismes psychologiques internes plus complexes. En ce sens, il s'agit d'émotions mixtes : la culpabilité, la jalousie, le mépris, la pitié, le dégoût, la honte, l'amertume.

Par exemple, l'amertume est un mélange de colère et de tristesse, l'écœurement un mélange de colère parfois teintée de peur, la jalousie est un mélange de colère et de peur, la pitié « *masque d'autres émotions, notamment le mépris, lui-même composé de colère et de peur*[69] »… Ces émotions se manifestent d'ailleurs davantage à travers des comportements, des réactions, des réflexions que par une réaction physique intense.

Les émotions mixtes « *contiennent des émotions simples mais souvent beaucoup d'autres choses qu'il est nécessaire d'identifier*[70]. » « *Elles sont souvent amalgame d'émotions et de subterfuges que nous utilisons pour nous voiler ce que nous éprouvons réellement. Contrairement aux émotions simples dont le but est de nous informer, on pourrait dire de certaines émotions mixtes qu'elles tentent de nous "désinformer"*[71]. »

Ces émotions nécessitent une sorte d'explication, de clarification d'autant que la plupart du temps elles sont pour soi-même et pour les autres plus parasitantes que les émotions simples qui, elles, le deviennent surtout quand elles ne sont pas exprimées.

Même si, bien entendu, il peut exister un déclencheur, les émotions mixtes s'étayant sur une construction psychologique sont généralement récurrentes, la plupart du temps latentes. Elles confinent parfois aux dispositions émotionnelles.

Décodages

Claudine est amère ; elle vient d'être remerciée après une fusion avec assez peu de délicatesse. Elle a le sentiment de s'être « fait avoir » et s'en veut de ne pas avoir davantage anticipé.

Bernard est en colère après lui-même de ne pas réussir à se contrôler : cela ne correspond pas à l'image qu'il aimerait donner de lui et il craint d'être jugé.

Jean-Pierre était sûr d'être promu et c'est Jean-François qui a obtenu la Direction industrielle. Il est jaloux et en colère contre Jean-François, sa direction et le système qu'il accuse de mettre en valeur, même s'il a de l'estime pour Jean-François, ceux qui savent se « vendre ». Il est également en colère contre lui-même de manquer de sens politique et craint de ne pas y parvenir.

Les émotions sociales et non sociales

C'est l'objet de l'émotion, unique ou double, qui introduit la distinction entre émotions « sociales » et « non sociales ».

Qu'est-ce qu'une émotion sociale ?

Une émotion est sociale quand son objet est double. « *[...] la personne qui en est la cible (soi-même ou autrui) et le comportement ou trait de caractère sur lequel porte l'évaluation. Ainsi Simone est en colère contre Jacques pour avoir cassé le vase, Pierre admire Paul pour son courage, François a honte de lui-même pour sa mauvaise action, et ainsi de suite*[72]... »

La honte, la fierté, la culpabilité (vis-à-vis de soi), la haine, le mépris, la colère, l'admiration (vis-à-vis d'autrui) sont des émotions sociales. C'est le fait qu'il y ait à la fois un autre (soi-même ou autrui) et une distanciation empreinte d'évaluation liée à des valeurs inculquées, des rôles appris, des besoins de donner de soi ou d'avoir de l'autre telle ou telle image qui détermine une émotion « sociale ». On peut considérer que sans ce regard plus ou moins « social », acquis de soi sur soi-même et/ou sur l'autre, ou de l'autre sur soi, ce type d'émotion n'existerait pas. Les émotions « sociales » surviennent d'ailleurs vers l'âge de deux ans.

Quand on éprouve de la colère lorsque quelqu'un, par exemple, a perdu un objet qu'on lui a prêté, il ne s'agit pas *a priori* seulement de la colère par rapport à l'objet perdu, mais probablement de la colère générée à partir de l'évaluation du comportement de la personne qui l'a perdu.

Principales émotions sociales

- La fierté.
- La culpabilité.
- La haine.
- Le mépris.
- La colère.
- L'admiration.

Qu'est-ce qu'une émotion non sociale ?

Qu'elle signale ou non une satisfaction, qu'elle se rapporte à un but ou à un sous-but, l'émotion est considérée comme non sociale si elle se rapporte à un objet unique : joie, tristesse, peur, dégoût, sans rapport à une personne et à son évaluation. Les émotions non sociales *« [...] ne se rapportent pas forcément à des personnes et quand elles s'y rapportent, il n'y a pas dédoublement de l'objet de l'émotion. On peut être triste du départ de Pierre, mais on ne saurait dire que l'on est triste envers Pierre de son départ*[73]. »

Critères de définition des types d'émotions	
Satisfaction/insatisfaction d'un besoin	Émotions « négatives » ou « positives »
Type de but	Émotions primaires/secondaires
Objet unique ou double de l'émotion	Émotions sociales/non sociales
Processus de l'émotion	Émotions simples/mixtes

Les émotions ponctuelles ou permanentes

Une *émotion* est *a priori* ponctuelle. Si elle est permanente ou récurrente, on est alors plutôt en présence d'une disposition émotionnelle ; être toujours en colère, se mettre régulièrement en colère, relève en effet plus d'une disposition, d'un état émotionnel latent que d'une *émotion* à proprement parler.

Les contre-émotions

Si l'objet de l'*émotion* est de nous informer, il est fréquent quand on la refoule, quand on ne l'exprime pas, qu'elle produise des « contre-émotions » à savoir des malaises, des somatisations qu'il convient alors de décoder pour pouvoir remonter à l'émotion refoulée, puis à l'origine de ladite émotion : je n'exprime pas ma colère ou ma tristesse, je vais ressentir de l'angoisse ou de la culpabilité ou bien avoir la migraine, etc. L'angoisse, l'anxiété, le stress, les malaises physiques – maux de tête, manque de concentration, nausées, tremblements, surexcitation, tics – sont des contre-émotions. Ainsi les contre-émotions, dont le sujet la plupart du temps – et pour cause – perçoit les effets même s'il n'en identifie pas l'origine réelle, ne sont pas des *émotions* mais en partie les conséquences d'une répression émotionnelle que cette dernière vienne de l'extérieur ou de soi-même.

L'angoisse

L'angoisse est en ce sens « la » contre-émotion par excellence, puisqu'elle est toujours l'expression d'une émotion, d'un désir, d'un besoin refoulé qui ne peut ou ne veut pas revenir à la conscience. « *Quand l'individu n'exprime pas ses besoins, ses désirs, ses pensées, qu'il les refoule parce qu'ils ne conviennent pas à ce qu'il pense que l'on attend de lui, il est angoissé*[74]. »

L'individu peut, au sens psychanalytique du terme, *refouler* complètement, c'est-à-dire ne pas du tout avoir conscience desdits besoins, désirs, pensées, émotions, mais il peut aussi en être conscient et les « refouler », c'est-à-dire les taire, les censurer. Même si l'intensité est différente, il ressent dans les deux cas une angoisse.

Le stress

Le stress peut en partie être considéré comme une contre-émotion, dans la mesure où il est souvent la conséquence d'une difficulté et/ou d'une impossibilité de laisser vivre ses émotions, même si du coup, il peut à son tour en générer de nouvelles : j'ai une colère de fond que je ne peux exprimer, ce qui me stresse et, comme je suis stressé, je vais me mettre plus facilement en colère ! « *Le stress n'est pas une émotion mais l'effet de la compression que les exigences extérieures imposent à nos émotions*[75]. »

Principales contre-émotions

- Le malaise.
- La somatisation.
- L'angoisse.
- Le stress.

Pour une « écoute » efficace : ne pas passer à côté de l'essentiel

Dès que l'on est en relation avec autrui, on se trouve ainsi, au-delà des *émotions* à proprement parler, face à toutes sortes d'éprouvés émotionnels, de réactions affectives auxquels il est important d'être attentif. Développer son empathie, c'est en effet être en capacité de ressentir, de détecter non seulement les *émotions* mais aussi les sentiments, les ressentis, les déstabilisations. Il est d'autant plus important de les discerner qu'ils s'alimentent les uns les autres ; un ressenti ou une déstabilisation peut déclencher un violent processus émotionnel. Sur un plan pratique et dans un objectif d'« efficacité », si ce n'est de « résultats », regardons à quoi il convient, notamment dans les situations et relations professionnelles, d'être particulièrement attentif et pourquoi.

À quoi être attentif au quotidien ?

À partir des catégories d'*émotions* que nous venons de définir, essayons, d'en réduire pragmatiquement le spectre pour ne pas passer à côté de l'essentiel. Pour mieux « comprendre » l'autre, ce sont le plus couramment – et en milieu professionnel notamment – les émotions secondaires, sociales et mixtes qu'il convient de repérer.

La colère, la peur, la tristesse ?

Si les émotions primaires – peur, colère, tristesse, joie – existent à certains moments de grande fragilisation ou de « grâce », elles restent *a priori* en tant que telles relativement « rares ». De fait, l'individu ne cherche pas tous les jours – et n'en a pas l'occasion, en tout cas directement –, à satisfaire ses besoins primaires, c'est pourquoi, même quand ces émotions existent, elles se manifestent rarement *ex abrupto*, sauf en cas de situation extrême. Quand elles ne sont pas assez violentes ou trop contrôlées pour être repérées, perçues directement, il convient toutefois de les détecter, surtout si elles sont négatives, parce qu'elles signalent toujours chez l'autre une grande frustration. Il convient d'être d'autant plus vigilant que si les émotions primaires ont parfois du mal à être contenues, tant elles sont fortes, elles ne s'expriment en définitive complètement – toujours par censure culturelle – qu'assez rarement. Ainsi, souvent enfouies, elles sont à l'origine d'une déperdition colossale d'énergie et de contre-émotions allant jusqu'à la dépression, l'apathie, la maladie.

Il est donc important de les détecter et/ou si elles sont manifestes, d'avoir le réflexe de les prendre en compte et même de « creuser » pour aider ainsi l'autre à « évacuer » et éviter alors qu'elle ne se reproduise dans un contexte analogue, voire que cet état émotionnel négatif ne s'installe et ne s'amplifie. Par exemple, chez une personne très en colère, parce que ballottée professionnellement depuis de nombreuses années et se croyant relativement trahie, l'émotion risque – si elle n'est ni perçue ni évacuée – de dégénérer en blocage, en contre-émotion, de s'amplifier à chaque nouvel événement, voire, si elle ne s'est pas du tout exprimée, de se réactiver plus tard beaucoup plus rapidement dans un contexte similaire.

Inévitable !

Laurence, avocate, lors d'une procédure lourde et difficile, pas une fois ne repère l'inquiétude de sa cliente ni ne pense à la rassurer, ne serait-ce que par un mot. Elle finit par voir le dossier confié à l'un de ses confrères.

Parce que cela arrangeait l'organisation, à plusieurs reprises il a été confié à **Bernadette** avec la promesse, une fois ses preuves faites, d'obtenir son passage « cadre ». Bernadette a beaucoup travaillé, aux dépens souvent de sa vie familiale, en essayant toujours de donner le meilleur d'elle-même. Il est vrai qu'elle ne sait pas dire non et qu'elle aurait dû soit mettre des limites, soit en étant plus ferme, négocier son passage « cadre » aux moments opportuns. Toujours est-il que même si elle ne l'exprime pas, en tout cas dans le cadre de son travail, la colère de Bernadette monte. Tout explose au moment où elle voit la partie de son poste la plus intéressante confiée à quelqu'un d'autre. Personne ne comprend sa réaction, ni son manager, ni sa DRH. Bernadette ne décolère pas, est au bord de la dépression, refuse de signer son entretien d'évaluation et menace d'aller voir les syndicats… La tension monte et il faut faire appel à un consultant extérieur pour remonter le temps et permettre à Bernadette de nommer et d'évacuer toute sa colère et ses rancœurs accumulées.

Il aurait peut-être suffi d'être plus attentif quand Bernadette a commencé, notamment lors des trois précédents entretiens d'évaluation, à manifester des signes d'exaspération, ou de se mettre à sa place pour imaginer qu'elle pouvait être en colère et éviter ou limiter ainsi la dégradation de la situation et sa dépression.

L'agacement, l'impatience, la révolte, l'ennui ?

Dans la mesure où les émotions secondaires correspondent à des sous-buts, elles sont multiples et bien plus fréquentes. Si un individu n'est pas chaque jour triste, en colère ou apeuré, il est beaucoup plus fréquent qu'il soit indigné, agacé, envieux, honteux, amer, impatient, révolté… Or c'est quand ces émotions ne sont pas perçues par les uns, ni exprimées par les autres qu'elles commencent à polluer le système et/ou la relation.

Il convient d'être d'autant plus « à l'écoute » des émotions dites « mixtes » ; écœurement, mépris, morosité, etc. qu'elles sont moins facilement détectables. On peut deviner et comprendre l'émotion de quelqu'un si l'on connaît son but, et éventuellement l'obstacle à sa réalisation, plus facilement que si son émotion est un mélange de sentiments, de ressentis, ce qui ne manque pas d'être le cas – surtout dans des contextes professionnels – lorsqu'il existe pour l'individu des enjeux de place, de reconnaissance, d'image, d'idéal de soi, etc.

Enfin, il est bien sûr surtout fondamental de repérer les *émotions* dites négatives, qui ne manquent pas, à défaut d'être gérées, conscientisées, d'entraîner des déstabilisations et des ressentis qui, eux-mêmes, risquent de provoquer en chaîne une nouvelle émotion négative.

Si quelqu'un est très fréquemment irrité par les oublis, les attitudes, le laxisme de certains de ses collègues mais que personne ne s'entretient avec lui de cette réaction récurrente ni ne l'aide à en verbaliser le pourquoi, l'individu peut finir, conscient de son attitude, par être déstabilisé émotionnellement parce qu'il craint de déplaire, de donner de lui une image négative, et s'il a par ailleurs une fragilité sur ce plan, par se culpabiliser ou craindre un rejet.

La honte, la culpabilité ?

Il est essentiel de repérer les émotions sociales, notamment dans le monde professionnel, car c'est là souvent que l'on s'évalue, que l'on « se » juge et que l'on est également regardé, jugé, évalué. Or les émotions sociales sont à l'origine de nombreux blocages ; la honte, par exemple dans les situations d'échec, la jalousie, la culpabilité, le mépris, etc. sont fréquents avec inévitablement des effets négatifs sur l'entourage et parfois le fonctionnement parfois du système lui-même.

Émotion négative → Déstabilisation → Ressenti négatif → Sentiment négatif...

Et quid de la joie, de l'intérêt, de l'envie ?

Si, bien entendu, elles ne sont pas les plus gênantes, toutes les émotions positives méritent d'être repérées, nommées, d'abord au-delà du moment de plaisir partagé pour toujours *reconnaître* l'autre, ensuite pour deviner ce qui les a provoquées. Cette *reconnaissance*, voire cette meilleure connaissance de l'autre, peut ainsi être un levier et/ou un ballon d'oxygène dans des situations à venir plus difficiles pour lui et/ou la relation avec lui.

Savoir mettre le zoom

- Autour de la tristesse : ennui, désintérêt, morosité, amertume...
- Autour de la colère : écœurement, rancune, révolte, exaspération...

- Autour de la peur : appréhension, crainte, trac, panique, anxiété…
- La honte.
- La culpabilité.
- La jalousie.
- La fierté.

Et en dehors des *émotions* ?

On remarque souvent la colère, la tristesse ou la peur une fois que la situation est devenue extrême ou explosive pour l'autre, en d'autres termes quand il n'est plus possible de faire autrement. Or il est essentiel de repérer les ressentis, les sentiments et les déstabilisations qui précisément sont souvent à l'origine des émotions. Cela explique d'ailleurs la nécessité d'une vigilance accrue quand, en fonction de certaines situations, les individus risquent d'être déstabilisés ou si l'on exerce un métier dans lequel les personnes à qui l'on a affaire sont par définition fragilisées.

> Repérer, percevoir l'ensemble des différents éprouvés émotionnels est d'autant plus important qu'ils s'articulent et s'alimentent entre eux, aboutissant souvent à des blocages, des tensions, des malentendus, des ruptures.

Être attentif aux ressentis

Même s'il n'est pas toujours facile de les détecter, étant donné qu'ils sont très personnels et bien souvent intériorisés, il est essentiel d'être attentif aux ressentis de l'autre, notamment d'injustice, de rejet, de non-écoute, de non-reconnaissance… aussi bien pour éviter une éventuelle souffrance que pour désamorcer des émotions et des réactions plus violentes, plus radicales. Ce sont en effet les ressentis générés par des événements extérieurs et/ou par la manière spécifique dont un individu les vit, non gérés, non verbalisés surtout quand l'intéressé lui-même n'en est pas vraiment *conscient,* qui sont couramment à l'origine d'émotions négatives. Si l'individu se sent trahi, impuissant, non reconnu, inévitablement à plus ou moins court terme, il sera en colère, triste, etc. S'il ne se sent pas à la hauteur – que ce ressenti vienne de lui uniquement ou de ce que l'on lui fait vivre, ou des deux –, il risque si cela dure, s'il ne l'exprime pas (*a fortiori* à lui-même) et si personne ne vient le « secourir », d'être écœuré ou amer et peut même finir par redouter d'être licencié, par exemple.

Trop tard

Ségolène, responsable de projets dans une grande organisation internationale, est submergée par les missions et les travaux dont la charge Mathilde. Cependant, elle ne bénéficie ni des avantages, ni des retombées, ni même d'une reconnaissance dans la mesure où Mathilde la remercie rarement, ne la met jamais en avant et récupère en général à son seul profit son travail et ses idées. Ségolène, généreuse et passionnée par son travail, finit au fil du temps par avoir un fort sentiment d'injustice, l'impression parfois d'être humiliée et perd petit à petit l'estime d'elle-même. Il lui arrive d'avoir honte et de se sentir coupable de ne pas avoir encore terminé tel texte ou fini de monter tel projet ; elle a presque parfois l'impression d'être incompétente, mal organisée.

Ségolène finit, à contrecœur, par prendre la décision de quitter ce département qui a besoin d'elle et quand Mathilde, consciente sans doute d'être allée un peu trop loin, essaie de la retenir, il est trop tard.

Ressenti et déstabilisation

Les ressentis non gérés alimentent directement des émotions mais déclenchent aussi des déstabilisations qui, à leur tour, peuvent générer suivant un cercle vicieux, des émotions négatives. Si un individu ne se sent pas à la hauteur, il peut par exemple de ce fait être déstabilisé en réunion ; cette déstabilisation inévitablement mal vécue dans un second temps peut finir par créer chez lui de l'appréhension ou une irritation latente, voire une somatisation.

Ressenti et sentiment

Les ressentis alimentent des sentiments plus ou moins durables, eux aussi, à l'origine d'émotions. Si un individu a l'impression de ne pas être reconnu, respecté – que cela vienne de lui uniquement ou de circonstances extérieures –, et cela sur un temps relativement long, il nourrira ce senti-ment qui finira par le mettre en colère ou par l'écœurer, etc.

Ressenti → Déstabilisation émotionnelle/Sentiment → Émotion + + ou contre-émotion

Principaux ressentis et émotions

- Sentiment d'injustice.
- Sentiment d'impuissance.
- Sentiment de rejet.
- Sentiment d'exclusion.
- Sentiment de trahison.
- Sentiment d'abandon.
- Sentiment d'échec.
- Sentiment de non-reconnaissance.
- Sentiment d'être utilisé.
- Sentiment de non-respect.
- Sentiment d'être un numéro.
- ...

Percevoir les déstabilisations

Comme les ressentis, toute déstabilisation, mérite d'être repérée à plus forte raison si elle est générée, par la relation elle-même. Comme un ressenti, une déstabilisation émotionnelle peut finir par déclencher une réaction violente, dégénérer en blocage ou en véritable « peur », revenir en boome-rang.

Savoir intervenir

Jean-Pierre a manifestement exclu Xavier de la réunion et pris à son compte tous les bénéfices de leur travail commun. Une fois encore, Xavier, déstabilisé, se sent de plus en plus utilisé. Si Bertrand, leur patron commun, témoin des faits, ne s'était pas mis à la place de

Xavier et n'était pas intervenu auprès de Jean-Pierre, il y a fort à parier que Xavier aurait tôt ou tard cédé à la colère ou à l'abattement.

Prêt à tout laisser tomber

Julien est jeune médecin, interne à l'hôpital : très angoissé, peu sûr de lui et de ce fait très fréquemment déstabilisé, il perd parfois un peu ses moyens. Son patron, ayant détecté chez lui un certain talent, l'apprécie beaucoup mais lui fait des remarques très dures, surtout lorsqu'il ne comprend pas ses réactions « idiotes » ; remarques qui contribuent, même si elles sont parfois justifiées, à le déstabiliser davantage. Julien même s'il se contrôle, se culpabilise et vit un état de stress presque permanent. À bout, il en vient à se demander, alors qu'il est malgré tout déjà reconnu par ses pairs et très apprécié de ses patients, s'il est fait pour ce métier et s'il n'aurait pas intérêt à abandonner la médecine. Être attentif aux déstabilisations de Julien et essayer de les comprendre plutôt que de lui assener des reproches, d'autant plus violents que l'on est déçu soi-même, lui donnerait sûrement davantage confiance en lui.

Il est intéressant de savoir repérer une déstabilisation même si elle est entièrement personnelle et générée par l'individu lui-même. Un collaborateur est déstabilisé, par exemple, dès qu'il doit prendre la parole en public, dire non ou donner son avis à son patron ; à plus ou moins long terme, il risque d'exprimer sa frustration par la colère : rentrer dans son bureau et, par exemple, agresser son assistant ou un collègue, par un mépris des autres, voire par une jalousie à l'encontre d'un collègue qui a plus de facilités. Il peut également finir par avoir honte ou se sentir coupable, tomber dans une sorte d'apathie, etc.

Il peut même, à travers ses déstabilisations répétées, finir par éprouver un ressenti ou un sentiment d'incompétence ou de ridicule, qui peut lui-même alimenter des émotions comme la peur ou la tristesse de ne pouvoir être davantage reconnu, la rage de ne pouvoir s'imposer davantage, etc.

Il est utile par ailleurs de repérer ce type de déstabilisation qui, lorsqu'elle est récurrente, est souvent l'expression de blocages psychologiques que l'on peut alors tenter de comprendre et de lever.

Déstabilisation émotionnelle → (Ressenti/sentiment) → Émotion

---

Tenir compte des sentiments

Enfin, les sentiments notamment négatifs méritent d'être pris en compte au risque de dégénérer en émotions, blocages, contre-émotions et de ne produire, eux aussi, que des effets relativement négatifs. L'ennui peut provoquer de la colère, de la tristesse mais également produire des réactions émotionnelles en chaîne : un individu qui s'ennuie, risque à terme de se sentir moins performant, ce qui peut le déstabiliser et finir par provoquer de la peur, etc.

Sentiment négatif → Émotion négative + +

Traiter les dispositions émotionnelles

Les dispositions émotionnelles sont, quant à elles, généralement assez bien repérées, dans la mesure où s'accompagnant d'effets visibles positifs ou négatifs récurrents, elles ne manquent pas d'avoir des répercussions rapides sur l'environnement et, si elles sont négatives, de finir par créer des tensions, des conflits et des dysfonctionnements. La question alors n'est pas tant de les repérer que d'essayer d'en comprendre le pourquoi et, si besoin, de voir éventuellement comment les « traiter ».

Attention aux spirales émotionnelles

Un phénomène émotionnel peut, bien entendu, « passer » seul. C'est toutefois rarement le cas, surtout si une situation perdure ou si des événements même minimes sont récurrents. Une vigilance particulière s'impose alors, la récurrence – très fréquente tant dans les relations privées que professionnelles –, génère la plupart du temps des réactions émotionnelles très vives qui peuvent aboutir à des ruptures ou à des situations de blocages. Ainsi, des événements parfois mineurs, mais dont on ne détecte pas les incidences en termes de ressenti, de déstabilisation, de sentiment ou d'émotions, peuvent engendrer à la longue de véritables cataclysmes !

On réalise comment « être dans l'empathie » n'est pas seulement comprendre les émotions, mais aussi, à la fois plus largement et plus précisément, repérer l'état émotionnel de l'autre – ressenti, déstabilisation, sentiment – avant même que ne surgisse l'émotion, en l'occurrence négative, d'abord parce qu'elle peut être gênante en elle-même mais surtout parce qu'elle est toujours le signe d'une souffrance qu'il est, autant que possible, préférable d'éviter.

(Émotion) → Déstabilisation → Ressenti → Sentiment → Émotion

On cerne peut-être mieux à présent pourquoi il est souhaitable au quotidien d'être « dans l'empathie », et ce que cela signifie concrètement en termes de décodage, de repérage et à quel moment il est pertinent d'intervenir.

Quand nous évoquerons à présent les « émotions » d'autrui, nous ferons référence, après les avoir détaillés, à l'ensemble des éprouvés émotionnels et des expériences émotives d'un individu.

MÉMO

Admettez vos propres émotions et états émotionnels.

Soyez à l'écoute des signes émis par votre corps.

Repérez régulièrement vos sentiments, ressentis, émotions, désta-bilisations.

Essayez d'être attentif à vos contre-émotions.

Ressentez, sondez la différence entre ces différents états.

Essayez de faire le lien entre eux.

Essayez chaque fois d'en trouver la (ou les) raison(s).

Essayez d'identifier avec le plus de précision possible de quelle « émotion » il s'agit.

Essayez de les nommer.

Faites de même avec les autres et cherchez à identifier la nature de leur « état » émotionnel.

MÉTHODE À SUIVRE

Diagnostic d'un état émotionnel

Dans une situation particulière ou en général, essayez de « diagnostiquer » ce que vous ressentez. Plus on repère et plus on nomme ses états émotionnels, plus il est facile d'identifier ceux d'autrui suivant le même principe :

Je ressens... (ex : sentiment d'injustice, d'abandon...) → Il ressent...

Je suis déstabilisé par... (son attitude, ses propos, l'incertitude, la peur de ne pas y arriver...) → Il est destabilisé par ...

J'ai envie de... (être entendu, apprécié, rassuré, intégré...) → Il a envie de ...

J'éprouve un sentiment de malaise, d'affection... → Il éprouve un sentiment de ...

Ma disposition émotionnelle est plutôt : être irrité, détendu, en colère, joyeux, triste... → Sa disposition émotionnelle, c'est plutôt...

Quand je n'exprime pas mon émotion, elle s'exprime par de l'anxiété, une fébrilité, une tension, un mal de tête... → Quand il n'exprime pas son émotion, il a tendance à...

8

Développer sa perception

> « Tout comme les mots sont le mode d'expression de la pensée rationnelle, les signaux non verbaux sont celui des émotions[76]. »

Être en mesure de percevoir chez l'autre une émotion, en sachant en repérer l'expression et la manifestation, reste d'une certaine façon le premier degré de l'empathie. Or, s'il n'est pas toujours facile de capter les émotions d'autrui, il existe toutefois de nombreux indicateurs pour se mettre sur la voie : l'ensemble du langage non verbal, les attitudes, les registres de discours, la tendance ou non à l'action, les résistances, les inerties et les contre-émotions !

Tout comme une émotion est toujours liée à une situation, à un événement précis et aux prédispositions et motivations de l'individu, sa manifestation relève, elle, toujours d'un changement physiologique, d'expressions, d'une tendance ou non à l'action et de réactions psychologiques qui permettent précisément aux autres de pouvoir la repérer. L'attention, la disponibilité et l'observation ont là toute leur importance, l'émotion ne se manifestant pas – loin s'en faut – toujours spontanément ni forcément dans notre propre langage.

Toutefois, rappelons-nous que la perception des émotions d'autrui comporte quelque chose d'automatique, d'inné *a fortiori* si l'on est ouvert, réceptif, plutôt qu'égocentré et par conséquent attentif à tout ce qui peut être un signe, un signal, un élément d'analyse et de compréhension.

Le langage non verbal des émotions

Observer le langage non verbal et paraverbal

C'est parce qu'il existe, au-delà de leur composante physiologique, une composante expressive que l'on peut repérer les émotions et les états émotionnels à travers des attitudes, des expressions faciales, corporelles ou vocales spécifiques et plus précisément : la tension des traits, la mobilité des mimiques, l'expression des sourcils, la contracture des mâchoires, le clignement de paupières, le teint, la détente des mains, le tremblement, l'intensité de la voix, les intonations, le débit, la latence des réponses, etc. Ce sont d'ailleurs ces ensembles de signes, d'indices qui permettent d'identifier de manière en partie naturelle, innée, quelle est la nature de l'émotion éprouvée par l'autre. « *En matière de communication, la règle générale est que 90 % au moins des messages affectifs sont non verbaux. Et ces messages – l'anxiété dans le ton de la voix, l'irritation traduite par la rapidité des gestes – sont presque toujours perçus inconsciemment. La plupart des automatismes qui le permettent s'acquièrent aussi inconsciemment[77]. »*

Observer le langage non verbal et paraverbal est donc déterminant pour percevoir les émotions d'autrui. Il est important de garder cette évidence à l'esprit même si de par notre éducation, nous sommes plutôt portés à nous centrer sur ce qui est dit. Or, il s'agit en l'occurrence d'accorder moins d'importance à ce qui est dit qu'à la manière de le dire. « *En effet, lorsque les paroles de quelqu'un contredisent ce qu'expriment sa voix, ses gestes ou d'autres canaux non verbaux, la vérité de ses émotions doit être recherchée dans la manière dont il dit les choses plutôt que dans ce qu'il dit[78]. »*

Langage non verbal des émotions

- Colère : tension du corps physique et des traits, serrement des mâchoires, intensité vocale, tremblement dans la voix, respiration hachée, plus courte, rougeur ou au contraire teint de marbre, froncements de sourcils, traits tendus.

- Tristesse : affaissement de l'allure générale, traits défaits et relâchés, voix plus morne, sourde, regard vague, débit plus lent, teint pâle.

- Peur : tension, respiration courte, pâleur, yeux écarquillés, haussement de sourcils, poings serrés, teint blanc, voix coupée, baisse de sonorité de la voix.

- Honte : yeux baissés, baisse de l'intensité de la voix, lèvres serrées.

- Charge émotionnelle : agitation, déconcen-tration, regard fuyant, abattement, silence soudain, accélération du débit, besoin de couper la parole, changement de teint, respiration plus courte, etc.

La limite des signes non verbaux

Si les signes non verbaux manifestent de manière quasi universelle les émotions, notamment primaires, l'individu pour des raisons essentiellement culturelles peut cependant s'évertuer à ne pas montrer de signes d'émotion ou encore, certaines de ses manifestations peuvent être tout à fait conventionnelles. *« Dans notre culture encore teintée de machisme, un homme, quel que soit son chagrin, n'est pas censé pleurer en public, ni, à défaut d'être sans peur, la montrer[79]. »*

L'expression verbale et les registres de discours

L'expression verbale, le type et le registre de mots employés en disent également long sur l'état émotionnel d'un individu. Toutefois, dans la mesure où l'on a fortement tendance à se focaliser sur les faits, les arguments, les solutions il arrive fréquemment que l'on fasse totalement l'impasse sur ce qui est dit par l'autre à travers précisément certaines de ses expressions, certains de ses mots, en étant axé uniquement sur l'aspect plus logique de son discours, le côté plus objectif de la situation.

Ceci est d'autant plus vrai dans des contextes de charges émotionnelles importantes, *a fortiori* si l'on est soi-même partie prenante. Or il convient toujours de faire la part entre les mots, les expressions et les phrases qui relèvent de la raison, voire des rationalisations, et ceux plus sensibles qui expriment l'émotion. Combien de fois ai-je entendu en séminaire, sur l'accompagnement des ruptures professionnelles par exemple, les participants s'engouffrer littéralement dans les questions émises par l'autre, les demandes d'explication sans fin, de clarification de telle ou telle modalité, en faisant totalement l'impasse sur des expressions émises, elles aussi, comme : « c'est un peu dur », « tu me dis ça comme ça », « mais qu'est-ce que je vais faire maintenant ? », « comment vais-je lui dire ? », etc. Toutes ces approximations, ces phrases qui n'ont l'air de rien, et que la plupart du temps l'on passe sous silence ou auxquelles on s'empresse de répondre en rationalisant et en rassurant, en disent long sur la tristesse, la rancœur, la colère parfois… Il ne s'agit pas alors de fournir une réponse, mais bien d'entendre derrière le message émotionnel. De même, quand lors d'une évaluation plutôt négative, un refus d'une promotion, l'arrêt d'un projet, l'annonce d'un changement auquel elles résistent, des personnes disent « je ne comprends pas », ce n'est pas la plupart du temps qu'elles ne comprennent pas au sens intellectuel du terme mais qu'elles n'acceptent pas. Il faut alors savoir traduire le « je ne comprends pas » – registre intellectuel, rationnel – par « je ne peux pas l'accepter » – registre émotionnel.

Une personne très en colère qui se contrôle, lors d'un entretien de point de mission par exemple, peut tenir un discours convenu parce que sa colère précisément est rentrée et lâcher sur un ton sec : « je te remercie quand même », « c'est comme tu veux », « si cela t'arrange ». Ou une personne surprise et attristée peut dire : « tu aurais pu me prévenir, je ne m'attendais pas à cela… » C'est à ces mots qu'il faut être attentif et pas seulement au reste de l'échange.

Si, dans le cadre d'un entretien de rupture professionnelle, la personne dit « OK, je comprends, mais quand même, après 20 ans » ; c'est le « quand même » qu'il faut entendre et sur lequel il faut permettre à l'autre de s'exprimer.

Si une personne dit à son médecin qui vient de la tirer d'un mauvais pas : « je suis heureuse, Docteur », il vaut mieux lui répondre chaleureusement « merci » ou « moi également », sous-entendu « j'accueille votre remerciement, j'en suis touché et j'ai parfaitement conscience de la peur que vous avez eue », plutôt que « il n'y a pas de quoi » ou « c'est bien normal »…

En y prêtant attention, il est fou de voir à quel point nous n'entendons pas l'émotion derrière les mots employés et surtout le ton sur lequel ils le sont !

Cela ne va pas se passer comme ça !

Hervé annonce à Valérie que sa candidature interne pour le poste de responsable achat n'est pas retenue. Elle devient toute pâle :

– Mais comment est-ce possible ? On m'avait dit que je correspondais exactement au profil recherché, c'est Didier Borteau qui m'a dit de postuler, que j'avais toutes les chances...

– Je viens de vous expliquer qu'il faut une expérience de ce matériel et être totalement bilingue.

– Je ne suis pas d'accord ! Non mais, vous vous rendez compte, cela fait plus de trois mois que j'attends ce poste...

– Votre dossier est arrivé ici il y a à peine quinze jours.

– Borteau m'a dit que j'avais toutes les chances.

– C'est possible, mais d'après nous, vous n'avez pas toutes les compétences pour tenir ce poste.

– Non mais vraiment, on ne peut pas traiter les gens comme ça !

Manifestement, Valérie est en colère et elle a aussi probablement peur d'avoir du mal à trouver un poste adapté à son profil. Si Hervé reste sur un plan rationnel, la tension ne peut que monter. L'attitude empathique aurait été de dire à Valérie qu'il comprenait sa déception et peut-être son inquiétude et lui suggérer une ou deux démarches réalistes pour avancer dans sa recherche.

Les comportements

Les comportements traduisent eux aussi les émotions. La colère, par exemple, se repère facilement à travers un comportement type qui est l'agressivité. Les émotions, les états émotionnels sont si puissants que même si l'individu les contrôle, les censure, ils se manifestent à la fois à travers une tendance ou non à l'action et des réactions psychologiques, liées elles-mêmes à des besoins de défoulement, de compensation et d'« absorption » de l'émotion : ces trois processus visant d'ailleurs à libérer, de manière détournée, l'excès de tension.

Les tendances à l'action

Si l'on tient compte que la fonction originelle de l'émotion est d'informer le cerveau afin qu'il déclenche l'action adaptée, il est relativement logique que tout processus émotionnel se traduise par une modification des tendances à l'action. On peut donc, à travers des actions positives ou négatives, leur présence ou leur absence, leur degré d'intensité, repérer certaines émotions : la colère provoque des actions intempestives ; la peur, l'évitement, la fuite ; la tristesse, l'abattement, l'apathie, etc.

En fonction de l'individu, de ses modes de réponse habituels, du contexte, les dispositions peuvent varier mais il existe une tendance globale qui, elle, reste constante permettant de repérer l'émotion ou l'état émotionnel d'un individu. Ainsi, les émotions négatives déclenchent-elles pour la plupart des dispositions négatives à l'action et, en l'occurrence, en fonction de la nature de l'émotion et de l'individu : l'apathie, le désintérêt, la confusion, l'interruption de l'action, l'inhibition... À l'inverse, les émotions positives déclenchent des tendances positives à l'action : énergie, intérêt, reprise d'une activité, clarté, désinhibition, etc.

Une personne en retrait

Norbert a commencé à moins s'exprimer en réunion, à moins communiquer sur ses dossiers, à être moins enthousiaste... Personne ne le remarquait, pourtant c'étaient les signes d'une peur qui commençait à le miner. À cinquante-six ans, après un changement de direction, avec de nouvelles méthodes de travail, Norbert avait l'impression d'être d'une autre école, en décalage. Même si, techniquement, il n'avait pas de souci à se faire, il avait le sentiment de ne plus avoir sa place et commençait à s'inquiéter, à se sentir exclu. C'est sa responsable ressources humaines qui, après avoir noté ce changement de comportement et compris ce qui était sans doute en train de se passer, a abordé le sujet avec lui.

Les signes de défoulement

Le défoulement vise essentiellement à se décharger du trop-plein d'une charge émotionnelle. Si le sujet ne réussit pas à reconnaître, à exprimer, à verbaliser une émotion et ce, dans le timing adéquat, il se produit inévitablement en lui, pour se libérer, s'« alléger » un besoin de défoulement. Ce besoin est presque vital : on sait combien les émotions rentrées sont néfastes pour la santé tant physique que psychique de l'individu et tout le monde connaît l'image de la cocotte-minute et de sa soupape de sécurité.

Concernant les émotions négatives, ce sont souvent la négativité, l'agressivité et la critique qui servent de défouloir. Si l'on prend l'exemple de la colère, le besoin de défoulement s'exprime notamment à travers l'agressivité, la négativité, l'agitation... Ces comportements permettent de « sortir » une partie de son émotion auprès de la personne concernée et d'exprimer ainsi malgré tout, à qui sait le décoder, une partie de la colère rentrée, refoulée.

Le processus est le même pour une émotion positive : j'éprouve une joie intense que pour différentes raisons je ne peux exprimer entièrement, le défoulement prend la forme d'une excitation ou d'une fébrilité. A priori le « défoulement » d'une émotion positive est naturellement moins gênant, moins stressant pour l'entourage et souvent mieux vécu.

Les réactions de défoulement sont celles que l'on repère le mieux et le plus vite dans la mesure où elles se manifestent en général les premières et où l'on en est souvent sinon la cible, du moins le témoin.

Les réactions d'absorption (ou d'amortissement)

La réaction d'amortissement ou d'absorption vise à réduire au moins temporairement le choc émotionnel ou ses effets. Il s'agit au sens propre du terme d'« éponger » le trop-plein, les débordements intérieurs. La différence avec le défoulement, c'est que l'on peut soi-même en être le témoin mais l'on n'en est jamais la cible. Pour que la réaction d'absorption se produise, il faut que l'émotion soit très forte et/ou récurrente. Pour absorber la colère, s'il ne peut l'exprimer, l'individu déclenche une suractivité : se lancer dans un grand rangement, développer l'envie de se venger, disparaître temporairement (ou définitivement !).

S'il éprouve une joie extrême, l'individu peut s'étourdir et absorber sa joie avec de la musique, des paroles, de la nourriture, de l'alcool, une sortie, etc.

Agressif et méprisant

Ingénieur, centralien, Jean-Philippe n'a pas eu jusqu'à présent le parcours de carrière qu'il aurait souhaité avoir et ne comprend pas pourquoi l'on ne lui confie pas des postes de management. Ayant plutôt un profil d'expert, tous ses responsables lui ont déconseillé de devenir manager, même si aucun n'a vraiment abordé directement son manque de charisme et ses trop faibles qualités relationnelles, mais Jean-Philippe n'entend pas leurs arguments et persiste à penser que tous se trompent.

Voyant ainsi depuis plus de dix ans des ingénieurs plus jeunes et d'après lui, pour certains moins brillants, être nommés à des postes de management, Jean-Philippe est frustré et enrage. Il est devenu extrêmement agressif, critique vis-à-vis de ses patrons et de sa responsable ressources humaines qu'il a tendance à mépriser. Il cherche en toute occasion à les prendre en défaut, considérant que ses chefs ne sont en rien meilleurs que lui et juge sa DRH plutôt inefficace, puisqu'elle ne réussit pas à lui trouver le poste que d'après lui il mérite. Il évite les charges importantes, refuse de travailler sous les ordres de managers plus jeunes, ne transmet pas les informations.

Sa frustration est d'autant plus grande que la seule voie dans son entreprise, pour connaître de fortes progressions de carrière, reste le management et que, sortant d'une grande école, il ne peut que se projeter dans les postes les plus valorisés.

Les attitudes de compensation

La compensation, quant à elle, vise à tenter de rétablir un équilibre rompu par rapport à ce qui est subi. Pour qu'il y ait compensation, il faut, comme pour la réaction d'absorption, que l'émotion soit très forte et/ou récurrente et qu'elle atteigne l'intégrité, l'équilibre de l'individu. Par la compensation, l'individu se donne lors d'une frustration par exemple, l'illusion de réparer en partie le préjudice subi ; aussi sa réaction est-elle à la mesure de ce dernier. Si l'individu est en colère il peut, pour compenser, chercher par exemple à humilier l'autre, à le mettre en colère, à le culpabiliser à lui donner des leçons, à le faire « payer » en le « punissant » de différentes manières.

Prenons maintenant un exemple de compensation à partir d'une l'émotion positive : l'individu qui ne peut entièrement exprimer sa joie peut compenser en s'offrant ou en offrant à quelqu'un un cadeau.

Les réactions de compensation peuvent concerner les autres ou ne concerner que soi ; évidemment, les secondes sont plus difficiles à repérer. Elles peuvent, en outre, être immédiates jouant un peu comme une autodéfense instinctive, ou plus tardives.

Même si ces différentes réactions dans leur mécanisme psychologique ne sont pas de même nature, la frontière n'est, bien entendu, pas étanche entre les trois. Là encore, l'important est moins de diagnostiquer précisément s'il s'agit de l'une ou de l'autre que d'être attentif à toutes ces réactions et de savoir y repérer le signe d'une émotion plus ou moins forte.

Récapitulons - les signes d'une émotion

- Le langage non verbal et paraverbal.
- Le langage verbal et les registres de discours.
- Les tendances à l'action.
- Les réactions de défoulement.
- Les réactions de compensation.
- Les réactions d'absorption.
- Les inerties, blocages, résistances.
- Les contre-émotions.

Les principaux comportements types

Il est difficile et presque dangereux pour l'empathie – au risque en effet de ne plus rien « ressentir » et tel un « expert », de ne chercher uniquement à travers un ensemble de signes à diagnostiquer à quelle émotion l'on a affaire –, de dresser des listes de réactions, d'attitudes et d'expressions types. On peut pourtant, pour les différentes émotions, repérer des comportements types, en tenant compte du fait que, premièrement, ils dépendent malgré tout de l'individu lui-même, deuxièmement, ils confinent parfois à deux extrêmes – en psychologie, les extrêmes sont souvent, en effet, les deux faces d'une même médaille – et, troisièmement, une émotion est rarement « pure » mais souvent mixée : la colère et la tristesse, la tristesse et la peur, etc.

Ainsi trouvons-nous pour la colère : l'agressivité, la violence mais, dans certains cas, une docilité apparente ; pour la tristesse : le retrait, l'apathie et, plus rarement, le besoin de s'étourdir, de chercher à oublier ; pour la peur : la fuite mais, dans certains cas, l'affrontement brutal ; pour la honte : la dévalorisation de soi ou de quelqu'un d'autre, etc.

Afin de se sensibiliser, s'entraîner et s'imprégner des différents signes à capter pour repérer une émotion, voici pour les émotions de base les principales indications.

La colère et ses dérivés

Le sujet est agressif, violent parfois envers lui-même et/ou envers les autres et pas obligatoirement, d'ailleurs, vis-à-vis de la personne éventuellement à l'origine de sa colère. Il est souvent tendu, agité, désordonné dans ses gestes ou ses propos. Il est négatif, critique, acerbe, aigre aussi bien face à une situation, une proposition que vis-à-vis des tiers. Pour se défouler, il a souvent des envies le plus souvent ponctuelles de vengeance ; pour compenser, il pourra humilier l'autre, lui réserver le même sort que celui qu'il a subi, le culpabiliser. Souvent pour amortir – et/ou pour se défouler, cela dépend des circonstances et de l'intensité de la colère – le sujet a souvent tendance à une suractivité, se jeter par exemple à corps perdu dans quelque chose, mais il peut aussi ne plus réussir à entreprendre sur l'instant quoi que ce soit. La colère, par son caractère irruptif, n'est pas simple à amortir, surtout si elle est très profonde, très intense ; le sujet peut choisir de disparaître plus ou moins longtemps, de ne plus se trouver en présence de la personne ou au contact de la situation à l'origine de son émotion, de quitter, de rompre brutalement, temporairement ou définitivement.

La tristesse et ses dérivés

La tristesse s'exprime souvent à travers les pleurs – expression non verbalisée de l'émotion –, un visage défait, un effacement, des discours moins denses, une certaine négativité mais, à la différence de la colère, sans critique, avec – pour se défouler – selon les tempéraments, un certain désenchantement, cynisme, humour même dans les propos. Quand il est triste, l'individu a tendance à perdre le moral, à être pessimiste, plutôt apathique, sans énergie, sans motivation. Pour compenser, il peut refuser – ou au contraire accepter – systématiquement toute proposition, rencontre, ouverture, opportunité. C'est le cas lors d'importantes déceptions sentimentales ou professionnelles. Pour amortir, le sujet a tendance à s'isoler, à se replier sur lui le temps d'évacuer ou, à l'inverse, à chercher pour oublier à s'étourdir dans le travail, des sorties, des achats...

La peur et ses dérivés

Je ne fais pas ici allusion à la peur *stricto sensu* face à un danger concret, réel, où sa vie est en jeu mais aux peurs multiples éprouvées face à des dangers la plupart du temps plus « imaginaires » que réels. Comme pour d'autres émotions négatives, la critique, la négativité servent de défoulement à la peur. S'il a peur du changement, de telle personne ou de telle situation, l'individu a tendance à dénigrer, à ne voir que les côtés négatifs ou inutiles, à ne pas du tout s'intéresser au sujet ou à la personne.

La peur et ses dérivés déclenchent la plupart du temps un frein, une inhibition totale ou partielle à l'action, des refus, une tendance outrancière à réfléchir, tergiverser, rationaliser et la plupart du temps une fuite, un évitement. Toutefois, la peur peut paradoxalement déclencher une action, une décision, même s'il s'agit souvent d'une fuite en avant. Par peur en effet de se confronter à telle ou telle situation, l'individu peut précipiter les événements et, pour ne pas être trop longtemps dans un état d'inconfort, par crainte de ne jamais faire le pas, se lancer ou « fuir » véritablement vers d'autres buts. On constate parfois ce phénomène, même sur des pans de vie assez globaux : des personnes surinvestissent leur vie professionnelle, par exemple, parce que la vie affective leur fait « peur », d'autres par peur ne prennent pas la décision de changer de job, mais vont refaire entièrement leur appartement... ce qui peut être aussi une façon d'amortir et/ou de compenser.

Ensuite, pour compenser précisément, l'individu se donne toutes les bonnes raisons de « ne pas faire », de « faire » ou « d'avoir fait ». Cela est fréquent dans des orientations professionnelles, des refus de proposition, des désirs de changements exprimés quand il existe en réalité une appréhension ; l'individu surargumente alors sur l'impossibilité de l'autre choix ou sur les raisons qu'il a (eues) pour faire le sien.

Quand il a peur, l'individu est donc soit bloqué, soit il s'investit ailleurs, soit il fuit en avant. Un intense besoin de détente, un excès de jovialité, de familiarité sont également, *a posteriori*, des signes de peur ; le sujet en effet se « défoule » une fois la peur passée.

La honte

Pour les émotions secondaires, le processus est le même mais souvent plus complexe, car plusieurs émotions, ressentis interfèrent.

Prenons la honte comme exemple. La honte est plutôt une émotion sociale dans la mesure où nous éprouvons de la honte quand nous pensons être « vus » par les autres dans un aspect de nous-mêmes que nous jugeons négatif. La personne qui éprouve de la honte, peut notamment pour absorber celle-ci, être agressive, accusatrice, négative, critique auprès de tierces personnes à l'égard de celle liée à la situation et/ou vis-à-vis d'elle-même, mais elle a tendance aussi fortement à s'excuser... Suivant un processus complexe, elle peut également, entre autres pour compenser, tenter d'humilier l'autre, de lui faire honte, de se survaloriser ou bien, si elle a une estime de soi suffisante, de mettre en avant d'autres de ses points forts. Pour absorber, la personne « honteuse » peut pendant le temps nécessaire se replier sur elle-même et fuir les autres ; elle peut aussi – mais nous approchons là de la culpabilité – donner des tas d'explications et de justifications sur sa conduite. L'ensemble de ces comportements peut parfaitement coexister. Si sa honte est légitime, en d'autres termes s'il a de quoi ne pas être « fier » de lui, l'individu peut aussi culpabiliser... Si sa honte est récurrente, l'individu peut soit ne pas compenser du tout, ce qui est risqué et devient destructeur pour lui, soit tenter de le faire à travers une autre activité, dans un autre domaine.

La culpabilité

Une personne qui se sent coupable, qu'elle ait honte ou pas, a tendance elle aussi à se replier sur elle, à s'excuser, se justifier en permanence, mais peut, tout comme avec la honte, critiquer, être négative, accuser les autres pour compenser.

Les « blocages », les résistances, les inerties

Les blocages, les inerties individuels ou collectifs sont la plupart du temps l'expression d'une émotion refoulée, non évacuée, notamment quand les facteurs à l'origine de l'émotion sont récurrents ou que le choc émotionnel a été très fort ; une personne est déçue sur la durée de ne pas être reconnue dans son entreprise : elle va se démotiver, se bloquer, créer un mauvais climat, partir.

La colère, la peur et leurs dérivés provoquent ainsi des blocages et sont à l'origine de nombreuses inerties, tensions, conflits, résistances, qu'il faut savoir interpréter comme des signes.

Il n'existe pas là de lien systématique avec telle ou telle émotion ; toutefois, nous pouvons dire que la colère a tendance à générer des blocages, à aboutir à des impasses, des refus, des départs, des ruptures, un désinvestissement, de l'absentéisme parfois ; la peur génère des résistances, des refus, des faux problèmes, des retours en arrière, des non-passages à l'acte ; la tristesse et ses dérivés – amertume, rancune, ennui – produit, elle, la plupart du temps apathie et absentéisme dans tous les sens du terme.

Demande de réparation

Serge vient d'être retiré d'une affaire dont on lui avait demandé de prendre la responsabilité un an plus tôt. La raison en est probablement essentiellement politique mais comme personne ne peut ou ne veut lui dire la vérité, Serge se remet sérieusement en question et commence à se miner. Il a tenté d'avoir des explications plus franches, mais sans succès. Sa révolte et son écœurement sont à leur comble. Il ressent une colère froide : celle d'avoir accepté la responsabilité de cette affaire pour faire plaisir à l'époque à l'un de ses patrons, celle d'avoir été dupé sur la nature du poste et sur son pouvoir décisionnel, celle enfin d'avoir été « sorti » sans aucune explication. Très reconnu dans son milieu professionnel, différents postes, tant à l'intérieur qu'à l'extérieur de son groupe, lui sont proposés, mais il est complètement bloqué et refuse tout. Il dit ne plus avoir confiance dans sa société mais refuse d'explorer les autres voies qui s'ouvrent à lui.

Homme de valeur, fiable, fidèle, Serge est réellement blessé et déçu. Il éprouve une forte rancune pour son entreprise qui, d'après lui, l'a trahi mais il ne peut imaginer la quitter, en dehors du fait de lui être encore attaché, tant qu'il n'a pas obtenu réparation.

Comportements types des différentes émotions	
Colère et dérivés	– Tendance à l'action : actions intempestives – Défoulement : agressivité, négativité – Absorption : suractivité, disparition – Compensation : humiliation, culpabilisation, punition d'autrui – Comportement type : agressivité, violence – Comportement type opposé : impassibilité, indifférence, docilité apparente – Blocage, résistances : impasse, refus, départ, rupture, désinvestissement, « disparition »
Tristesse et dérivés	– Tendance à l'action : apathie, désintérêt – Défoulement : pleurs, négativité, humour – Absorption : repli sur soi – Compensation : refus ou acceptation systématique – Comportement type : retrait, apathie – Comportement type opposé : s'étourdir, chercher à oublier – Blocage, résistances : démotivation, absentéisme
Peur et dérivés	– Tendance à l'action : inhibition – Défoulement : besoin de détente, familiarité – Absorption : repli sur soi – Compensation : rationalisation – Comportement type : fuite, évitement – Comportement type opposé : fuite en avant, affrontement brutal – Blocage, résistances : déviation sur faux problème, refus, fermeture
Honte (et culpabilité)	– Tendance à l'action : retrait, évitement, inhibition – Défoulement : agressivité, critique, négativité envers soi-même et/ou à l'égard d'autrui – Absorption : excuses, justification, repli sur soi – Compensation : rationalisation, intellectualisation, survalorisation – Comportement type : dévalorisation, régression – Comportement type opposé : dévalorisation, accusation des autres – Blocage, résistances : refus, « disparition »

Et... les contre-émotions

Il est incontournable de se rappeler que toute émotion doit pouvoir être libérée, exprimée. Quand elle ne peut l'être, surtout si elle est intense et/ou récurrente, elle finit par créer une « contre-émotion », qui est toujours le symptôme d'une émotion non gérée. Les contre-émotions *« désignent différents malaises résultant du fait que nous avons repoussé une émotion ou empêché son expression*[80]. » Les contre-émotions sont des signes majeurs en général visibles « à l'œil nu » par quelqu'un d'extérieur et doivent mettre immédiatement en alerte sur le fait qu'il existe derrière une ou des émotions non conscientes et/ou non exprimées.

Parmi les contre-émotions les plus courantes, citons le stress, la tension, l'agitation, la fébrilité, l'anxiété, la gêne, le malaise – parfois physique –, les maladies :

- *Le stress* est l'expression d'une impossibilité due à des pressions internes ou externes d'exprimer ses émotions.
- La tension intervient quand le sujet refuse, évite de sentir une émotion.
- L'agitation : l'émotion a émergé, est consciente mais est tenue à l'écart.
- La fébrilité apparaît quand le sujet cherche à contenir une émotion qui cherche à émerger.
- L'anxiété : il existe un objet plus ou moins identifié d'une peur.
- La gêne : le sujet se refuse à vivre pleinement son émotion.
- Le malaise : le sujet cache quelque chose à son interlocuteur.
- Les maladies physiques sont la plupart du temps l'expression à court ou long terme de vécus émotionnels non conscients et/ou non verbalisés.

Il existe en réalité énormément de signes relativement aisés à capter, pour peu que l'on y soit attentif, et qui peuvent surtout, en les croisant, mettre clairement sur la voie d'une émotion, d'un état émotionnel particulier. Il reste alors à créer le dialogue et à favoriser l'expression de l'autre pour en savoir plus et pour comprendre véritablement ce qu'il ressent et pourquoi.

MÉMO

Quand cela est possible, déconnectez-vous du reste et entraînez-vous à n'être à l'écoute que de vos émotions et de vos ressentis.

Quand vous avez une émotion, observez et analysez votre comportement : défoulement, compensation.

Questionnez vos proches sur la manière dont ils réagissent quand ils ont telle ou telle émotion.

Demandez-leur à quoi ils sont sensibles pour repérer les émotions des autres.

Quand cela est possible, entraînez-vous à n'être à l'écoute chez l'autre que de ses émotions.

Entraînez-vous à relever dans son expression verbale les mots à charge émotionnelle.

Entraînez-vous à décoder les réactions de quelqu'un quand il a (eu) une émotion.

Entraînez-vous à repérer l'état émotionnel de l'autre à travers l'ensemble de ses comportements.

Ayez le réflexe de faire le lien entre émotion et contre-émotion.

Ayez le réflexe quand il y a une tension, un blocage, une situation anormale, excessive, de penser « émotion ».

SE POSER LES BONNES QUESTIONS

Suis-je disponible ?

Suis-je attentif à l'expression des émotions d'autrui ?

Suis-je attentif aux mimiques, aux gestuelles de l'autre ?

Est-ce que je cherche à capter son état émotionnel derrière ce qu'il dit ?

Est-ce que je donne aux mots qu'il prononce un sens émotionnel ?

Si oui, est-ce que j'accorde de l'importance à son émotion ?

Est-ce que je suis suffisamment attentif à ses comportements ?

Est-ce que je suis attentif à ses éventuels changements de comportements ?

Est-ce que j'ai le réflexe d'interpréter tout excès de sa part comme le signe d'une émotion ?

Est-ce que j'ai le réflexe d'interpréter tout blocage de sa part comme le signe d'une émotion ?

9

L'origine psychologique
des émotions

Nos émotions « nous aident à répondre à nos besoins d'être vivant[81] ».

Comprendre l'origine, la raison d'une émotion, d'une réaction est nécessaire pour mesurer ce que vit l'autre et pour adapter éventuellement son attitude, modifier les éléments d'une situation, savoir comment présenter un état de fait, compenser un manque, rassurer, bref, être dans l'« empathie ». Dans la mesure où la satisfaction ou non des besoins de l'être vivant est à l'origine des émotions, et où les facteurs personnels – motivations, désirs, valeurs – pondèrent inévitablement ces besoins, l'origine d'une émotion est souvent très complexe. Nous allons essayer d'en tracer les grandes lignes et de nous limiter, pour faire le plus étroitement possible le lien avec l'empathie, à éclairer l'origine des émotions et des types d'émotions le plus couramment en « action » au quotidien, à défaut d'être toujours repérées.

Le mécanisme de base

Si les émotions, toutes uniques, se déclinent presque à l'infini, il préexiste néanmoins un mécanisme de base commun à toutes.

Des besoins plus ou moins satisfaits

> « Ce qui nous touche correspond à un besoin[82]. »

Toutes les approches visant à expliquer le processus émotionnel s'accordent à voir dans les émotions le signe de la frustration ou de la satisfaction d'un besoin. C'est parce que l'être humain a une multitude de besoins à combler qu'il doit sans arrêt s'adapter, tant physiquement que psychologiquement, à un environnement plus ou moins favorable ou hostile qu'il ne maîtrise pas et qu'il est assailli par ses émotions. Indubitablement, les émotions nous informent du degré de satisfaction de l'état de nos différents besoins, qu'ils soient objectivement réellement comblés ou non, ou bien projetés, imaginés dans l'avenir comme tels. Pour déclencher une émotion, peu importe en effet que la satisfaction ou l'insatisfaction se produise dans l'instant présent, soit déjà advenue ou projetée dans l'avenir. Parallèlement au fait de voir concrètement ou non son objectif atteint ou son désir réalisé *via* des événements, des situations, des mots, des obstacles, sa propre attitude parfois, les émotions peuvent survenir en effet par la seule pensée ou leur seule anticipation. Je peux être joyeux parce que mon besoin est objectivement comblé, même si quelqu'un d'autre dans les mêmes circonstances resterait indifférent, ou parce que je projette que mon besoin sera comblé. « *Certaines [émotions] ont pour objet une situation ou état de fait dont la réalisation est considérée comme possible ou probable, d'autres se rapportent à des situations ou états de faits réalisés ; c'est ce qui fait par exemple la différence entre la joie et l'espérance*[83]. »

Selon le type de besoin concerné, d'une part, et son degré de frustration ou de satisfaction, d'autre part, les émotions vont de petites réactions « épidermiques » qui se remarquent à peine et qui, à moins d'être répétitives, ne posent aucun problème dans le quotidien – je m'agace quand j'ai chaud dans le métro, quand je n'arrive pas à joindre quelqu'un au téléphone, quand je suis dans les embouteillages et déjà très en retard à mon rendez-vous – à des émotions beaucoup plus fortes. Plus le besoin est profondément frustré, plus l'émotion est violente et, si elle est contrôlée, plus elle couve parfois prête à « exploser ».

Au-delà de ce mécanisme de base de satisfaction ou non des besoins, regardons plus précisément à présent ce qui déclenche les émotions, voire chez tel individu plutôt que chez l'autre, les amplifie.

Le potentiel motivationnel

La réaction émotionnelle d'un individu est liée, bien sûr, à la situation objective mais également à son intention et à ses motivations. *« Une situation donnée ne provoque de réponse émotionnelle que pour autant qu'elle a quelque pertinence relativement à ce que l'on pourrait appeler "le potentiel motivationnel du sujet". Autrement dit, pour qu'une situation déclenche une émotion il ne suffit pas qu'elle soit représentée par un sujet, il faut encore qu'elle soit évaluée par celui-ci au regard de son potentiel motivationnel. Par potentiel motivationnel, on entend ici l'ensemble des dispositions qui conduisent un sujet à rechercher certaines satisfactions et ainsi à aspirer à la réalisation de certaines situations et, au contraire, à éviter certaines situations jugées déplaisantes. Cette notion apparaît sous plusieurs noms dans diverses théories des émotions : besoins, plans et buts, motifs ou encore* concerns[84]. »

Ainsi, pour comprendre l'origine des émotions et ce que l'autre ressent, est-il nécessaire de préciser à la fois la nature des besoins de base et leurs déclinaisons les plus courantes, et de nous pencher sur la manière dont les individus cherchent à combler ces besoins.

Un dernier paramètre en jeu : le passé individuel

L'histoire personnelle, les fragilités et la structure psychologique de chacun rendent l'individu plus ou moins sensible, réactif à telle ou telle frustration, déclenchant et amplifiant ainsi certaines émotions. On ne peut donc comprendre l'origine psychologique des émotions que si l'on prend en compte à la fois la nature du besoin plus ou moins satisfait, les motivations mais aussi les fragilités et les peurs du sujet. Si le mécanisme émotionnel dans son processus est très simple, c'est la combinaison de ces différents paramètres qui rend la compréhension des émotions et de leur alchimie si délicate.

Besoins « primaires », « vitaux » et émotions

C'est en partant des besoins primaires, vitaux pour la survie psychique et physique d'un être humain et qui sont universaux, que l'on peut à la fois comprendre d'où viennent les émotions mais également les « ressentir ». En effet, on « ressent » d'autant mieux le besoin de sécurité ou de bien-être de l'autre que l'on a le même et c'est pourquoi, au-delà des différences, il est possible, si son besoin n'est pas comblé, de « comprendre » sa colère ou sa peur. Que l'on soit clair : sans ces besoins communs, nous ne ferions sinon que repérer, être informés que l'autre éprouve un sentiment ou une émotion d'un certain type. C'est parce que l'on peut ressentir en soi, de l'intérieur, à peu de chose près un même besoin, qu'il est en partie possible d'être dans l'empathie et de mieux saisir, « voir » ce qui se passe « à l'intérieur » de l'autre.

De toute évidence, les émotions « primaires » correspondent – nous l'avons évoqué – au degré plus ou moins important de satisfaction des besoins eux aussi « primaires » ; se maintenir en vie, être en sécurité, assouvir ses besoins sexuels et affectifs. Les besoins « secondaires », dérivés des besoins primaires, correspondant, eux, aux émotions « secondaires » : besoin de reconnaissance, d'intégration, de bien-être, d'expression et de réalisation personnelle, etc.

Ce sont de fait les besoins primaires, « vitaux », liés à la nature « animale » de l'homme – survie, sécurité, bien-être, sexualité, affection – qui sous-tendent les émotions primaires : peur, colère, joie, tristesse, dégoût, surprise. Ces besoins correspondent en partie aux besoins de base répertoriés par Maslow, à savoir les besoins physiologiques de sécurité, d'amour et d'appartenance. À ces besoins nous pouvons ajouter le besoin de « puissance », considérant qu'il s'agit d'un besoin « vital », au moins du point de vue psychologique.

D'autres besoins, comme l'estime de soi et la réalisation de soi, sont également fondamentaux mais peut-être moins « vitaux », au sens propre du terme : l'on peut en effet plus facilement s'en passer pour « vivre » que de nourriture, par exemple, et beaucoup de personnes vivent sans que ces besoins ne soient profondément comblés. Le but ici n'est bien sûr pas de débattre sur le fait de savoir ce qui est ou non un besoin « vital », d'autant que le point de vue sera différent selon que l'on prend en compte ou non la seule dimension physiologique, mais de visiter et surtout, une fois encore, de ressentir, de laisser résonner ce qu'évoquent en soi, pour soi ces besoins, de les avoir présents à l'esprit.

Le besoin de sécurité

Un besoin de base

Le besoin de base de l'être vivant est le besoin de sécurité, c'est-à-dire cette assurance de savoir que sa vie, sa survie et son intégrité physique ou psychique ne sont pas menacées.

Ce besoin est assouvi quand l'enfant, notamment, se sent protégé. Un enfant agressé physiquement ou verbalement mais également mal nourri, maltraité, non respecté, ne se sent pas en sécurité : il développera probablement à la fois une forme de peur, de colère et de tristesse. Il pourra avoir peur qu'il lui arrive quelque chose, être en colère contre sa mère qui ne lui prodigue pas les soins nécessaires ou triste de ne pas être l'objet de davantage de soins, mais il aura également peur précisément parce qu'il ne se sent pas en sécurité. L'adulte, plus tard, ne se sent pas en sécurité dès qu'il a l'impression de ne pas pouvoir contrôler son existence, qu'il s'agisse de son existence matérielle ou affective. Il peut ainsi avoir peur de ce qui va lui arriver, être en colère d'avoir à vivre telle situation, être triste de ne pas avoir un sort plus confortable.

De fait, si le sentiment d'insécurité génère *a priori* la peur – émotion primaire, « animale » qui lui correspond et ses dérivés –, des mécanismes plus complexes peuvent déclencher de la colère contre la personne qui est responsable de son insécurité. L'individu peut également éprouver de la colère s'il considère, selon ses valeurs, la situation injuste, inacceptable ou bien encore s'il a besoin de contrôler la situation ; en étant en effet d'une certaine façon « actif » quand il est en colère, il peut avoir ainsi l'impression de ne pas subir entièrement les faits.

Le sentiment d'insécurité peut, comme chez l'enfant, provoquer la tristesse de ne pas avoir davantage de refuge, de soutien ou, si l'individu pense par exemple mériter un autre sort, le « droit » en tant qu'être humain à cette sécurité, etc.

La frustration du besoin de sécurité génère, bien entendu, toutes les émotions dérivées de la peur, de la colère et éventuellement de la tristesse – mécontentement, rage, révolte, rancune, indignation, appréhension, anxiété, panique, morosité... –, surtout une fois adulte, dans la mesure où d'autres sécurités sont mises en place et où c'est rarement la sécurité au sens vital et plein du terme qui est (re)mise en cause.

En revanche, si le besoin de sécurité est comblé, l'individu – tant l'enfant que l'adulte – éprouve de l'apaisement, du désir, de la joie : apaisement d'être en sécurité et éventuellement de se sentir soutenu ; désir d'avancer puisqu'il est en sécurité, notamment s'il sait où il va et s'il se sent soutenu ; joie d'être à la fois en sécurité, soutenu et d'avancer ! Bien sûr, le sentiment de sécurité génère la confiance et des sentiments positifs à l'égard de l'autre : on sait dans une relation affective combien l'on est confiant, affectueux et audacieux si l'on se sent sécurisé.

Besoin de sécurité, vie quotidienne et émotions

Le sentiment d'insécurité n'intervient pas seulement quand le sujet perd une sécurité réelle. Dès qu'il voit son besoin de sécurité frustré par une situation peu claire, des non-dits, une incertitude quant à son avenir, la perspective d'un changement non désiré, le caractère imprévisible des événements, le comportement instable de son partenaire ou de son patron, quand il ne sait pas ce que l'on pense de lui, quand il a le sentiment qu'on lui cache des informations, il se sent insécurisé et éprouve tôt ou tard, plus ou moins fortement, de l'appréhension, de l'anxiété qui peut aller jusqu'à un certain affolement. On voit d'ailleurs comment dans certains contextes, la tension émotionnelle monte parfois très vite précisément parce que l'individu se sent insécurisé.

Même sur d'autres plans, quand l'individu est remis en cause dans son « équilibre » psychologique notamment, à savoir si on le pousse dans ses retranchements, si on le met en situation d'avoir à laisser tomber certaines défenses, il est, pour d'autres raisons mais de la même manière, insécurisé : il a peur et peut, en tout cas dans un premier temps, se mettre en colère.

En dehors de toutes ces « insécurités », il existe de toute évidence des situations qui frustrent objectivement ce besoin de base : perte d'emploi, de statut, rupture, maladie, situation d'échec, environnement pervers, manipulateur, toxique ; il n'y a là guère à s'étonner des effets produits en termes d'émotion ou de contre-émotion.

Besoin de sécurité et principales émotions			
Besoin frustré	**Émotions « négatives »**	**Besoin satisfait**	**Émotions « positives »**
• Non-information • Non-dit • Incertitude sur l'avenir • Rivalité • Instabilité • Situation d'échec • Changement • Rupture	• Peur : appréhension, crainte, frayeur, affolement, panique, tract • Colère : mécontentement, rage, indignation, impatience, haine, révolte... • Tristesse : amertume, nostalgie, morosité	• Information • Explication • Visibilité • Confiance • Stabilité • Réussite	• Apaisement • Plaisir • Intérêt • Contentement
Insécurité et principaux états émotionnels			
	• Tension émotionnelle • Déstabilisation • Stress • Somatisation • Fébrilité • Anxiété		

Le besoin affectif ou besoin d'amour

Vital, le besoin d'amour

« *Être et se sentir "aimé" : voilà dès la naissance, pour ne pas dire même de manière préexistante à celle-ci, le premier besoin de base du petit enfant*[85]. » Si l'expression de ce besoin évolue avec l'individu qui grandit, il n'en demeure pas moins tout au long de l'existence.

« Dans la toute petite enfance et l'enfance, "aimé" signifie non seulement être accueilli, soigné, nourri mais également être l'objet d'une attention soutenue, de paroles, de caresses. Pour se sentir aimé l'enfant a besoin également de sentir posé sur lui un regard totalement positif. Plus tard quand il grandit, l'individu a besoin d'être respecté, écouté, entendu, il a besoin de présence, de lien, de communication et d'être toujours l'objet d'affection et de tendresse[86]. »

Si ce besoin d'amour est insatisfait, l'enfant éprouve de la tristesse, de la colère et peut également éprouver de la peur, surtout dans les tout premiers mois de l'existence où sécurité et sécurité affective sont intimement liées. Il en garde d'ailleurs probablement une autre « peur », qui, elle, n'est pas une émotion à proprement parler mais qui produit beaucoup de déstabilisations émotionnelles : celle de ne pas être aimé.

Il en est de même une fois adulte. Si le besoin d'affection, d'amour, qui dans le domaine social notamment se décline à travers celui de reconnaissance, n'est pas comblé, l'individu éprouve de la tristesse, de la mélancolie ou de la colère et peut finir, si plusieurs éléments concourent à frustrer son besoin – un licenciement et un divorce, par exemple – par éprouver la « peur » pour sa survie tant matérielle qu'affective. L'individu peut également ressentir de la surprise au sens profond du terme et une certaine déstabilisation s'il s'attend à être « aimé » et qu'il ne l'est pas, ou *vice versa*.

A contrario, si le besoin d'amour et ses déclinaisons sont comblés, l'émotion correspondante est la joie, le ravissement, l'enchantement.

Besoin d'amour, vie quotidienne et émotions

Quand l'individu ne se sent ni reconnu ni respecté dans sa vie professionnelle – si on l'isole, si on lui fait des promesses que l'on ne tient pas, si l'on ne reconnaît jamais ce qu'il fait de positif, si on l'utilise, si on le manipule, si on ne le tient pas informé, si on ne le remercie jamais, si l'on diffère cinq fois un rendez-vous qui lui a été fixé –, son besoin « affectif » n'est pas comblé et, tôt ou tard, il ressentira tour à tour colère et tristesse. Il en est de même dans sa vie personnelle s'il manque d'attention, d'écoute, de reconnaissance, de tendresse et/ou d'amour tout simplement. On voit là comment des négligences, des maladresses, des intentions peu claires, un manque réel de respect ou d'amour finissent en se répétant par produire des dégradations tant chez l'individu que sur la relation avec lui.

L'inverse est également vrai. C'est quand il se sent « aimé », apprécié, quand cette affection, cette reconnaissance est prouvée, exprimée, que l'individu éprouve de la joie, qu'il a envie de faire, d'agir...

Tout comme pour le besoin de sécurité, certaines situations concrètes, objectives, frustrent de toute évidence ce besoin d'amour : les ruptures, bien sûr, les trahisons, les coups bas, les changements impliquant des séparations comme les licenciements, les conflits, les tensions...

Besoin d'amour et émotions			
Besoin frustré	**Émotions « négatives »**	**Besoin satisfait**	**Émotions « positives »**
• Inattention, • Négligence • Non-écoute • Non-respect, manipulation • Non-reconnaissance • Dévalorisation • Trahisons • Abandon • Isolement, exclusion, rejet	• Tristesse : amertume, morosité, peine, nostalgie, mélancolie • Colère : mécontentement, irritation, indignation, révolte, impatience, haine • Peur : appréhension, crainte, trac, panique	• Attention • Écoute • Respect • Reconnaissance • Valorisation • Confiance • Soutien • Intégration • Communication • Affection • Tendresse	• Joie • Enchantement • Ravissement • Motivation • Plaisir
Non-« amour » et principaux états émotionnels			
• Ressentis négatifs : sentiment d'injustice, abandon, trahison • Déstabilisation • Anxiété • Angoisse • Somatisation			

Le besoin d'appartenance

Une forme dérivée du besoin d'amour

Le besoin d'appartenance est une forme dérivée du besoin d'amour, surtout dans l'enfance. « *Le besoin d'appartenance, d'attachement est un besoin tout aussi primordial pour le développement de l'enfant que la satisfaction de ses besoins psychologiques*[87]. » Tout être vivant a besoin pour se développer de se sentir appartenir à une communauté, à une fratrie et d'y être intégré même s'il s'agit d'une communauté d'asociaux : il a besoin de se reconnaître et d'être reconnu quelque part. Le besoin d'intégration répond en partie sur un plan plus strictement social à ce besoin plus primaire et affectif d'appartenance. Si je suis intégré au-delà des divers avantages que cela peut comporter, cela signifie que j'appartiens à tel ou tel groupe et, par là même, que je lui suis attaché comme il m'est attaché. C'est pourquoi toute exclusion, tout refus de la différence est vécu comme un rejet affectif, générant bien entendu les mêmes émotions de colère, de tristesse et de peur dans la mesure où le sentiment de non-appartenance est inévitablement teinté d'insécurité.

Il est clair que si ce besoin n'est pas satisfait l'individu ressent de la tristesse, de la colère, de la peur et leurs dérivés – tristesse de se sentir exclu, colère de l'être – et, à l'inverse, de la joie. C'est pourquoi une émotion sociale, comme la honte par exemple, supposant dans les faits ou en pensée une moindre intégration ponctuelle ou à plus long terme, peut entraîner en chaîne de l'amertume, de la révolte, de la panique.

Besoin d'appartenance, vie quotidienne et émotions

Une personne mise à l'écart, qui se sent exclue, dépassée, que l'on cherche à évincer, qui est en situation d'échec, ressent tôt ou tard, ce besoin étant frustré, de l'écœurement, de la crainte ou de la peine. Elle craint plus ou moins fortement de perdre l'« amour » des autres, en tout cas une sécurité affective et parfois aussi, en fonction des circonstances, matérielle. Toutes les personnes en difficulté professionnelle, en échec ou décalées, atypiques, éprouvent plus ou moins longtemps ce sentiment. On imagine la colère et la violence des individus rejetés, exclus de leur famille et/ou de la société ! Certains événements – licenciement, refus de promotion dans une culture d'entreprise très élitiste, changement de métier imposé – entament la satisfaction de ce besoin d'appartenance, que le « rejet » soit réel ou simplement projeté par l'individu.

On sait comment une mauvaise évaluation, un refus de promotion, une moindre reconnaissance sociale peuvent être vécus plus ou moins directement comme une menace quant à ce besoin d'appartenir à la « classe » des personnes valorisées, reconnues.

Besoin d'appartenance et émotions			
Besoin frustré	**Émotions « négatives »**	**Besoin satisfait**	**Émotions « positives »**
• Changement non désiré • Inadaptation • Évaluation médiocre • Échec • « Sanction » • Rupture, licenciement • Mise à l'écart • Exclusion • Différence • Atypisme • Absence de modèle	• Peur : appréhension, tract, frayeur, panique, épouvante, etc. • Tristesse : amertume, nostalgie, peine, chagrin, morosité • Colère : rage, écœurement, indignation, haine, rancune, révolte, exaspération	• Reconnaissance • Intégration • Adaptation • Lien affectif • Lien social • Modèle	• Intérêt • Plaisir • Joie • Contentement • Enchantement
Non-appartenance et principaux états émotionnels			
• Honte • Culpabilité • Ressentis négatifs : sentiment d'injustice, abandon, trahison • Déstabilisation forte • Angoisse • Somatisation			

Le besoin de puissance

Un besoin fondamental

Le besoin de « puissance », selon qu'il est satisfait ou non, est à l'origine de très grandes satisfactions ou de frustrations psychologiques et, par voie de conséquence, d'émotions positives ou négatives plus ou moins violentes.

Chez l'enfant, le besoin de pouvoir ressentir et d'exprimer sa « puissance », c'est-à-dire sa puissance de vie tant physique que psychique, sa puissance vitale au sens profond du terme, est un besoin fondamental. *« Ce besoin relève d'une pulsion de base globale et vitale que l'enfant, tout comme plus tard l'adulte, a besoin de satisfaire entre autres pour se sentir vivant, se sentir en vie. Ce besoin est celui de l'être vivant qui cherche de différentes manières à exprimer cette vie en lui, sa vie en lui. Nous pouvons relier ce besoin en grande partie aux concepts freudiens de pulsion (poussée d'énergie) et de libido (énergie psychique), même s'il ne se réduit complètement à aucun des deux*[88]. » Si ce besoin n'est pas assouvi, il s'en dégage une frustration mais également un sentiment d'« impuissance » à l'origine de nombreuses frustrations.

C'est en partie à travers le « pouvoir » qu'il découvre posséder sur les choses, sur lui-même et éventuellement sur les autres, que petit, l'enfant exprime et ressent cette puissance, ce pouvoir de vie. Tout d'abord, il expérimente à travers son corps, les mouvements de son corps, un certain nombre d'actions possibles ainsi que le « pouvoir » qu'il peut exercer sur les objets et sur son environnement : par exemple, marcher, jouer, etc. Il y éprouve alors un plaisir dans la mesure où il y ressent à la fois son autonomie et sa *puissance de vie*. C'est cette même *puissance* qu'il ressent quand il grandit et découvre, entre autres, son corps sexué et les plaisirs qui en résultent, notamment à travers l'action qu'il peut lui-même exercer sur ce corps, et c'est toujours cette *puissance* que l'adulte plus tard, au-delà du seul plaisir sexuel, cherche à éprouver. Il est parfaitement établi depuis Freud que « l'énergie sexuelle », bien au-delà de la sexualité à proprement parler, est « pulsion de vie ». Parallèlement aux découvertes liées à son corps, l'enfant comme l'adulte satisfont ce besoin à travers les actions et les influences qu'ils peuvent avoir sur leur environnement humain et matériel, comme à travers l'expression de leur être tout entier : désirs, envies propres, potentiels, etc. En effet, c'est toujours et encore cette puissance dont l'adulte a besoin et qu'il continue d'exprimer à travers ses actes, ses talents, sa créativité, son influence, ses expériences. Il expérimente cette puissance à travers tout ce qui lui est donné à vivre et tout ce qu'il désire et décide de vivre. Si ce besoin de *puissance* ne s'exprime pas vraiment – pour l'enfant comme pour l'adulte –, il se transmutera en désir de pouvoir sur les autres, sur la matière, sur l'environnement. C'est malheureusement souvent ce qui se passe.

On imagine aisément que ce besoin insatisfait soit à l'origine de très profondes frustrations et par conséquent d'une forte colère, notamment la violence, la rage, la haine, surtout si cette *puissance* personnelle est comprimée trop longtemps, que ce soit au plan privé ou professionnel. De plus, la frustration de ce besoin de *puissance* peut indirectement entraîner, notamment chez l'enfant, celle du besoin d'amour ou de reconnaissance et, par conséquent, une forme de dépression, d'ennui, de mélancolie. En effet, l'enfant et l'adulte, dans une moindre mesure, peuvent penser que s'ils ne peuvent exprimer leur *puissance*, leur potentiel réel, c'est parce que l'on ne les *aime* pas vraiment pour ce qu'ils *sont*. Enfin, plus indirectement encore, il arrive qu'une fois adulte, la frustration du besoin de *puissance* génère celle du besoin de sécurité ; en effet, l'individu peut, s'il n'exprime pas son potentiel réel, se sentir ou être réellement fragilisé professionnellement, socialement, affectivement et par conséquent être en « insécurité ». À l'inverse, l'individu éprouve la joie, une véritable jouissance, un véritable ravissement quand son besoin de puissance peut être satisfait.

Besoin de puissance, vie quotidienne et émotions

On comprend peut-être mieux à présent pourquoi et comment enlever un projet à quelqu'un, lui refuser une promotion, ne pas tenir compte de ses idées, ne pas exploiter ses potentiels, ne pas favoriser ses initiatives, sa créativité, vouloir le dominer, même si certaines de ces situations sont parfois en partie justifiées, peuvent déclencher des vagues de colère encore une fois très violentes. Il en est de même dans la vie privée quand un individu est « écrasé », « étouffé », « castré », même si la colère ou la tristesse mettent parfois beaucoup de temps à s'exprimer. On comprend ainsi également pourquoi une rétention d'informations qui lui retire sa capacité d'action, des systèmes très hiérarchisés, les relations de pouvoir – où par définition l'un cherche à réduire la « puissance » de l'autre –, la perte de pouvoir, l'absence d'opportunités, une impossibilité de s'exprimer, l'annonce d'un licenciement ou, dans un autre domaine, d'une maladie où l'individu a alors l'impression de subir, déclenchent les émotions du même type. On s'aperçoit d'ailleurs qu'en milieu professionnel, ce besoin de puissance est souvent frustré.

Besoin de puissance et émotions			
Besoin frustré	**Émotions**	**Besoin satisfait**	**Émotions**
• Toute situation subie • Relations de pouvoir • Situation, constat d'échec • Pression • Perte de « pouvoir », de capacités • Perte/change-ment de statut • Contraintes • Non-réalisation de soi • Absence d'opportunités • Attitudes « castratrices » • Rétentions d'informations • Absence de moyens • Non-reconnais-sance de ses potentiels	• Colère : rage, fureur, haine • Peur : panique, frayeur, épou-vante • Tristesse : dépression, ennui, apathie	• Champ de « responsabilité » • Moyens d'action • Réalisation personnelle • Perspectives	• Jouissance • Plaisir • Joie • Ravissement
Besoin de puissance insatisfait et principaux états émotionnels			
• Colère et dérivés ++ • Angoisse • Dépression • Somatisation			

Entre colère et dépression

Fabienne est une femme de caractère, de conviction, de décision et, même si elle irrite parfois un peu son entourage, elle est reconnue pour la qualité de ses initiatives, la pertinence de ses interventions et la persévérance de ses efforts. Toutefois, depuis presque cinq ans déjà, elle fulmine car son patron très frileux et très politique ne lui laisse pas les coudées franches, cherche par tous les moyens à la retenir, ayant besoin d'elle, sans parallèlement la soutenir, voire en critiquant et en remettant régulièrement en cause certaines de ses vues ou manières de procéder. De plus, elle a quelque peu fait le tour de son poste et même dans un contexte plus favorable, plus porteur, elle ne s'y épanouirait sans doute plus. Elle aimerait donner un tournant un peu différent à son parcours professionnel, mais à présent elle se cherche. Ainsi Fabienne, ce qui n'est pas sa nature, se trouve-t-elle impuissante aussi bien à « faire bouger » son environnement qu'à en changer. Profondément frustrée, elle alterne entre une très forte colère et, quand elle ne voit pas comment elle va s'en sortir, une « dépression ».

Le besoin d'estime de soi

Lié à l'image

Il existe des besoins purement psychologiques, entre autres le besoin d'estime de soi, lié en partie à l'image que l'on a de soi-même et à celle que les autres nous renvoient. Selon que ce besoin est satisfait ou non, l'individu est plus ou moins stable émotionnellement. De même, selon que son propre comportement, ses réussites, ses acquis lui paraissent ou non adaptés à l'image qu'il a de lui-même et à celle qu'il veut donner, à ses valeurs, son besoin est plus ou moins comblé, l'individu éprouvant alors plus ou moins de satisfaction.

Quand le besoin d'estime de soi n'est pas satisfait, le sujet peut être en partie triste, morose, amer de ne pas être reconnu ou de ne pas réussir à être à la hauteur de ses exigences ; il risque aussi d'être irrité, impatient, exaspéré, furieux tant contre lui-même que contre les autres. Il peut également avoir peur, moins une peur physique, bien sûr, que celle du rejet (non-amour) et de l'exclusion (non-appartenance) qui peuvent elles-mêmes glisser rapidement vers la peur de perdre sa sécurité (appréhension, anxiété) ; s'il ne se sent pas à la hauteur, le sujet craint d'être rejeté, exclu et de se retrouver, à proprement parler, en état d'insécurité.

C'est également le besoin d'estime de soi plus ou moins satisfait, dans la mesure où l'individu porte alors sur lui-même un certain regard, où il s'évalue, se juge, qui est en partie à l'origine d'émotions sociales comme la honte ou la fierté.

Ce besoin peut encore, selon qu'il est comblé ou non, générer des émotions comme le mépris ou la jalousie : ne réussissant pas à s'estimer lui-même, l'individu peut en effet mépriser les autres ou, en colère contre lui-même, il peut jalouser – la jalousie étant une forme de colère détournée – ceux qui ont – ou dont il croit qu'ils ont – l'estime d'eux-mêmes.

Estime de soi, vie quotidienne et émotions

Une personne non reconnue, mal évaluée, à qui l'on ne donne pas de réponse, qui n'est pas promue sans qu'on lui explique clairement pourquoi, que l'on fait attendre, que l'on n'augmente pas, qui est en échec, qui perd du pouvoir, de l'influence, a tendance, sauf à se reconnaître, à se valoriser, à s'estimer elle-même par ailleurs, à se déprimer ou à avoir la rage.

Il se produit la même chose dans la vie personnelle, intime, si l'individu n'est pas à la hauteur de ses exigences, s'il vit une situation d'« échec » ou si, dans sa vie professionnelle ou personnelle, il est régulièrement nié, non reconnu pour ce qu'il est.

Parallèlement, l'estime de soi passe aussi par sa réalisation personnelle.

Besoin d'estime de soi et émotions			
Besoin frustré	**Émotions**	**Besoin satisfait**	**Émotions**
• Perte, manque de reconnaissance • Manque d'affirmation de soi • Faible réalisation personnelle • Refus de proposition • Inadaptation • Perte de pouvoir • « Sanction »	• Colère et tristesse, amertume, morosité, révolte, exaspération • Peur, trac, panique	• Reconnaissance • Affirmation de soi • Réalisation personnelle • Adaptation à la situation	• Joie • Plaisir • Intérêt • Contentement, fierté...
Besoin d'estime de soi insatisfait et principaux états émotionnels			
• Honte • Jalousie • Mépris • Déstabilisation fréquente • Somatisation • Anxiété			

De l'interdépendance des besoins

Sur un plan purement psychologique, les besoins sont en partie interdépendants :

● si le besoin de *puissance* est satisfait, si l'individu peut l'exprimer, c'est-à-dire s'il exprime ses potentiels, se réalise, etc. il se sent davantage en sécurité, il se sent parallèlement davantage appartenir à tel ou tel groupe, il a une meilleure estime de soi ;

● si le besoin d'affection est satisfait, l'individu se sent davantage en sécurité, son besoin d'appartenance est davantage comblé et il s'estime davantage ;

● si le besoin de sécurité est comblé, il peut *a priori* davantage satisfaire son besoin de puissance et il a, là encore, une meilleure estime de soi...

Nous comprenons ici comment un vécu émotionnel négatif ou positif – même objectivement relativement mineur –, généré selon les circonstances par un événement, un refus, un but personnel non réalisé, un sentiment de rejet, puisse aboutir, notamment quand il est négatif, à de véritables déflagrations pour l'individu et/ou pour son environnement mais aussi à des somatisations ou à des contre-émotions souvent très perturbantes pour le sujet.

De plus, si certains de ces besoins ne sont pas assouvis, le sujet « compense » et peut finir là encore par éprouver des émotions comme le mépris, la jalousie et avoir des attitudes négatives à l'égard d'autrui ; l'individu qui ne se sent pas aimé, puissant, en sécurité, est souvent plus ou moins jaloux et, d'une façon ou d'une autre, méprise les autres, la plupart du temps inconsciemment.

Besoins primaires + ou – satisfaits → Émotions/Somatisations/ Contre-émotions

---

Honte, mépris, jalousie et réactions en chaîne

Disons à présent un mot sur les émotions sociales d'autant que, pour différentes raisons, elles n'existent jamais seules et en génèrent souvent d'autres.

Elles se rapportent, à partir de normes, de valeurs intégrées et d'une construction psychologique parfois complexe, au regard, au jugement de soi sur l'autre – admiration, mépris – ou de soi sur soi-même – fierté, honte, culpabilité. L'individu est fier ou éprouve de la honte en fonction de l'image qu'il a de lui, de l'évaluation qu'il fait de sa réussite au sens large, de son comportement, etc.

Notre objet n'est pas ici d'étudier la manière dont se tissent fil-à-fil les émotions sociales ; mais il est intéressant de savoir qu'elles alimentent souvent d'autres émotions, dans la mesure où, selon qu'elles sont positives ou négatives, elles viennent elles aussi satisfaire ou non les besoins – fondamentaux et dérivés – de sécurité, d'amour, de puissance, d'appartenance et d'estime de soi.

Si l'individu est fier de lui, il satisfait *a priori* davantage ses besoins de *puissance*, de sécurité, d'intégration, de valorisation et d'estime de soi. L'inverse est vrai également s'il a honte ou s'il se sent coupable. Il est très important d'en tenir compte pour comprendre les réactions et les émotions d'autrui ; un individu en situation d'échec, par exemple, et qui a honte risque tôt ou tard de céder à l'amertume, la morosité, l'anxiété, l'apathie ou de se replier sur lui. Cela est assez fréquent.

Par ailleurs, l'individu qui a honte peut, pour compenser, se défouler ou absorber son émotion, critiquer, chercher à détruire, mépriser, jalouser les autres.

La honte et ses effets

Nicole a quelque peu raté la présentation qu'elle avait à faire à son directeur ou, plus exactement, elle n'a pas été aussi pertinente qu'elle aurait pu l'être. Elle entre dans son bureau comme une furie, s'effondre, se met à pleurer, s'insulte, imagine que tout est fichu : ce projet, ses souhaits d'évolution, la confiance que son patron a en elle… Compte tenu à la fois de son éducation très stricte et de son besoin de perfection, de la valeur qu'elle attribue au travail bien fait et d'un très fort besoin de sécurité lié à son histoire familiale, toutes ses angoisses remontent à la surface à l'occasion d'un fait aussi anodin ; Nicole est assaillie et ne contrôle plus rien. Il lui faudra des heures de conversation téléphonique et un week-end de trois jours pour réussir à se calmer et à redonner aux faits leur importance objective.

Les facteurs personnels

Si le lien entre les émotions et les besoins fondamentaux est de près ou de loin omniprésent, il convient de prendre en compte les motivations, les buts, les valeurs et les fragilités individuelles dues à l'histoire de chacun pour comprendre plus finement les émotions d'autrui. S'il existe des universaux, tout le monde n'est cependant pas triste, en colère dans les mêmes circonstances ni exactement pour les mêmes raisons. De plus, même si la nature de l'émotion reste identique, son intensité varie en fonction de facteurs très personnels.

La structure psychique

Au-delà de la tendance générale à réagir de manière plus ou moins similaire à certains événements, certaines circonstances, chaque individu y sera plus ou moins sensible selon la manière dont il s'est construit, structuré psychiquement pour combler ses besoins, et ce notamment en fonction de son environnement familial, affectif, de son passé, etc. Ce ne sont pas les mêmes attitudes qui mettent en colère : le narcissique, par exemple, est en colère s'il est traité comme tout le monde ou si on lui exprime ouvertement un désaccord, le paranoïaque, si on le critique, l'obsessionnel, si l'on dérange ses plans et le borderline s'il a l'impression d'être abandonné ou trop contrôlé[89].

Des buts, des désirs, des motivations personnels différents

Chaque individu a ses propres désirs, ses propres buts, ses propres motivations et connaît, selon qu'il les réalise ou non, les atteint ou non, des émotions, là aussi, positives ou négatives. J'ai envie de tranquillité, de réussir tel examen, d'obtenir une promotion, de réussir, d'être reconnu, d'avoir des informations, d'entrer en contact avec quelqu'un, d'avoir une bonne relation avec ma sœur, d'obtenir gain de cause, de vivre avec Laurent, de voir ma fille réussir mieux que moi, etc. ; du souhait le plus anodin, ponctuel, circonstancié, au désir plus complexe et essentiel pour lui, l'individu est frustré s'il n'aboutit pas dans ses plans, quels qu'ils soient, ce qui provoque sa colère, son agacement, son indignation, sa révolte ou, inversement, s'il aboutit son contentement.

Il est ainsi difficile de comprendre les émotions, les réactions de l'autre, si l'on ne connaît pas ou si l'on n'a pas identifié quels étaient derrière son but, sa motivation, son désir.

But, motivation, désir personnels → Besoins satisfaits ou non → Émotions

---

Motivations personnelles et besoins cachés

Dans la mesure où les « besoins » très personnels de satisfaire tel désir, d'atteindre tel but visent toujours en réalité à assouvir des besoins secondaires (ou sous-besoins), dérivés eux-mêmes la plupart du temps des besoins fondamentaux, les émotions, même liées à la réalisation ou non d'un but parfois anodin, mineur, peuvent être relativement fortes et intenses. Sans ces liens cachés, il y aurait probablement beaucoup moins d'émotions !

Quand une personne va voir un médecin parce qu'elle éprouve des symptômes bizarres qui l'inquiètent, elle veut se rassurer à la fois sur sa santé (besoin de sécurité) et sur le fait qu'elle pourra continuer à pratiquer son sport favori (besoin de puissance).

Parmi les principaux besoins secondaires, citons le besoin de reconnaissance, de valorisation, d'affection, d'échange, de respect, d'écoute (correspondant au besoin d'amour) ; le besoin d'influence, d'expression personnelle, de plaisir (correspondant au besoin de puissance) ; le besoin de sécurité matérielle, de confort, de bien-être (correspondant au besoin primaire, celui de sécurité), etc.

L'individu souhaite, par exemple, une promotion ou être « entendu » sur tel sujet et sera, selon le cas, mécontent ou agacé s'il n'y parvient pas ; mais si derrière ce souhait il cherche à combler, à quelque niveau que ce soit, son besoin de reconnaissance, voire plus loin encore d'amour, son émotion sera la colère ou la tristesse. L'individu qui veut être reconnu professionnellement pour ses compétences sera irrité s'il ne l'est pas autant qu'il le souhaite, mais si ce besoin de reconnaissance cache un besoin de puissance ou d'amour, il y a fort à parier que son irritation dégénère en révolte, en écœurement, etc.

Il est essentiel d'avoir cette chaîne en tête si l'on veut comprendre les émotions et notamment celles qui paraissent parfois disproportionnées ; ce qui ne manque pas d'advenir, en effet, quand c'est le besoin primaire brut, sans médiation que l'individu, même à son insu, cherche à combler derrière son souhait conscient, exprimé. Il faut garder en tête que c'est toujours pour satisfaire plus ou moins directement ses besoins fondamentaux que l'individu agit.

Il est évident que :

- le besoin de reconnaissance et les actions, les objectifs, les motivations qui y sont liés ont de près ou de loin un rapport avec le besoin d'amour, d'appartenance, d'estime de soi, de sécurité... C'est pourquoi l'on retrouve ce besoin dans la plupart des motivations et des actions individuelles !
- les actions et motivations liées au besoin d'expression, de réalisation personnelle et, plus « en creux », à un besoin de pouvoir, d'influence, sont liées au besoin de *puissance* et d'estime de soi ;
- les actions et motivations liées à un besoin de clarté, de certitude, de confort, de bien-être sont liées au besoin de sécurité.

Il est peut-être plus aisé à présent de voir comment et pourquoi le processus d'une émotion est complexe, toujours lié aux motivations individuelles et aux besoins, conscients ou non, qu'elles visent à combler.

Par ailleurs, un même but, une même motivation pouvant chercher à satisfaire plusieurs besoins à la fois, on comprend comment dans certains cas l'écroulement ou l'extase puissent être intégraux, absolus.

Si l'objectif d'un individu est de réussir, pour combler à la fois son besoin d'estime de soi, de reconnaissance et d'intégration qui résonnent toujours de près ou de loin sur le besoin plus fondamental d'amour et de sécurité, on comprend qu'il soit très déstabilisé si cette réussite est compromise ou, au contraire, complètement épanoui, transporté, s'il réussit.

Besoins cachés et réactions excessives

Certaines émotions peuvent apparaître – et c'est souvent le cas – disproportionnées par rapport à la situation objective, *a fortiori* si l'on poursuit soi-même un but visant à combler ses propres besoins et si, par conséquent, l'on est moins disponible et apte à « comprendre » l'autre. On aboutit ainsi parfois à des tensions, des incompréhensions dans la mesure où l'on ne saisit pas la raison de l'émotion chez l'autre ni surtout son ampleur, n'ayant pas pris en compte son intention derrière ni surtout le lien existant pour lui avec l'un de ses besoins fondamentaux. Toutefois, si l'on remonte toute la chaîne, l'on comprend mieux alors l'émotion et son intensité, même quand on ne s'y attend pas.

Le lien entre une motivation individuelle et un besoin primaire caché explique pourquoi le même refus, la même indifférence, la même contrainte provoquent chez l'un un léger agacement et chez l'autre une déflagration émotionnelle ; tout dépend de ce que sa motivation ou son but « cache » en réalité pour lui. Pour l'un, une promotion est la recherche d'une satisfaction liée à la perspective d'un confort supplémentaire et, pour l'autre, à un besoin de reconnaissance et d'intégration ; rien d'étonnant à ce que la réaction soit – *a priori* – différente. Tout dépend si la réalisation de l'objectif correspond à une envie, à un souhait visant à combler un besoin précis ponctuel et circonstancié ou un besoin plus « vital » pour lui. Tout dépend donc de l'individu, de son contexte, de ses valeurs et de son histoire personnelle, d'où l'intérêt de le faire s'exprimer sur son émotion et sur le pourquoi de celle-ci.

Besoins primaires → Buts, désirs personnels → Émotions ++

Une « fixette »

Sylvie, du service Qualité, veut absolument être promue et passer selon la grille de son entreprise dans la catégorie professionnelle supérieure. Bien qu'ayant du mal à atteindre ses objectifs, elle revient régulièrement, obstinément à la charge depuis quatre ans. Plutôt que de se concentrer pour voir comment améliorer ses résultats ou bien de réfléchir à une orientation professionnelle qui lui conviendrait peut-être mieux et dans laquelle elle pourrait être plus performante, Sylvie s'entête, accuse régulièrement l'injustice du système, la malveillance de ses supérieurs. Même si elle devine, étant intelligente, qu'elle a mieux à faire et que sa position n'est pas entièrement juste, elle ne veut rien entendre et même quand sa DRH ou son manager pense l'avoir un peu convaincue, elle revient de plus belle à la charge la fois suivante.

Élevée seule par sa mère qui a beaucoup misé sur elle et sur ses études, ayant grandi dans l'idée qu'il était essentiel de bien gagner sa vie, avec un fort besoin de réussite, d'intégration et de « normalité », Sylvie est aveuglée et ne peut accepter que sa demande soit refusée sans être complètement déstabilisée émotionnellement.

Elle boude

Valérie, très intéressée par son métier, est une très bonne professionnelle et donne à son poste beaucoup de sa personne. Toutefois, elle a un besoin important, presque vital, de se sentir indispensable. D'origine paysanne et de famille nombreuse, elle a énormément aidé ses parents depuis l'enfance sans jamais parallèlement s'être vraiment sentie aimée pour elle-même. Habituée à rendre service et carencée au plan affectif, Valérie a le besoin de se rendre indispensable, mais elle se bloque quand elle n'obtient pas les signes explicites de la reconnaissance pour ne pas dire de l'« amour » attendus et dont elle a manqué : compliments, remerciements, voire des travaux supplémentaires confiés à d'autres, même si l'objectif est de la soulager, etc. Valérie alors se bloque soudainement, boude et se met en retrait.

Les fragilités personnelles

En dehors de ses motivations personnelles et éventuellement derrière ses besoins dérivés ou fondamentaux plus ou moins satisfaits, c'est bien évidemment la manière dont un individu ressent et perçoit certains faits, dont il vit la satisfaction ou la frustration de tel ou tel besoin – et ce à quoi l'une ou l'autre le renvoie –, qui est à l'origine d'émotions parfois intenses, voire disproportionnées pour un regard extérieur. La question n'est plus ici de savoir ce qui rend triste une personne mais pourquoi cela la rend triste à ce point.

Quand dans son passé, son enfance, en raison de son histoire personnelle, familiale, l'un des besoins fondamentaux de l'individu n'a pas été comblé, il est fréquent qu'il réagisse plus violemment à la frustration dans la mesure ou il existe un contentieux, un passif ou, pour prendre un autre registre de vocabulaire, une blessure mal cicatrisée, toujours à vif. C'est pourquoi certaines réactions semblent excessives et certaines émotions très violentes par rapport aux événements censés être à leur origine.

Au-delà des différences de sensibilité et de personnalité, ce mécanisme est universel et il est intéressant de le connaître pour simplifier parfois son approche et éviter de se perdre dans des détails et/ou des tentatives d'interprétation inexploitables, notamment en situation tendue – surtout si l'on n'a pas tous les éléments de décryptage –, ou bien de trop chercher à

« diagnostiquer » de quel type ou de quel profil psychologique il relève au risque d'être alors égocentré sur son seul désir de diagnostic, le seul désir de « savoir », s'éloignant ainsi tant de l'*autre* lui-même que de sa propre capacité à *ressentir*.

Par ailleurs, avoir présent à l'esprit le rôle des fragilités personnelles sur l'intensité de certaines émotions peut permettre de penser simplement à sensibiliser l'autre sur la nécessité, par exemple, de faire un travail sur lui.

Des besoins fondamentaux plus ou moins comblés antérieurement...

Selon qu'un besoin fondamental a été plus ou moins comblé dans son enfance, l'individu a tendance à chercher précisément à le satisfaire à travers les actions qu'il mène, les buts qu'il se donne, les motivations qui l'animent, d'où sa plus forte déception, par exemple, quand son but ne se réalise pas si ce dernier était lié au désir de combler ledit besoin. Parallèlement, il ne perçoit pas non plus les événements de la même façon ; il est de fait beaucoup plus sensible à sa frustration ou à sa satisfaction d'où le déclenchement et/ou l'amplification dans les deux cas de ses émotions. Comme il y a la plupart du temps dans l'enfance de chacun des manques, des blessures, des carences, des doutes, des incertitudes, il n'est guère étonnant que presque tout soit au quotidien sujet à émotion. Ainsi est-ce souvent le souvenir de besoins non entièrement satisfaits qui est à l'origine d'émotions fortes, en général récurrentes, notamment chez les personnes hypersensibles et peu stables précisément émotionnellement. Les personnes moins carencées contrôlent souvent mieux leurs émotions, du fait que, face à un besoin ponctuellement non satisfait, il n'y a pas de résonance chez elles avec une frustration plus ancienne et plus profonde.

... une moindre résistance à la frustration

On comprend peut-être mieux à présent pourquoi des personnes n'atteignant pas leur but ou dans une situation de moindre reconnaissance sont fragilisées avec des réactions excessives, que souvent l'environnement, là encore, ne comprend pas. Prenons l'exemple d'une personne qui cherche inconsciemment à travers ses désirs, ses buts, à combler, à satisfaire un besoin de base – justement parce que ce dernier n'a pas été comblé dans son enfance, il est évident que chaque fois son émotion sera déclenchée ou décuplée dans la mesure où toute insatisfaction la renvoie à la carence d'origine, au souvenir de la non-satisfaction du besoin de base correspondant.

Nous comprenons également mieux ainsi pourquoi certains individus supportent et vivent beaucoup moins bien que d'autres la frustration de leur besoin d'amour, d'affection, de reconnaissance, d'intégration, d'expression personnelle, etc. et tombent par exemple en dépression, deviennent apathiques ou bien encore sont en proie à une colère si profonde qu'ils ne parviennent plus à la dépasser. Imaginons qu'indirectement leur besoin d'amour, de sécurité ou de puissance soit à nouveau non satisfait : la déflagration est terrible car ces personnes sont alors renvoyées à la carence, à la frustration et au manque d'origine.

Un hyperangoissé

Patrick a été gravement malade étant enfant, ce qui l'a énormément marqué psychologiquement. Se sentant très fortement en danger, il a non seulement développé une peur de la vie elle-même, ce qui l'a coupé de ses émotions les plus profondes, mais s'étant trouvé pendant de longs mois impuissant, limité, totalement à la merci des autres, il ne supporte pas, encore aujourd'hui, la moindre contrainte, le moindre obstacle à la réalisation de ses désirs, la moindre frustration. Angoissé, très irritable et toujours impatient, ses collègues ont beaucoup de mal à le comprendre.

Frustration antérieure + Besoin insatisfait → Émotion ++

... et des ressentis plus forts, plus intenses

Les ressentis d'un individu dont nous avons évoqué qu'ils peuvent seuls déclencher des émotions, ont souvent la même origine. L'individu dont la carence affective est importante ressent et vit chaque signe positif, ou négatif d'ailleurs, de reconnaissance ou de non-reconnaissance de manière très aiguë, ce qui provoque chez lui une émotion toujours plus vive que chez la moyenne des gens. C'est le cas des personnes hypersensibles, borderline. En fonction de ce qu'il a vécu, de son histoire et de ses besoins précisément satisfaits ou non, l'individu au-delà une fois encore de son « caractère », ne ressent bien évidemment pas de la même façon une gentillesse, un silence, un mensonge, un retard, etc.

Pour cette raison, les ressentis eux-mêmes ne sont pas forcément en adéquation avec la réalité, d'abord parce qu'ils sont par nature toujours subjectifs, mais surtout parce que l'individu perçoit la réalité en fonction de son antériorité, de son vécu, de ses certitudes même fausses, de ses doutes et de ses craintes.

C'est parce qu'il a connu précédemment la frustration ou non, la satisfaction ou non de son besoin d'affection, d'écoute, de confort, de plaisir que l'individu ressent et perçoit d'une manière plus ou moins négative une situation, un propos, un fait – ressentis et perceptions eux-mêmes, une fois encore, à l'origine d'une émotion.

Frustration antérieure → Ressentis négatifs + + → Émotion + +

Une anticipation toujours négative ou positive

L'individu dont l'un des besoins vitaux n'a pas été satisfait craint toujours qu'il ne le soit pas, tout comme inversement, s'il a été satisfait, il s'attend à ce qu'il le soit à nouveau. Ainsi l'individu a-t-il tendance à anticiper sa frustration ou sa satisfaction et réagit au moindre signe et/ou éprouve des émotions sans que rien de concret ne se soit parfois encore produit. C'est souvent la crainte que, comme par le passé, son besoin ne soit pas – ou jamais – comblé qui génère à l'avance chez l'individu une émotion négative, voire un état émotionnel permanent d'angoisse, de tension, d'anxiété... C'est d'ailleurs pourquoi partir de l'émotion est une voie royale pour mettre le doigt sur un blocage psychologique et/ou affectif puisqu'elle en est l'expression.

« Peurs » et émotions

Tout comme les besoins fondamentaux se déclinent en besoins dérivés, les peurs « primaires » – la peur de l'insécurité, de l'*impuissance* et celle de ne pas être aimé – correspondant précisément à la crainte que ces besoins de base ne soient pas comblés, se déclinent elles-mêmes en peurs « secondaires » – la peur de ne pas être reconnu, respecté, entendu, celle de ne pas pouvoir se réaliser, etc.[90] Or ces peurs déclenchent, elles aussi, suivant le même mécanisme d'anticipation négative, des intolérances fortes à la frustration et des ressentis aigus, à l'origine eux-mêmes d'émotions excessives et parfois surprenantes pour l'environnement.

L'individu qui a peur de ne pas être respecté, par exemple, non seulement ressent de manière aiguë les signes de non-respect mais les guette, il est donc particulièrement sujet aux émotions de colère ; celui qui a peur de décevoir, de mal faire, a honte ou se sent coupable, etc.

« Peur » personnelle → Anticipation/Intolérance à la frustration → Émotion + +

À propos des dispositions émotionnelles

Les dispositions émotionnelles, en dehors des caractéristiques propres à l'individu, relèvent en partie des mêmes mécanismes : selon que le besoin d'amour ou de *puissance*, par exemple, a été précédemment – notamment dans l'enfance – satisfait ou non, la frustration ou la satisfaction ont été à l'époque si fortes, si prégnantes, probablement aussi si récurrentes, que quels que soient les événements et les déclencheurs extérieurs plus tardifs, l'individu est disposé à la joie, à la colère, à la tristesse, etc.

L'origine psychologique des émotions

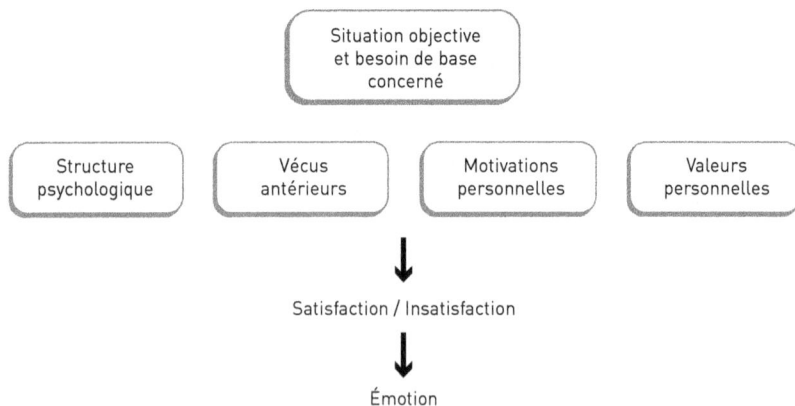

Situation objective et besoin de base concerné

Structure psychologique

Vécus antérieurs

Motivations personnelles

Valeurs personnelles

↓

Satisfaction / Insatisfaction

↓

Émotion

Comprendre de l'intérieur

Si le mécanisme émotionnel est simple et si les besoins de base à l'origine des émotions sont universaux, la multiplicité des besoins individuels, des motivations et des histoires personnelles en rend toutefois le décryptage complexe. Aussi, pour être dans l'empathie et mieux « comprendre » au sens plein du terme ce que l'autre peut ressentir, il est bon de revisiter à l'occasion et chaque fois que cela est possible ses propres désirs, besoins, carences, frustrations, peurs et les émotions qui y sont liées, tout comme ses propres sources de satisfaction et de joie.

Au-delà des gains pour soi, c'est ce qui permet, de comprendre de l'*intérieur* et donc de mieux « ressentir » les émotions de l'autre.

MÉMO

Les émotions ont pour origine la satisfaction ou non des besoins fondamentaux de l'être humain.

La plupart des souhaits, buts, motivations individuels visent de près ou de loin la satisfaction de ces besoins.

En fonction de l'intensité et/ou de la récurrence de la satisfaction/insatisfaction, l'émotion est plus ou moins vive.

Plus la motivation, le but personnels visent directement ou indirectement à combler un besoin de base et plus l'émotion de l'individu est intense et durable.

Plus il y a eu, dans le passé de l'individu, insatisfaction de l'un de ses besoins vitaux, moins il supporte la frustration et plus ses émotions sont violentes et/ou récurrentes.

Une émotion (la colère, la tristesse) peut correspondre à différents types de frustration.

Un même fait peut provoquer successivement plusieurs émotions : peur, colère, tristesse.

Une émotion peut en provoquer une autre.

Décodage d'une émotion

1. Repérez, observez, analysez ce que la personne est en train de vivre.

2. Faites objectivement le lien avec les besoins concernés.

3. Essayez de mieux connaître ses motivations, buts, valeurs…

4. Affinez le lien avec les besoins « secondaires ».

5. Faites éventuellement le lien avec les besoins « primaires ».

6. Essayez de savoir si quelque chose d'important a marqué la personne antérieurement.

7. Prenez en compte ses peurs et/ou ses acquis.

8. Repensez à vos propres émotions, besoins, frustrations dans le même type de situation ou d'autres équivalentes.

9. Essayez d'être le plus honnête possible avec vous-même.

10. Mettez-vous alors à sa place et essayez de vous représenter ce qu'elle peut ressentir et pourquoi.

4

L'empathie en « action »

Une fois ouvert à l'autre, en capacité de mieux repérer ses émotions et d'en saisir plus clairement l'origine, il reste, pour développer son empathie, à savoir favoriser leur expression et celle des ressentis, pour mieux les « comprendre » et/ou valider certaines intuitions, anticiper sur de probables émotions négatives, enfin savoir en déjouer certaines. Nous pouvons parler de l'empathie en « action ».

Comment se mettre à l'écoute des émotions de l'autre ? Quelles attitudes adopter pour en favoriser l'expression ? Comment faire s'exprimer l'autre sur ses ressentis ? Comment mieux connaître ses motivations ? Quels sont les éléments à prendre en compte pour « prévoir » une émotion ? Comment déjouer les réactions négatives ?

Savoir favoriser l'expression des émotions

> « Si vous voulez savoir ce qu'éprouvent les autres, il faut le leur demander et vérifier[91]. »

L'expression d'un individu sur ses émotions, ses réactions – notamment négatives – est sans nul doute essentielle, à la fois pour lui permettre de les nommer, de les identifier, pour soi-même de mieux les comprendre, enfin pour mieux le connaître en découvrant derrière ses émotions quels sont ses motivations, ses sensibilités, ses peurs, ses a priori, ses valeurs. Évoquer ses émotions, surtout négatives, pouvoir en parler, les « partager », permet également à la personne concernée – même si la situation objective reste parfois totalement identique – de se « défouler » et/ou de se détendre, de prendre du recul et ainsi de les évacuer plus vite. L'évocation des émotions positives, quant à elle, suscite toujours un moment de satisfaction, de joie, de bonheur partagé, véritable ciment de toute relation.

Savoir favoriser l'expression de l'autre est d'autant plus important si l'on est soi-même directement impliqué dans son émotion, sa réaction, dans la mesure où l'on peut alors mieux se comprendre et lever ainsi un éventuel blocage et où on lui (dé)montre dans tous les cas qu'il est pris en compte, reconnu, lui et ses besoins.

Toutefois, favoriser l'expression de l'autre nécessite, même quand on en a l'intention, un certain nombre d'attitudes à avoir et de principes à observer.

Créer les conditions du dialogue

Nous l'avons évoqué, les attitudes intérieures sont déterminantes, non seulement parce qu'elles conditionnent sa propre ouverture et réceptivité à l'autre, mais parce ce qu'elles sont pressenties par lui et conditionnent son envie de parler et de s'exprimer. Par ailleurs, dans la mesure où l'on autorise l'autre à être devant soi ce que l'on est soi-même, ce que l'on s'autorise à être soi-même, plus l'on est authentique au moment du dialogue, plus on est libre avec ses propres émotions, plus l'autre s'autorise à être lui-même, à parler de lui, à dire ses émotions et ses sentiments.

La face cachée des relations

Si le fait d'être disponible, ouvert à l'autre, permet d'être plus réceptif à ses émotions, davantage en mesure de les accueillir, de les « ressentir », on ne cessera de rappeler que de nos attitudes intérieures dépend souvent parallèlement la qualité même des échanges. Dans toute relation, la nature des intentions, le jugement ou non porté sur l'autre, la distance mise entre lui et soi, la liberté avec ses propres émotions, faiblesses, désirs, etc. induisent, déclenchent certaines confidences ou, à l'inverse, certaines « défenses » : rationalisation à outrance, froideur, mutisme, « mensonges », retrait, voire agressivité, etc.

Il existe dans toute relation une dimension cachée ; de la manière dont on se relie à l'autre, dont on entre en relation avec lui, à partir de ce que l'on a dans la tête, de ce que l'on voit en lui et de la relation que l'on entretient avec soi-même, de ce que l'on montre de soi, dépendent un niveau de confiance, de dialogue et une qualité d'échange différents. Si l'on y pense rarement, il y a pourtant peu de hasard, pour ne pas dire aucun, dans ce domaine. Nous savons bien et nous avons tous expérimenté que, sans savoir pourquoi, sans même s'être posé la question, il y a des personnes avec qui spontanément l'on se sent davantage en confiance, à qui l'on a plus envie de se confier, avec qui l'on s'autorise davantage à être soi-même, plus naturel, à qui l'on se permet de raconter des choses que l'on avait jamais dites à personne, que l'on ne s'était même parfois jamais énoncées à soi-même, auprès de qui l'on est enclin plus facilement à s'ouvrir. On peut, bien entendu, donner des explications rationnelles et au demeurant réelles : « il/elle est sympathique », « il a le don de valoriser », « elle a un vraiment un contact facile », « j'étais en forme... », mais si l'on creuse davantage la question, on sent qu'il y a autre chose de plus profond. Il y a des personnes sympathiques à qui l'on n'a pas envie de se confier, des personnes qui valorisent dans les mots mais auprès de qui l'on ne sent pas plus « grand », etc. De fait, ce sont les attitudes, les postures intérieures de l'interlocuteur qui, en réalité, sont pressenties. « *Les attitudes et les sentiments du thérapeute importent bien plus que son orientation théorique. Ses processus et ses techniques sont moins importants que ses attitudes. Il faut noter également que c'est la façon dont ses attitudes et ses processus sont perçus qui compte pour le client, et que cette perception est cruciale[92].* »

En matière d'empathie – j'insiste –, c'est essentiellement des attitudes intérieures au-delà de toute technique que dépend en grande partie le sentiment chez l'autre d'être plus ou moins en confiance et la possibilité pour lui d'être plus ou moins au contact de ses propres émotions ou ressentis. C'est parce qu'un individu se sent en confiance d'un côté, et qu'il sent, de l'autre, la place pour la manifestation, l'expression de ses émotions, de ses ressentis, qu'il peut plus facilement d'abord rentrer en contact avec ceux-ci et ensuite davantage les exprimer.

Quand on dit que l'empathie crée la confiance, ce sont en réalité les prérequis relationnels, les attitudes intérieures cachées qu'elle suppose – disponibilité, ouverture à l'autre, absence de jugement, liberté intérieure – qui créent la confiance, qui la favorisent. Sur ce plan, l'« empathie » en tant que phénomène est « neutre » ; elle n'est que la résultante, la conséquence d'attitudes intérieures, de regards sur l'autre qui, eux, créent la confiance.

Le pouvoir de l'authenticité

Plus on est authentique, vrai soi-même, en d'autres termes moins on colle à ses rôles, à sa fonction, à l'image que l'on cherche à donner, moins l'on se cache derrière ses systèmes de défense, de protection et plus on invite l'autre à faire de même. En effet, parallèlement au regard que l'on porte sur lui, notre propre manière d'être, d'exister face à lui détermine – toujours suivant là encore la loi des interactions relationnelles – en partie la sienne. Il ne s'agit jamais, là non plus, d'un hasard s'il y a des personnes à qui l'on montre de soi ce que l'on peut considérer comme des faiblesses, des failles, des contradictions, à qui l'on dévoile certaines de ses difficultés, peurs ou désirs, ses incapacités, à qui l'on évoque ce qui nous fait honte ; indubitablement c'est parce que l'on sent chez lui la capacité à faire de même. Inversement, quand on lui montre uniquement ses forces, ses certitudes, ce dont on est fier, l'on pressent en général que c'est ce que l'autre attend de nous, dans la mesure où c'est ce qu'il a tendance à faire lui-même, ou bien que dans toutes les circonstances l'on fonctionne soi-même ainsi, même si l'autre a une attente différente. Rogers a très fréquemment fait allusion à l'intérêt de cette authenticité dans les relations aux autres notamment dans le cadre thérapeutique et démontré comment, en étant lui-même dans ses propres réactions, sentiments face à son patient, il fait avancer le dialogue et la relation. Sans se placer dans le cadre de la relation thérapeutique et si certains contextes sociaux, notamment, supposent que l'on veille aussi au rôle que l'on a à jouer, cela n'empêche pas qu'être vrai, authentique, sans trop de masque, d'écran, de protection, de faux-semblants et le plus libre possible avec soi-même favorise la même attitude chez l'autre.

Les attitudes de « défense »

Pour éviter d'avoir à entendre des vérités qui dérangent, de devoir répondre à des « attaques », ou d'être simplement déstabilisé, chaque individu, parfois à son insu, met en place des attitudes de défense. Ces attitudes souvent peu propices à l'écoute, peuvent générer chez l'autre soit le maintien ou la « fuite » dans la rationalisation, soit un blocage, soit une agressivité. Ces attitudes croisées se produisent notamment à des moments où les protagonistes peuvent s'opposer, s'affronter ou si l'un, voire les deux, ressent spécialement le besoin de se protéger, de se défendre.

Parmi les principales attitudes de défense, on note :

- l'intellectualisation, l'explication, la rationalisation ;
- la distance, l'évitement ;
- l'agressivité ;
- l'humour défensif ;
- le mitraillage de questions ;
- la froideur, l'indifférence, la dureté ;
- le cynisme.

Par ailleurs, pour des raisons, – nous l'avons vu – qui remontent la plupart du temps à l'enfance, chaque individu se « protège » en adoptant une manière de se « montrer », de se présenter aux autres, de rentrer en relation avec lui, pour s'éviter d'avoir à être à nouveau blessé, « touché », ce qui crée inévitablement les barrières entre lui et l'autre. Ainsi, parallèlement aux attitudes de défense, qui peuvent être ponctuelles ou permanentes chez l'individu, on peut noter :

- rester administratif, se limiter à sa fonction ;
- paraître très sûr de soi ;
- se montrer méprisant ;
- se montrer parfait ;
- contrôler la parole de l'autre ;
- chercher à séduire l'autre ;
- être très affectif !

Du pire effet

Patrice doit annoncer à son équipe l'arrêt d'un projet qui leur tenait tous à cœur. Malheureux lui-même, se sentant en partie responsable, il souhaite que ses collaborateurs acceptent ce changement sans trop résister, y voient des aspects positifs. Il veut tellement les rassurer que non seulement il ne les laisse pas parler, en leur assénant sans une seule pause tous les arguments qui lui semblent valables, mais il prend (comme il en a l'habitude chaque fois qu'il est mal à l'aise) le registre de l'humour et de la légèreté, ce qui cette fois est du pire effet sur la réaction de ses interlocuteurs.

Sortir du rapport de « force »

Compte tenu que chacun a tendance à se retrancher derrière son rôle, sa fonction, son statut, à se protéger – notamment en situation tendue, *a fortiori* quand il est impliqué dans l'émotion de l'autre et/ou s'il se sent fragilisé –, il convient de rester très vigilant, au cours d'un entretien, d'un face-à-face, d'un dialogue, pour ne pas – même quand on a l'intention contraire – tomber dans le « piège » ou rester dans le cadre que l'autre, par défense ou habitude, peut nous tendre ou nous proposer. En effet, même si dans un contexte professionnel l'on est disposé à faire tomber les barrières, à être soi-même et si l'intention est vraiment d'aider l'autre, par exemple à sortir d'une situation délicate pour lui, ce dernier peut néanmoins par défense, méfiance, protection, fuite – peu importe – nous attaquer, entre autres, sur notre efficacité ou chercher à nous culpabiliser parce qu'il est en colère ou parce qu'il a peur. Il est bon alors de veiller à ne pas se retrancher derrière son statut, notamment si l'on est son supérieur hiérarchique, et d'éviter de se mettre dans la connexion rôle/rôle ou fonction/fonction, surtout si l'on est en position de pouvoir, au risque d'oublier de voir en lui la *personne*.

Si toujours avec les mêmes intentions, les mêmes dispositions de départ, l'interlocuteur n'est pas tout à fait honnête, cherche à nous manipuler, nous prend de haut, est de mauvaise foi, se protège, nous risquons de nous (re) fermer, nous aussi, et/ou de reprendre le « pouvoir », si l'on en a les moyens, en se retranchant à nouveau derrière sa fonction de supérieur hiérarchique, de médecin, de consultant... L'attitude juste est au contraire de rester soi-même, de continuer à regarder en l'autre la *personne*, quitte à lui dire ce que l'on ressent, à lui faire part de l'impression qui nous met mal à l'aise. Il convient en tout cas de ne pas rentrer dans un rapport de force et de ne plus voir que son objectif au risque alors de rentrer en conflit.

Par ailleurs, si quelqu'un se protège pour ne pas montrer son émotion, par exemple, en affichant de surcroît un cynisme ou un petit air de supériorité, parce qu'il est en réalité blessé, il convient là aussi de ne pas sortir soi-même son armure sous peine de voir le dialogue se durcir et/ou manquer de vérité, d'authenticité.

Dans une situation de conflit, de crise où chaque partie *souffre*, il est bien préférable, si l'autre ne montre pas ses émotions et adopte son attitude de défense favorite, de rester soi-même libre et ouvert avec ses propres émotions, et de ne pas se calquer sur lui pour laisser la voie libre au dialogue. Or, dans la mesure où nous sommes des êtres sociaux et des êtres vivants, nous partageons d'un côté la même culture, en l'occurrence, le réflexe de nous retrancher derrière notre « pouvoir » pour essayer d'obtenir ce que nous souhaitons, garder la main, et, de l'autre, celui de nous protéger pour ne pas nous exposer.

Ainsi est-il important, pour favoriser et maintenir les conditions du dialogue, de veiller même si l'autre cherche à nous maintenir dans notre rôle, même si son intention n'est pas saine, même s'il se protège, s'il bloque ses émotions, à sortir du cadre de relation qu'ainsi il propose. Chaque fois que l'autre « ferme » le dialogue, l'échange réel, il est essentiel de savoir résister et de se recentrer sur la *personne*, le côté positif de sa propre intention et la conviction que l'on n'a rien à perdre à rester soi-même ouvert et authentique. C'est seulement ainsi, d'ailleurs, que l'on peut éventuellement aider l'autre à « lâcher » ses protections, à faire tomber les barrières, permettant ainsi au dialogue de prendre une autre tournure et également parfois, sur la durée, d'aider l'autre à changer.

Il y a toujours le choix

Camille en sortant du parking a enfoncé toute l'aile avant de la voiture. Elle vient de l'annoncer à Thibaud.

– C'est ennuyeux, mais j'espère surtout que cela ne t'a pas trop stressée ni contrariée avant ton émission…

– Il fallait me dire qu'elle était beaucoup plus large que la Clio, c'est toi qui l'as acheté cette voiture… tu la connais, tu l'as choisie… (sous-entendu : c'était ton rôle de m'avertir).

Deux réponses possibles :

– Ce n'est pas grave, l'important, c'est que cela ne t'ait ni contrariée ni mise en retard.

– Je l'ai choisie, mais tu savais bien que tu allais la conduire, tu pouvais penser à me poser la question. Tu aurais pu quand même t'y intéresser aussi !

Nathan a pris rendez-vous avec Arnaud pour lui annoncer le refus de sa promotion ; c'est Cécile qui va prendre le poste. Quelques minutes avant de recevoir Arnaud, il se sent parfaitement calme, serein, légitime dans sa décision ; il a l'intention de dialoguer avec Arnaud, de l'aider à prendre conscience de certains de ses points faibles, de sonder la manière dont il vit la situation, afin de voir avec lui comment envisager positivement l'année à venir. Arnaud refuse de prendre une quelconque responsabilité et choisit de se mettre dans le rôle du salarié victime.

– Si tu m'avais formé, si l'on m'avait laissé le temps…

– Je comprends que tu sois déçu, mais…

– N'importe comment, j'ai été embauché avec cette perspective d'évolution…

– Je ne le nie pas, mais aujourd'hui je ne suis pas sûr que nous allons beaucoup progresser si tu le prends comme cela…

– De toute façon, je vais aller voir les partenaires, je ne vais pas en rester là…

– Écoute, je comprends ta réaction, mais je pense que tu as juste besoin de te renforcer sur la technique…

– Et puis tu ne m'as rien dit lors de mon entretien d'évaluation…

Deux réponses possibles :

– Excuse-moi, mais je te rappelle que nous avons évoqué cette question et que je t'ai dit très clairement que tu ne me paraissais pas entièrement mûr pour prendre ce poste. D'ailleurs, si l'on reprend ce qui s'est passé depuis plus de six mois, il est clair que tu n'as pas aujourd'hui le niveau requis.

– Je suis à peu près certain de t'avoir dit, il y a presque un an, que tu avais des points à améliorer pour tenir ce poste. Je comprends, une fois encore, que tu sois déçu, en colère même, mais je ne vois pas pourquoi tu es aussi négatif, etc.

Se mettre à l'écoute des émotions

> « C'est toujours risqué d'écouter les gens… car parfois on pourrait les entendre[93]. »

Si « *écouter signifie être capable de recevoir/accueillir ce que l'autre veut nous dire au niveau et avec l'intention qui est la sienne et d'entendre ce qu'il a du mal à dire et qu'il veut peut-être voiler, cacher ou retenir*[94] », être à l'« écoute » des émotions, se révèle être un exercice d'autant plus délicat que l'individu est *a priori* déjà déstabilisé émotionnellement et, par conséquent, moins « rationnel » et/où il « doit » en la présence d'un tiers, entrer en contact avec son émotion et, dans tous les cas, la laisser (ré)émerger, sortir avant même de pouvoir, dans un second temps, en dire quelque chose – sans compter qu'une émotion, un ressenti, un sentiment cherchent la plupart du temps, à se définir, à se nommer.

Avoir envie de « comprendre »

Pour bien écouter, notamment en matière d'émotion, encore faut-il savoir ce que l'on cherche à entendre et surtout désirer vraiment comprendre, savoir ce que vit et ressent l'autre ainsi que ce qui a déclenché son émotion, *a fortiori* si l'on est soi-même concerné.

Se « brancher » aux émotions

Écouter les émotions d'un côté et favoriser leur expression de l'autre, suppose surtout être « branché », « connecté » sur la vie émotionnelle, avoir pris conscience de l'importance et de la quasi-permanence des états émotionnels ; or même quand d'une manière générale nous « écoutons », plusieurs facteurs nous éloignent de l'écoute des émotions.

D'une part – nous l'avons déjà évoqué –, nous avons tendance, surtout dans le monde professionnel, à écouter les faits, les arguments et les idées plus que les états d'âme et les émotions. Or si l'on ne cherche pas à « entendre » les émotions de l'autre, les chances d'être à leur écoute sont encore plus limitées. *« Dans une conversation, nous risquons de ne retenir que l'aspect conceptuel (idée) au lieu de percevoir la totalité de la situation ou des attitudes et tout l'arrière-plan émotionnel sous-tendu (l'écoute au niveau des mots occulte les autres niveaux)*[95]. »

D'une manière générale en effet, nous confondons souvent expression et communication.

« Pour celui qui s'exprime, il y a au moins trois niveaux possibles (et pour celui qui écoute aussi) :

– le niveau des faits ; ce qui s'est passé : les événements ou les paroles dites ;

– le niveau du ressenti ou du vécu : c'est-à-dire comment j'ai vécu cela, ce que j'ai éprouvé dans la situation ;

– le retentissement ou la résonance : à quoi cela renvoie l'autre dans son passé, son histoire[96]. »

Même quand quelqu'un exprime son émotion son ressenti, nous n'avons pas toujours le réflexe de saisir la perche ; soit on n'« entend » pas ce que l'autre cherche à dire en laissant ainsi l'évocation s'éteindre, soit l'on rationalise aussitôt en cherchant à rassurer la personne sans la laisser dérouler son discours, ses paroles. Au-delà du zapping, de la rationalisation et du désir de rassurer l'autre, nous avons davantage tendance à évaluer plutôt que de chercher véritablement à comprendre ce que l'autre veut dire ; or si cette attitude est déjà néfaste ou pour le moins contre-productive dans beaucoup de cas, elle l'est d'autant plus quand il s'agit d'émotions. « *Notre première réaction lorsque nous entendons parler quelqu'un est une évaluation immédiate, un jugement plutôt qu'un effort de compréhension. Si une personne exprime un sentiment, une attitude ou une opinion, nous avons tendance à penser aussitôt : "c'est juste", ou "c'est stupide", ou encore "c'est anormal", "ce n'est pas raisonnable", "c'est faux", "ce n'est pas bien". Il est rare que nous nous permettions de comprendre exactement le sens qu'ont ses propres paroles pour celui qui les exprime. Il me semble que cela provient de ce que la compréhension comporte un risque. Si je me permets de comprendre vraiment une autre personne, il se pourrait que cette compréhension me fasse changer[97].* »

Il est rare, finalement, que nous ayons les bons réflexes et je remarque souvent lors de jeux de rôle dans les séminaires ou au cours de séances de coaching, combien au-delà du discours et de la bonne volonté, l'« écoute » des émotions met souvent mal à l'aise et est plutôt vécue comme un mal nécessaire, un passage obligé, voire une recette à visée démagogique.

Off-On

Jean, directeur des ressources humaines, est en train de finaliser l'entretien de licenciement avec Guy, l'un des collaborateurs.

– Cela me fait vraiment drôle au bout de vingt-cinq ans…

– Non, vingt-quatre ! rectifie-t-il en lisant le dossier qu'il a sous les yeux.

Viviane se rend chez le médecin pour contrôler l'évolution d'un énorme kyste mal placé.

– Il a la même taille que l'an dernier. Il n'y a pas de raison d'opérer. On interviendra seulement en urgence, au cas où vous sentiriez une douleur très aiguë.

– Alors, je vous appelle seulement si jamais j'ai une douleur aiguë pour que vous puissiez intervenir d'urgence.

– C'est ce que je viens de vous dire. Comme d'habitude, vous réglez à ma secrétaire. Merci. Au revoir, Madame.

Bernard, consultant en outplacement, reçoit Jean-Pierre, l'un de ses stagiaires qui vient d'apprendre que sa femme le quitte. Jean-Pierre sort ses dossiers comme si de rien n'était, mais Bernard lui dit :

– Je ne suis pas sûr que nous soyons efficaces aujourd'hui... Nous pouvons repousser notre rendez-vous et aller prendre un café. Nous pouvons aussi si vous le souhaitez, même si je n'ai pas de compétences particulières pour cela, parler un peu de ce qui vous arrive...

Se centrer sur la *personne* et non sur le problème

Nous avons tendance, tout comme nous écoutons les faits plus que les émotions, à nous centrer sur la situation, sur le problème plus que sur la *personne* ; nous nous posons plus fréquemment la question de savoir : de quoi l'autre me parle-t-il ? qu'est-il en train de m'expliquer ? qu'est-ce que je comprends de ce dont il parle ? Être centré sur la personne, c'est plutôt essayer de savoir ce que vit l'autre, ce qu'il ressent, ce qui est important pour lui, à quoi cela renvoie dans ses projets, dans son histoire, etc.

Citation de Salomé « *Pour C. Rogers la centration sur l'autre inclut les attitudes suivantes :*

–   *« l'attitude d'intérêt ouvert (disponibilité optimale, sans préjugés ni a priori, une manière d'être et de faire qui soit un encouragement continu à l'expression spontanée d'autrui : "que puis-je faire pour lui permettre d'en dire plus, d'aller plus loin") ;*

–   *le non-jugement (tout recevoir sans réserve évaluative, accueillir tout sans critique, ni évaluation, ni conseil) ;*

–   *l'intention authentique de comprendre autrui (dans sa propre langue, de penser dans ses termes, de saisir la signification particulière, originale que la situation a pour lui) ;*

–   *la non-directivité dans le déroulement (c'est l'autre qui a l'initiative complète dans sa présentation du problème et dans son itinéraire, il n'y a pas de présupposé à chercher ou à vérifier ; il s'agit de laisser venir le discours de l'autre sans chercher ni à le modifier ni à l'orienter) ;*

–   *l'effort continu pour rester « objectif » et être lucide sur ce qui se passe tout au long de l'entretien ;*

–   *attitudes de non-défense et de lucidité sur ses propres sentiments[98]. »*

Rester centré sur la *personne* est incontournable si l'on veut entendre ses émotions et, une fois encore, en favoriser l'expression.

Questionner autrement

Virginie raconte à Marianne son conflit avec Marie-Pierre. Au fond d'elle-même, Marianne trouve ces conflits puérils et complètement stériles. En tant que manager, elle sait toutefois que pour l'efficacité et le climat du service, ses deux collaboratrices ont besoin de fonctionner ensemble. À Virginie, qui lui raconte dans le détail les faits, en essayant bien entendu de charger Marie-Pierre, Marianne répond : « Mais vous, vous le percevez comment ? Pourquoi avez-vous du mal à le supporter ? Quelle impression cela vous donne-t-il ? Cela vous renvoie à quoi ? Comment souhaiteriez-vous idéalement que cela se termine ? »

Sébastien, six ans, raconte à Laure qui est en train de préparer un dîner, alors que par ailleurs elle est en plein bouclage, surchargée de travail, les problèmes qu'il a avec son petit camarade Régis. Elle ne lui répond pas : « Ne m'ennuie pas avec ça », ou « Vous êtes vingt-cinq en classe, fais-toi d'autres amis », ou « Tu le sais, Régis est très prétentieux » ou bien encore « Ignore-le ». Elle lui demande : « Que souhaiterais-tu qu'il se passe ? Pourquoi cela t'a-t-il rendu triste ? Pourquoi ne lui demandes-tu pas qu'il arrête ? »...

Pratiquer l'écoute compréhensive

Pour être à l'écoute des émotions et en favoriser l'expression, une excellente méthode est de pratiquer l'écoute compréhensive : « *Nous entendons les mots, les contenus mais nous ne savons pas en écouter le sens. L'écoute compréhensive nous paraît être, avec la capacité d'observer, la clef de voûte de l'entretien d'aide*[99]. »

L'écoute compréhensive, c'est simplement essayer de comprendre l'autre, de laisser s'exprimer la personne sans rien chercher de particulier, sans apporter de réponse ou de solution. C'est percevoir les significations vécues par l'autre, en évitant d'y projeter ses peurs et ses désirs. En ce sens, elle nous met sur la voie de l'écoute des émotions. Nous comprenons mieux, en effet, les émotions de l'autre et nous en facilitons davantage l'expression si nous cherchons à comprendre le sens qu'a pour lui ce qu'il vit, en d'autres termes si nous écoutons la *personne*.

Porters[100] a identifié différentes attitudes possibles de la part de l'« interviewer », de l'écoutant, au cours d'un entretien : l'ordre, l'enquête, le conseil, l'évaluation, l'interprétation, le soutien et l'attitude de compréhension qui est une condition de l'empathie, notamment pour Rogers. En ce qui concerne l'ordre, il s'agit d'indiquer à l'autre ce qu'il doit faire ; l'enquête, de chercher des informations ; le conseil, de suggérer à l'autre ce qu'il doit faire ; l'évaluation, de porter un jugement de valeur ; l'interprétation, de traduire et d'analyser ce qui a été dit, fait par l'interlocuteur et lui en proposer une interprétation ; le support, de rassurer. *« Dans l'attitude de compréhension, je m'efforce de percevoir et même de ressentir comme mon interlocuteur. Je le lui manifeste en réexprimant, de la façon la plus authentique et claire, la totalité de ce qu'il vient d'exprimer de sorte qu'il en prenne plus nettement conscience et qu'il puisse progresser par lui-même. Je fais ce que je peux pour m'introduire sincèrement dans son problème. Je vérifie que j'ai bien compris ce qui a été dit. Il est probable que cette attitude relance l'interlocuteur et l'entraîne à s'exprimer davantage, puisqu'il a la preuve que je l'écoute sincèrement. Il est évident qu'il ne doit pas y avoir, pour cela, de désaccord entre la mimique de mon visage et ce que je dis[101]. »*

C'est l'attitude de compréhension empathique développée et prônée par Rogers pour garantir le libre développement de la personne. Pour lui, la compréhension empathique, c'est *« non pas interpréter mais essayer "empathiquement" de saisir le sens qu'ont pour lui les mots qu'il emploie ; c'est donc d'abord à une certaine qualité d'écoute que renvoie la relation à autrui[102]. »*

Au-delà de l'écoute compréhensive qui reste fondamentale, il est bien entendu efficace pour faire confirmer à l'autre que l'on a compris ce qu'il a dit, de pratiquer la fameuse technique de reformulation : *« Si je comprends bien, tu penses que j'ai exagéré, que tu aurais dû être mis au courant, que c'est injuste, etc. »*

Repérer ses freins à l'écoute

Parallèlement aux filtres culturels, aux verrous émotionnels et psychologiques, aux diverses protections, il existe des parasites génériques à l'écoute de l'autre et, *a fortiori*, de celle des émotions :

- le jugement ou le pseudo-respect (quand je pense que l'autre est ridicule, qu'il se trompe) ;
- le besoin de contrôler ce que l'autre peut dire ;
- l'insécurité de savoir jusqu'où il va et jusqu'où je vais aller ;

- le désir sur l'autre : vouloir que l'autre réalise, communique, prenne conscience, etc. (quand ce désir est fort, on n'écoute plus) ;

- l'écho : si quelque chose est touché en moi, notamment une zone de mal-être, je risque d'être envahi et de ne plus écouter l'autre, de ne plus entendre que « *l'écho en moi de ce qu'il me dit*[103] » ;

- les peurs : être maladroit, ne pas savoir quoi répondre, peur de ne rien pouvoir « faire », de ne pas avoir de réponse, de solution, peur d'aborder des sujets dérangeants, de ne pas être digne de la confidence, etc.

Je te le répète

Olivier vient d'annoncer à Hélène la décentralisation d'une partie de son service en province. Elle est fortement pressentie pour partir.

– De toute façon, tu vas déjà aller voir, cela peut être une bonne expérience. C'est même le moment pour toi d'une certaine façon de changer.

– Tu m'apprends ça comme ça...

– Il y a un moment que c'était dans l'air... tu devais bien t'en douter.

– D'accord, mais là, c'est quand même...

– Tu sais, les politiques de décentralisation se généralisent...

– OK, et pourquoi moi ?

– Tu n'es pas la seule, la moitié du service est concerné... de toute façon, tout est prévu pour l'accompagnement des mobilités et le reclassement des conjoints, vous n'avez pas encore d'enfant...

– Je suis la première à qui tu en parles ?

– Non, tu es la troisième personne...

– Pourtant, lors de mon entretien il n'y avait pas de problème...

– Je te le répète, ce n'est pas une question de compétences, c'est vraiment un problème de charges.

– Je ne suis pas obligée d'accepter.

– Ne sois pas rigide ; tu as tout intérêt, je crois, à y réfléchir.

– Je trouve que c'est un peu brutal quand même, surtout que tu n'as pas dû l'apprendre hier...

– ...

– Et si j'accepte de bouger…

– Je sais ce que tu vas me dire… que l'on peut demain te redemander de faire la même chose en sens inverse.

– Écoute, je vais réfléchir, en discuter avec mon mari. On en reparle…

À aucun moment Olivier n'entend, ne « comprend » la surprise, l'inquiétude, la colère d'Hélène. Il ne pose aucune question sur ce qu'elle ressent, ce qu'elle craint, la coupe dans ses phrases et n'a manifestement aucune envie d'entendre ce qu'elle pourrait avoir à dire. Craignant probablement d'être déstabilisé, n'ayant pas de solution alternative à proposer, peu habitué sans doute à aller sur le registre émotionnel, souhaitant qu'Hélène accepte sa mutation et, peut-être inquiet pour lui-même, Olivier a du mal à être à l'écoute d'Hélène et de ses émotions.

Savoir poser les bonnes questions

« Si l'empathie peut être définie comme une sorte d'intuition, de sixième sens, elle manque « comme toute intuition de précision et a peu de valeur tant que nous ne développons pas des façons de confirmer objectivement son exactitude[104]. »

Nous développons en effet notre pouvoir d'empathie en posant des questions et en obtenant du feed-back. Les émotions étant liées aux besoins, aux motivations, aux buts et à l'histoire personnelle de l'individu, il est important de savoir poser les bonnes questions.

S'informer sur la situation

Une émotion est toujours liée à une situation présente, passée ou, si l'individu anticipe, à venir. Si nous avons tendance à nous attacher aux faits, aux données plus qu'à la manière dont l'autre les vit, il est malgré tout important de poser des questions sur les faits, les événements qui ont déclenché les émotions, tout autant que sur la manière dont l'intéressé les a retenus et perçus. Comprendre une émotion « *suppose que soit identifiée la relation que l'autre entretient avec la situation donnée. La situation la plus favorable est celle où le sujet a lui-même un accès perceptif à la situation qui provoque l'émotion chez autrui*[105]. »

Or si d'un côté nous écoutons trop les faits, même quand une personne est sous le coup d'une émotion, nous avons parallèlement tendance, quand celle-ci éventuellement s'exprime sur ses ressentis, à vouloir la rassurer, à rationaliser, à objectiver, voire à sympathiser sans toujours avoir le réflexe de nous informer davantage sur les faits précis. Pourtant, il est incontournable pour comprendre mais également pour que l'autre s'exprime vraiment, prenne éventuellement du recul, de le questionner sur la situation objective. Il ne faut alors pas hésiter à rentrer dans le détail et à poser des questions précises sur les circonstances exactes, le contexte général, les propos échangés, la manière dont ils ont été énoncés, etc. ; cela permet beaucoup de clarification et de valider éventuellement une impression que l'on avait.

Une fois saisie la situation, il est plus facile sur la base de ces informations de comprendre, voire de creuser. Le procédé est le même si l'individu anticipe la situation ; il convient de lui demander de décrire le plus précisément possible les éléments objectifs et la manière dont il les projette.

Faire s'exprimer sur le ressenti

On peut définir l'expression du ressenti comme « *la description en une phrase des émotions que nous ressentons à la suite de l'action d'une personne*[106] » ou d'un événement.

Au-delà même de ce qu'une personne exprime spontanément, la faire s'exprimer sur ses ressentis consiste simplement, sans se croire indiscret, à lui poser des questions ; rappelons-nous : nous sommes sur l'émotionnel pas sur le privé ! De plus, l'autre a toujours le choix de ne pas répondre. Plus on pose de questions directes avec, de surcroît, des mots du registre émotionnel, plus on l'aide à s'exprimer.

Si quelqu'un est en colère, on peut poser des questions du type : Qu'est-ce qui te met le plus en colère ? Pourquoi ? Que ressens-tu face à cette personne ? Quelle impression cela te fait-il ? Comment te sens-tu toi-même dans cette situation ? Que vis-tu le plus mal ? Qu'est-ce qui te fait mal ? Qu'est-ce que tu ne supportes pas ? Pourquoi ?…

Si l'on est authentique, si l'on a vraiment envie de comprendre, si l'on s'autorise à questionner assez directement et sur ce registre de vocabulaire, les bonnes questions viennent toutes seules.

Si l'autre ne s'exprime pas ou peu, il est souvent efficace de révéler ses propres perceptions, intuitions, pressentiments, en lui demandant de les valider de façon à l'amener à s'exprimer le plus possible et le plus librement possible.

Explorer les motivations

Le niveau le plus élevé de décodage d'une émotion est d'en comprendre l'objet et, pour ce faire, il est nécessaire de connaître les motivations, les buts, les désirs, les préférences d'un individu ; en un mot, son potentiel motivationnel. Or « *le potentiel motivationnel d'autrui – ses désirs et ses préférences – n'est pas toujours manifeste et rarement le nôtre. Ce qui m'attriste peut réjouir autrui ; ce qui provoque ma colère le laisser indifférent*[107]. »

Il est donc incontournable, après avoir sondé les faits et ce qu'ils ont provoqué, d'explorer les motivations, les intérêts, les désirs, les valeurs, les attentes de l'autre.

Buts conscients et non conscients

On ne comprend pas toujours soi-même ses propres émotions, dans la mesure où l'on n'est pas toujours conscient de ses buts ni de ses désirs. Ainsi un individu peut-il ne pas s'expliquer ses émotions parce qu'il n'a pas réfléchi et pris conscience de son but réel ou parce qu'il croit poursuivre un but quand, en réalité, il en poursuit plus inconsciemment un autre.

En effet, une motivation ou une disposition motivationnelle peut être manifeste, connue, à savoir l'on poursuit consciemment un but, ou latente, inconnue, non consciente dans l'instant, le moment en question.

« *Une disposition motivationnelle est manifeste ou actualisée lorsque nous poursuivons consciemment un but, avons un désir ou une attente consciente. Inversement, elle est latente si elle n'est pas actuellement consciente. La distinction entre motivations manifestes et latentes n'est pas équivalente à la distinction freudienne entre désirs conscients et inconscients où est inconscient ce qui a fait l'objet d'un refoulement. Une motivation peut être latente ou inconsciente au sens trivial où l'on dit que notre croyance que 2+2 = 4 est latente ou inconsciente lorsque nous ne sommes pas en train de nous préoccuper d'arithmétique*[108]. »

Si je partage cette définition d'une motivation latente, j'ajoute qu'un désir ou une motivation liés directement à un désir peuvent réellement être inconscients, c'est-à-dire malgré tout refoulés.

Ainsi une émotion « attendue » peut-elle ne pas se produire, même si la frustration ou la satisfaction est réelle, objective, ou au contraire se produire telle une explosion, à l'étonnement de tous, même de l'intéressé. Il est alors d'autant plus nécessaire de creuser.

On a parfois des surprises

Le but (désir) inconscient de **Jean-Philippe** est d'avoir un niveau de responsabilité plus important, mais comme il n'a pas confiance en lui, il répète souvent qu'il ne comprend pas pourquoi autant de monde court après le pouvoir. Toutefois quand il apprend que François vient d'être promu, il sent monter une colère noire qu'il ne s'explique pas.

Christine explique à tous ses collègues que son désir après avoir eu le projet d'en partir, est de rester salariée dans l'entreprise où elle travaille et y voit pour elle des tas d'avantages, mais quand Adrien lui annonce qu'il est sur le point de partir pour créer sa petite société, elle fait tout pour le décourager et réalise qu'elle est jalouse.

Au tour de **Claire** d'être promue, obtenant ainsi ce qu'elle désirait, ayant même bataillé dur pour obtenir ce poste. Alors qu'elle vient d'apprendre la nouvelle, elle m'avoue qu'en fait, sans comprendre pourquoi, elle est complètement stressée, exaspérée et triste. Elle prend conscience en en parlant et en fondant en larmes qu'en réalité elle souhaitait au contraire travailler un peu moins et avoir une meilleure qualité de vie.

Oser creuser

Même quand l'individu reconnaît et nomme son émotion, il n'est pas toujours aisé de savoir d'où elle vient car il n'a souvent pas encore établi les liens entre son émotion et les éléments qui en sont à l'origine. Il arrive en effet de ressentir une colère, une tristesse, une amertume sans comprendre soi-même pourquoi. Il convient alors d'approfondir pour retrouver la situation, la réflexion, l'attitude, parfois sa propre attitude, les nombreux petits faits cumulés qui ont généré la frustration ou la satisfaction d'un besoin conscient ou latent. Parfois habitué à être frustré, l'individu ne prend pas non plus en compte son insatisfaction et ne fait donc pas le lien avec son émotion. Il est arrivé maintes fois que des clients arrivent évoquant un mal-être, une colère, une tension, voire qu'ils prennent conscience en entretien de leur état émotionnel, sans du tout voir à quoi l'attribuer.

Il arrive aussi que les personnes ressentent un état émotionnel désagréable mais relativement vague : malaise, tension, angoisse, sans même savoir de quoi il est question exactement. Il est alors important d'encourager l'individu à décrire son état, à le cerner et à le nommer le plus précisément possible, d'où l'intérêt pour se mettre sur la voie, de questionner, de creuser sur les différents axes précédemment évoqués : événements récents, faits, perceptions, ressentis, motivations. En remontant cette chaîne de cause à effet, il n'est pas rare de trouver des indices précieux qui aident à mieux définir et à comprendre l'état ressenti par l'interlocuteur.

Enfin, si la personne éprouve plusieurs émotions en même temps, il est bon pour les identifier précisément qu'elle les passe en revue les unes après les autres, ou simultanément, et qu'au besoin elle les hiérarchise.

Pour affiner, les techniques sont toujours les mêmes : questionnement, reformulation ; l'on peut aussi surtout si l'on connaît la personne, ses motivations, la situation et/ou si l'on se met à sa place et donc après avoir pu se représenter, imaginer les états émotionnels dans lesquels elle peut se trouver, énumérer, évoquer lesdites émotions et ressentis possibles ainsi que leur raison. Même si l'on tombe à côté, et *a fortiori* si l'on tombe juste, l'autre encouragé, guidé, en trouvant un accès plus direct à ses propres ressentis, est davantage en mesure alors de les préciser.

Pour ne pas se perdre dans cet univers complexe qui peut parfois sembler déroutant et qui reste toujours à redécouvrir, l'important est de favoriser l'expression de l'émotion, du ressenti, d'une déstabilisation, de tenter d'en comprendre les raisons et, là encore, de rester humble. La plupart du temps, ce que l'autre attend essentiellement, et ce que nous attendrions nous-mêmes, n'est pas forcément que l'on décode par le menu son émotion – surtout en dehors d'un cadre thérapeutique –, mais qu'un dialogue soit créé, de pouvoir s'exprimer, partager, d'être « accueilli », entendu, « compris », éventuellement d'être mis sur la voie : sa voix.

MÉMO

À faire	À ne pas faire
Être authentique.	Se mettre en position de « défense ».
Ouvrir le dialogue.	Éviter les « jeux » de rôle.
Se centrer sur la personne.	Se centrer sur le problème.
Se brancher sur l'écoute des émotions.	N'écouter que les faits.
Accueillir.	Juger.
Poser des questions directes sur le registre émotionnel.	Rester sur le registre rationnel.
Creuser ce que dit l'autre.	Chercher immédiatement à le « rassurer ».

SE POSER LES BONNES QUESTIONS

Suis-je suffisamment réceptif ?

Suis-je suffisamment authentique ?

Ai-je vraiment envie qu'il s'exprime ?

Suis-je à l'« écoute » de ses émotions ?

À sa place, qu'est-ce que j'attendrais moi-même ?

Est-ce que je suis centré sur la personne ?

Est-ce que je suis en train de mettre en place des défenses ?

Est-ce que je pose les bonnes questions ?

Est-ce que je vais suffisamment sur le registre émotionnel ?

Est-ce que je creuse suffisamment ?

Ai-je vraiment envie de savoir ce qu'il ressent et pourquoi ?

11

Savoir anticiper : une autre forme d'empathie

« Nous pouvons visualiser l'état émotionnel d'une autre personne afin de comprendre et même prédire comment celle-ci pourrait se sentir et agir[109] »

Dans la mesure où les émotions négatives, les contre-émotions sont des signes de frustration, d'inquiétude, de souffrance, il est souhaitable, tout en les laissant « vivre » et jouer leur rôle d'information et de soupape individuelle ou collective, d'anticiper afin non pas de les éviter, de les « contrôler » en tant que telles mais d'éviter le malaise, les tensions qui les déclenchent et de pouvoir aussi dans certains contextes mieux « fonctionner » et éviter le stress. Si l'individu doit apprendre à gérer certaines de ses frustrations ainsi que ses émotions, il n'est pas nécessaire, compte tenu de la souffrance qu'elles supposent et de l'énergie qu'elles prennent, d'en provoquer ni de ne pas les éviter quand cela est possible.

Si l'on « se met à la place » de l'autre, à plus forte raison si l'on a quelques repères pour mieux comprendre l'origine de ses émotions, il devient alors plus aisé d'être attentif, vigilant et d'anticiper sur ces émotions négatives *a fortiori* si elles risquent d'être une gêne, voire un dysfonctionnement pour l'environnement.

Si chercher à mieux comprendre les émotions d'autrui quand elles se manifestent reste un principe Ô combien valable, les anticiper ne serait-ce que pour désamorcer parfois à leur racine des tensions et permettre à l'autre de mieux vivre un état de fait, un refus, une frustration, l'est tout autant. D'après certains auteurs, le degré le plus élevé d'empathie est cette possibilité d'anticiper sur l'émotion d'autrui.

Il est d'autant plus important de savoir anticiper que, comme nous l'avons vu, une déstabilisation, un ressenti négatif parfois inévitable, peuvent se transformer en une émotion violente si on ne les anticipe pas, si on ne les a pas vus « venir » ; c'est dire si l'on peut dans les cas extrêmes participer de façon naïve, à la dégradation de l'état intérieur d'une personne mais également d'un collectif. Or, comme la plupart du temps l'on est tendu vers son propre objectif, axé sur ses propres besoins et que l'on craint les réactions de l'autre, l'on a plutôt tendance à ignorer leur potentielle, voire probable manifestation ; l'on espère à tort et avec peu de réalisme que la réaction ne se produira pas, pratiquant ainsi une politique de l'autruche et en anticipant d'autant moins.

Si l'on ne cherche pas en fonction du contexte à compenser, à rassurer l'autre de quelque manière que ce soit sur ses besoins de sécurité, de puissance, d'amour, il n'est guère étonnant que régulièrement, les situations se dégradent et que des individus soient en proie à des réactions plus ou moins violentes.

Les différents éléments à analyser

Pour mieux anticiper sur les réactions et émotions de l'autre, il existe, tant au plan individuel que collectif, différents éléments à prendre en compte et à analyser. Si nous considérons qu'il existe à la fois des besoins universels de base, des facteurs objectivement frustrants ou satisfaisants et des paramètres individuels, il est évident que l'idéal est de tenir compte de l'ensemble de ces paramètres.

Le contexte objectif

La situation, le contexte, l'environnement objectifs au plan matériel, relationnel, affectif, des attitudes plus ou moins bienveillantes comblent ou frustrent de toute évidence les besoins et sous-besoins de l'individu, générant presque invariablement, à quelques nuances près, les mêmes émotions, ressentis, sentiments. Certains événements, certains modes de relations ont les mêmes répercussions émotionnelles chez la plupart des individus et c'est pourquoi il est en partie possible d'anticiper. Il est par conséquent un peu regrettable parfois de « tomber des nues », alors qu'en intégrant avant d'agir ou de communiquer certains éléments à sa réflexion, il serait possible d'anticiper sur la réaction de l'autre.

Savoir à quoi s'attendre

J'annonce à mon petit garçon que je vais recommencer à travailler : je dois m'attendre à une forme de tristesse et de colère de sa part et peut-être à une certaine appréhension.

J'annonce l'impossibilité de donner une réponse positive à un souhait exprimé : je dois m'attendre à la colère de l'autre quelle qu'en soit l'expression.

J'annonce un changement : je dois m'attendre à des craintes, même si pour moi ce changement n'en générerait aucune, surtout si les personnes concernées n'ont jamais vécu ce type de changement ou n'ont pas l'habitude de changer, si ces changements induisent des incertitudes quant à leur avenir, ainsi que de la colère si elles ont l'impression de subir. Etc.

Les frustrations types

Sans pouvoir être exhaustif, il existe *a priori* toujours un lien entre le besoin d'amour, d'affection, de reconnaissance et la relation à l'autre, le besoin de sécurité et l'environnement, le besoin de *puissance* et la sphère d'influence, le champ d'expression de l'individu. Toutes les combinaisons sont possibles, mais dès que le changement, l'annonce, la situation, l'événement touchent de près ou de loin à la relation, à l'environnement matériel ou affectif, à la sphère d'influence, l'on peut presque être certain que concomitamment tel ou tel besoin est affecté.

Si l'environnement change et si l'on est incertain sur son avenir, nul doute que l'on se sente insécurisé ; si une personne nous tient à distance ou trahit notre confiance, nul doute que notre besoin d'« amour » en pâtisse ; enfin, si les contraintes se multiplient, s'il nous est impossible de réaliser ce qui nous est le plus cher, nul doute encore que notre besoin de *puissance* se voie atteint.

Frustrations types

- Sécurité : perte de confort, de bien-être, instabilité, incertitude, etc.
- Amour : non-reconnaissance, moindre valorisation, moindre intégration, relation de pouvoir ou absence d'affection, etc.
- Puissance : perte de moyens, d'influence, de « pouvoir », etc.

Les déclencheurs types

Parallèlement aux types de frustrations, il existe transversalement quel que soit le besoin concerné, des déclencheurs types. Tout obstacle génère plutôt la colère et l'absence d'obstacle, le plaisir ; toute perte, séparation, quel qu'en soit l'objet, entraîne la tristesse et les retrouvailles, la joie ; tout manque provoque l'insécurité, donc la peur, ou son contraire, l'audace.

Il est donc possible en croisant ces paramètres – frustrations et déclencheurs types – d'avoir des informations relativement précises sur les « risques » encourus : leur conjugaison démultipliant l'intensité de l'émotion.

Ainsi, compte tenu des besoins de base et du mécanisme émotionnel communs à tous, il est possible en se mettant à la place de l'autre, et même avec des différences irréductibles, d'être mis sur la voie de ce qui, en termes émotionnels, peut advenir.

Quand on lance une action, quand on annonce un refus, quand on mène une politique, penser à la manière dont on vivrait soi-même les mêmes événements, la même situation, peut éviter certaines erreurs de présentation, de communication, d'attitude.

Évident !

Si je crains de perdre mon emploi, j'ai peur. Si la probabilité d'un plan social s'amenuise, je retrouve l'envie de me lancer dans mes projets professionnels et personnels.

Chaque fois que nous nous quittons mon conjoint et moi, même si nous en avons l'habitude, je suis triste et chaque fois que nous nous retrouvons, nous sommes tous les deux très joyeux.

S'il existe au dernier moment, après de nombreux efforts et beaucoup de persévérance pour monter ce projet, un refus de la part de mon banquier quant à ma demande de prêt professionnel nécessaire à sa réalisation, je fulmine ; si la banque me rappelle pour me dire qu'il y a eu une erreur et que le prêt est accordé, je jubile.

Le moment déclencheur de l'émotion

C'est toujours d'un côté le fait de savoir que tel événement s'est produit, d'apprendre une nouvelle ou de la projeter et, de l'autre, l'évaluation que l'individu en fait qui déclenche ou non l'émotion. Si je ne sais pas que ma demande est refusée ou que mon jardin a été saccagé et/ou si je ne l'anticipe pas, je n'ai aucune raison de me mettre en colère.

Bien entendu, l'urgence, la gravité de la situation détermineront en partie l'intensité de l'émotion ressentie et la rapidité de la réaction émotionnelle.

Il est donc important d'être attentif au moment et à la manière dont les faits sont annoncés, ainsi qu'à celle dont l'individu peut l'évaluer en fonction de ce que l'on connaît déjà soi-même objectivement du contexte et de sa situation.

Contexte objectif → Besoin concerné + Déclencheur type + Information → Émotion type probable

Les motivations individuelles

Si l'on connaît les motivations, les valeurs, les buts, les désirs d'une personne, il devient plus facile en restant prudent car l'on ne sait jamais tout de quelqu'un et sa réaction peut toujours nous surprendre, d'affiner son anticipation.

Si la réaction dépend de la connaissance par le sujet d'une situation ou de son anticipation, il est évident qu'elle dépend aussi de l'évaluation qu'il en fait pour lui-même et que cette dernière est inévitablement liée à la nature de ses motivations et à l'intensité de ses besoins. L'émotion est en effet toujours déclenchée et proportionnelle à ce que l'individu sait ou anticipe et à la manière dont il évalue pour lui cette nouvelle donnée. Si ce que l'individu apprend ne le touche pas, ne le concerne pas ou peu, s'il ne l'évalue pas pour lui comme une frustration importante présente ou à venir, il n'a aucune raison d'être triste ou angoissé.

Ainsi, plus on connaît les motivations individuelles, les buts et les sous-buts que se fixe un individu et pourquoi, ses intérêts et ses valeurs, plus il est – en partie – possible d'anticiper ses émotions d'autant que c'est d'eux aussi que dépendra leur intensité. Frijda[110], dans son analyse du processus même d'évaluation par un individu, a distingué trois étapes :

- premièrement, l'individu évalue par rapport à ses dispositions motivationnelles si la situation est pertinente ou non ;
- deuxièmement, si elle n'est pas pertinente, elle ne déclenche aucune émotion ; si elle l'est, elle contribue soit à la satisfaction, soit à la frustration du sujet ;
- troisièmement, si la situation est jugée pertinente, le sujet évalue alors ce qu'il peut faire ou non pour répondre à la situation ; selon qu'il peut agir ou non, son émotion sera différente.

Cette dernière étape nous offre un élément supplémentaire à prendre en compte dans la mesure où en fonction cette fois de l'analyse de ses moyens, son émotion sera différente. « *Ainsi une même motivation, jugée mettre en péril la satisfaction des motivations de l'agent, pourra donner lieu à une réaction de colère ou de peur selon qu'il s'estime ou non capable d'affronter le danger*[111]. »

Pour mieux anticiper, il convient donc autant que possible de tenir compte dans son analyse à la fois des motivations de l'autre et des moyens qu'il a pour réagir.

Trois cas à suivre…

Pour signer un important contrat, il vient d'être demandé à demi-mot à **Francis** à la fois de promettre à un client des délais qui ne peuvent objectivement être tenus et d'établir des devis qui ne pourront être respectés qu'au détriment de la qualité du produit fini. Francis, responsable d'affaires, compétent, rigoureux, passionné par son métier, honnête intellectuellement, est un homme pour qui le respect du client et de ses engagements est une valeur. Si l'on tient compte du fait que l'année précédente, un projet ayant démarré sur des bases identiques a été difficilement mené à terme, avec d'énormes pressions sur les équipes, il est probable que Francis soit en colère, indigné, écœuré et relativement anxieux quant à cette nouvelle affaire...

Florence est déçue, blessée de ne pas avoir été nommée au poste de responsable de formation (pour des raisons apparemment politiques), ce qui est compréhensible si l'on tient compte de la manière dont elle s'est investie depuis plusieurs années pour atteindre cet objectif. Avec un DESS, un parcours qualifiant au sein de l'entreprise, une formation au management, deux mobilités géographiques... cette promotion représenterait pour elle non seulement une reconnaissance professionnelle mais une véritable étape dans l'affirmation d'elle-même...

Maxime est très anxieux, légèrement obsessionnel et il a à cœur de réussir parfaitement tout ce qu'il entreprend. Il y met un point d'honneur. Cela est d'autant plus vrai qu'il a un fort besoin de reconnaissance et qu'il est assez orgueilleux. Ainsi, chacune de ses « réussites » calme à la fois son besoin de réassurance, apaise et flatte son ego. Irène vient de demander à Maxime, dans l'urgence, avec des données manquantes, de faire une proposition d'intervention pour la fin de la semaine. Maxime est naturellement très inquiet, en colère contre cette « désorganisation » permanente et un peu bloqué...

Les actes et les intentions : indicateurs de motivations

La « *capacité à détecter les intentions d'autrui à travers ses actions peut aussi contribuer à la compréhension empathique de ses émotions*[112]. » On peut connaître les motivations (intérêts, préférences, buts, etc.) d'un individu parce qu'on le connaît, parce que l'on a échangé avec lui, mais on peut également les détecter en étant attentif à ses actes, à ses actions. En effet, en observant les actes d'un individu – quand, comment, dans quel but il agit –, l'on peut en partie comprendre et déchiffrer ses intentions, savoir pourquoi il agit et quel besoin derrière il cherche à assouvir. Nous avons évoqué l'intérêt de connaître ses propres intentions : plus on est au clair avec les siennes, plus on sait les analyser, les identifier et plus on est en mesure de déchiffrer celles des autres. Or, c'est quand on connaît les intentions d'une personne que l'on comprend mieux ses motivations et, par conséquent, qu'il devient possible d'anticiper ses émotions.

Motivations individuelles + Valeurs individuelles + Évaluation du potentiel d'action → Émotions

---

Anticiper, comment ?

À partir du moment où l'on sait qu'un besoin risque d'être frustré et qu'il va *a priori* se produire une réaction émotionnelle de telle ou telle nature, il est souhaitable d'identifier :

- au niveau de la communication, quoi dire, comment, à quel moment ;
- au niveau de l'attitude, laquelle adopter ;
- au niveau des faits, des actes, comment compenser.

Communiquer autrement

Si le choix du moment est essentiel en fonction de la situation individuelle, il est néanmoins toujours préférable d'aller au-devant du dialogue, certes non pas prématurément mais le plus tôt possible. Une grave erreur est d'attendre que l'autre comprenne tout seul ; bien que cela soit parfois plus confortable pour soi, cela a le don de l'irriter. Cela signifie en effet qu'il n'est pas prioritairement pris en compte, avec en prime pour conséquences de retarder d'autant son analyse et de réduire éventuellement son potentiel d'action.

Ensuite, il convient d'être le plus honnête possible, ce qui est une marque de respect, de reconnaissance et qui donne aussi à l'autre davantage d'éléments pour analyser la situation. On crée sinon une frustration supplémentaire tant en termes de sécurité que de puissance. On voit ainsi combien de dégâts, dans des contextes de réduction d'effectifs par exemple, sont provoqués et combien le dialogue à venir est alors déjà fort compromis.

Conscient du fait qu'il existe de fortes chances pour que se produise une émotion, une réaction, il convient d'être à l'écoute, pour saisir la perche si l'individu exprime ses ressentis, sans chercher tout de suite à proposer des solutions même si elles existent, à trop argumenter ou bien de penser à le questionner sur ses ressentis s'il n'en parle pas spontanément. Cela ne fait pas perdre de temps, au contraire ; les ressentis non exprimés, les émotions contenues minent l'intéressé et/ou reviennent inévitablement en boomerang. À partir du moment où l'autre a déjà pu s'exprimer, où l'on sait plus précisément quel est son état émotionnel, quel besoin en lui est particulièrement frustré, il devient là alors plus facile de le rassurer, de trouver les arguments pertinents, de voir comment compenser pour limiter la frustration et/ou combler autrement le besoin insatisfait.

Par ailleurs, comme l'on sait en fonction de la situation si l'individu réagit davantage à l'obstacle, à la perte ou au manque, il est également plus aisé de savoir quel discours tenir, quel argument employer, quelle compensation envisager.

Enfin, il est toujours souhaitable dans la mesure du possible de penser à le rassurer sur l'ensemble des moyens qu'il a pour réagir, notamment ceux proposés par l'entreprise, l'institution, le processus, etc. Même s'il les connaît – *a fortiori* si ce n'est pas le cas –, les évoquer témoigne du fait qu'on le « comprend ».

... Alors, quoi leur dire ?

À Francis,

« Je suis complètement conscient que ce que l'on te demande aujourd'hui heurte tes valeurs et n'est pas, il faut le reconnaître, complètement normal. Tu sais que ce contrat est important pour l'entreprise. Je sais que cela ne justifie pas tout.

Je comprends parfaitement que tu sois plus qu'irrité de certaines de nos pratiques, mais l'affaire en elle-même est intéressante.

Je m'engage à ce que ton équipe soit renforcée et que tu sois davantage soutenu au sein du staff.

Même si cela irait complètement à l'encontre de nos intérêts, je comprendrais également que tu refuses de te charger de ce nouveau contrat si tu devais trop mal le vivre. »

À Florence,

« Je comprends que tu sois très déçue et même un peu écœurée. Je suis tout à fait conscient, pour ma part, de tes efforts et de tes mérites. Tu sais bien d'ailleurs que ce n'est ni toi ni ton niveau de compétences qui est en cause. Un certain nombre de personnes dans le service savent très bien que tu aurais pu avoir ce poste.

Il a été demandé à Luc de travailler étroitement avec toi sur tous les nouveaux programmes Management et je vais de mon côté tout faire pour te voir confier directement les ateliers de Développement personnel.

Ne le prends pas comme un lot de consolation. Je sais que ce n'est pas ce que tu souhaitais et que te confier l'élaboration et la programmation de toutes ces sessions n'est pas suffisant, mais nous allons voir comment les choses évoluent.

De toute façon, cela ne remet pas en cause tout le travail que tu as fourni, ni ta propre évolution ; ça, tu le récupéreras toujours. C'est pour toi ! »

À Maxime,

« Maxime, ne stresse pas. Je sais que tu détestes travailler dans l'urgence et sans avoir toutes les données.

On est tous conscients de la contrainte et de la gêne que représente le fait de travailler dans ces conditions, mais l'on te fait entièrement confiance. De toute façon, il s'agit d'un premier jet, d'un document de travail interne. Personne ne t'en voudra s'il est incomplet ou approximatif. C'est déjà super si l'on peut avoir quelques axes vendredi. Une fois encore, je réalise tout à fait l'effort que cela te demande et je t'en remercie. »

Même s'il est difficile d'anticiper des réactions proprement individuelles, il est important pour mieux communiquer de considérer les éléments personnels qui nous sont connus, notamment les motivations ainsi que le passif éventuel qui inévitablement impacte les réactions. Si une personne a déjà connu des échecs ou bien si l'on lui a déjà fait plusieurs promesses non tenues, sa réaction risque d'être d'autant plus vive. Si l'on connaît plus ou moins les buts, les souhaits, les priorités d'une personne, et si l'on prend en compte à la fois son contexte global et la situation qu'elle est en train de vivre, il devient plus facile, d'avoir quelques indications sur le besoin risquant d'être affecté. Cela permet donc de mieux « préparer » sans le figer ce que l'on va dire, et de quelle manière, de pouvoir nommer plus précisément ce que l'on croit avoir compris de ses motivations, et donc de son insatisfaction, d'évoquer ce que l'on pense être un problème, une frustration pour elle, et là aussi de mieux savoir éventuellement comment, à travers les mots utilisés, compenser la frustration : « Ne crois pas que... », « Tu vas sûrement le prendre mal... », « Avant toute chose, je tiens à te dire que ce n'est absolument pas toi qui es en cause... », etc.

Souvent l'on craint en évoquant ce que l'on sait être un problème pour l'autre, de lui « faire mal », de retourner le couteau dans la plaie, voire de lui donner des arguments, et l'on préfère s'engouffrer dans les solutions. En réalité, la plupart du temps, nous nous protégeons plus ou moins consciemment nous-mêmes de ses réactions ; on ne fait pas *a priori* souffrir davantage quelqu'un en lui disant : « je sais ce que tu endures ». Je crois plutôt qu'on le soulage parce qu'on le comprend. Ce n'est alors certes sans doute pas la douleur à ce stade que l'on soulage, mais la *personne*.

Les attitudes à adopter

Anticiper – bien entendu dans un objectif notamment de compensation et/ou à proprement parler d'« empathie » –, c'est veiller à adopter les attitudes adéquates :

- ne pas être fuyant ;
- rester disponible et le dire ;
- ne pas s'en tenir au strict nécessaire ;
- ne pas se protéger en se retranchant derrière son rôle, son statut ;
- éviter précisément à ces moments-là de se protéger et d'adopter des attitudes de défense ;
- compenser par une présence, un dialogue plus fréquent, un mot d'encouragement, un remerciement, etc. ; contrairement à ce que l'on peut penser là encore, cela ne fait pas « perdre » de temps, au contraire, l'autre se sentant ainsi reconnu, *exister*, sera paradoxalement probablement moins en « demande » et plus autonome ;
- être dans l'empathie !

Savoir « agir »

Enfin, anticiper, c'est, en fonction de la situation, penser concrètement à compenser à travers tout type d'aménagement, de négociation, de contre-partie, etc. et, si cela n'est pas possible, dire que l'on y a pensé et expliquer pourquoi.

Tout individu en proie à une émotion parce que l'un de ses besoins est frustré a besoin d'entendre précisément que son besoin est ou a été pris en compte.

MÉMO

Réflexes à avoir	Erreurs à éviter
Choisir le moment.	Laisser à l'autre le soin de « deviner ».
Provoquer le dialogue.	Attendre.
Oser « tout » dire.	Ne pas aborder les points difficiles.
Aborder la dimension émotionnelle.	Évacuer la dimension émotionnelle.
Questionner sur le ressenti.	Rester sourd au ressenti.
Rester ouvert.	Se protéger.
Veiller à compenser.	S'en tenir à l'existant.

L'interactivité : veiller à ses attitudes personnelles

Enfin, il existe dans les relations interpersonnelles une interactivité permanente entre soi et l'autre dont beaucoup d'émotions découlent ; les réactions émotionnelles des autres dépendent en partie de notre attitude, comme les nôtres des leurs. À partir du moment où l'on connaît à la fois les besoins et sous-besoins des êtres humains et certaines caractéristiques personnelles, il est important pour anticiper de penser à ce que l'on peut soi-même déclencher à travers sa propre attitude, ses actes ou non-actes, paroles ou non-dits, relation égalitaire ou relation de pouvoir, etc. En sachant que l'on frustre tel ou tel besoin chez l'autre, il devient plus facile d'anticiper ses réactions et, par « empathie », de chercher à le soulager. Il est important de réaliser comment tous, à travers nos attitudes, nos paroles, nos actes, nous pouvons *blesser* l'autre, et *où* : le fait d'en être conscients nous aide *a priori* à être davantage « empathiques ».

Certaines attitudes déclenchent à plus ou moins long terme des émotions négatives et des déstabilisations dans la mesure où elles frustrent l'un des besoins de base de l'autre. Les actes que l'on pose tout comme les mots employés, en présence ou non d'un tiers, déclenchent eux aussi des émotions et des réactions plus ou moins positives.

Si l'on cherche vraiment à anticiper, il est donc nécessaire d'identifier ce que l'on doit changer dans son attitude, dans ses actes, les discours tenus, les mots employés et savoir à quoi être attentif et/ou comment les compenser, en s'expliquant par exemple et en faisant en sorte que l'autre ne prenne pas forcément contre lui telle attitude ou tel propos.

Interactivité relationnelle		
	Besoins impactés	**Émotions**
Modes de relation		
• Rapports de pouvoir • Domination • Surprotection • Infantilisation • Manipulation • Séduction	• Puissance	• Colère
Attitudes		
• Dévalorisation • Exclusion • Injustice • Utilisation	• Estime de soi/amour • Appartenance/estime de soi • Amour/estime de soi • Amour/puissance	• Tristesse + colère
• Agressivité • Manque de clarté • Manque de franchise	• Sécurité	• Peur + colère
Actes		
• Ne pas faire ce que l'on a dit • Changer en permanence d'avis • Ne pas tenir ses promesses • Ne pas mettre de limites	• Sécurité • Sécurité • Sécurité/amour • Sécurité	• Peur
• Ne pas tenir compte de l'autre • Créer des inégalités • Manquer d'écoute	• Reconnaissance, respect, • Amour • Amour, estime de soi • Reconnaissance, amour	• Colère, tristesse
Propos		
• Paroles blessantes • Mots durs (même involon- taires) • Termes négatifs (même jus- tifiés) • Langage trop technique (hors de portée)	• Amour/estime de soi • Amour/estime de soi • Estime de soi • Sécurité/puissance	• Tristesse, colère, peur

Enfin, il est souhaitable d'anticiper, non pas seulement les états émotionnels d'autrui, mais également ses propres émotions, dans la mesure où il est fort probable, selon les circonstances, qu'elles en déclenchent précisément une chez l'autre ! Se connaître et être capable de surveiller ses dérapages émotionnels est une façon d'anticiper.

Prendre en compte, quelle que soit la situation, l'ensemble des facteurs « objectifs », individuels (l'autre) et personnels (soi), permet en anticipant d'être à coup sûr davantage dans l'empathie.

Les éléments d'anticipation

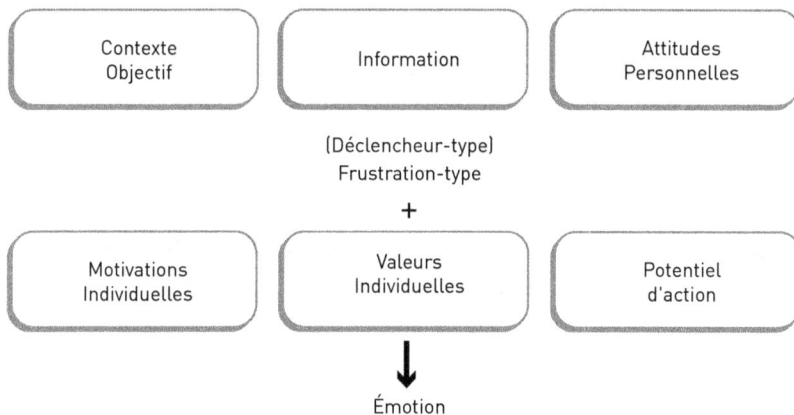

Contexte Objectif	Information	Attitudes Personnelles

(Déclencheur-type)
Frustration-type

+

Motivations Individuelles	Valeurs Individuelles	Potentiel d'action

↓

Émotion

SE POSER LES BONNES QUESTIONS

Ai-je dans ce contexte suffisamment pris en compte la dimension émotionnelle ?

Ai-je repéré ses motivations ?

Sinon, comment pourrais-je en savoir plus ?

Quelle réaction aurais-je si j'étais dans une situation équivalente ?

Ai-je suffisamment pris en compte ses données personnelles ?

Ai-je pris suffisamment en compte sa situation globale ?

Faut-il avant de lui parler que je m'informe davantage ?

Quel moment dois-je choisir pour lui annoncer ?

Ai-je pensé à la manière de compenser ?

Dois-je modifier quelque chose dans mon attitude, dans ce contexte précis ou en général ?

MÉTHODE À SUIVRE

Faire le lien entre le contexte objectif et le besoin type frustré.

Connaître au mieux les motivations individuelles.

Tenir compte du passif éventuel.

S'analyser soi-même et connaître ses systèmes de « protection ».

Se préparer à communiquer.

Intégrer la nécessité d'aller sur l'émotionnel.

Ne pas repousser ou fuir le dialogue.

Oser dire honnêtement ce qu'il y a à dire.

Aller soi-même sur les ressentis.

Veiller à compenser.

Pouvoir déjouer les émotions et les réactions négatives

Les émotions nous informent d'un état de satisfaction ou de frustration et, en ce sens, « doivent » s'exprimer. Toutefois, dans la majeure partie des cas, il n'est pas souhaitable qu'elles prennent des proportions énormes ni pour l'intéressé ni pour son entourage. Sauf exceptions, cela a plutôt tendance à envenimer, du moins dans un premier temps, les situations et les relations. Il y aurait beaucoup à dire ; nous allons simplement évoquer quelques pistes pour désamorcer et déjouer plus ou moins tôt les émotions négatives de l'autre.

Exprimer son « empathie »

> « L'étude des situations de conflits, au travail ou en famille, montre que l'expression d'empathie diminue l'hostilité de l'interlocuteur, tandis que son absence l'augmente[113]. »

Désamorcer la tension

Quelle que soit la gravité de la situation, à partir du moment où l'on signifie à l'autre par un mot, un geste, un regard que l'on « comprend » sa réaction, où on lui explique que si cela avait été possible, on lui aurait donné satisfaction, où l'on reformule l'événement à l'origine sa frustration, où l'on nomme ce que l'on pense être son ressenti, c'est-à-dire en d'autres termes où l'on exprime son « empathie », l'autre a tendance à se détendre, à se calmer. Souvent, ce qu'un individu vit mal n'est pas tant d'être frustré mais que cela paraisse normal aux autres et/ou que sa frustration ne soit d'aucune manière considérée, par conséquent, qu'il ne soit pas pris en compte. Exprimer à l'autre que l'on comprend son besoin et sa frustration diminue dans tous les cas la tension. *« Quand la conversation s'échauffe, reformulez le point de vue de l'autre en lui demandant de le confirmer. Vous verrez qu'il ou elle sera aussitôt moins tendu(e)*[114]. » Au-delà de cet effet, qui en apparence peut sembler presque mécanique, c'est en réalité parce que l'autre se sent reconnu dans ses besoins et de près ou de loin comme une *personne*, qu'il se détend.

Dire tout simplement que l'on comprend

Suite à des examens, **Hugues** annonce à l'un de ses patients qu'il faut l'opérer d'urgence pour un problème assez soucieux : « Je comprends que ce soit brutal et que vous soyez inquiet, mais il est bien préférable d'intervenir maintenant, précisément pour éviter toute complication. Nous pourrions attendre, mais c'est alors que nous prendrions un risque. »

Quentin, DRH, lors d'une transaction de départ : « Voilà, notre négociation est terminée et je suis satisfait que nous ayons pu répondre positivement à l'ensemble de vos requêtes. Maintenant, de vous à moi, je comprends que cela ne soit pas facile à accepter et que vous puissiez être en colère contre l'entreprise. »

Aurélie, avocate : « Je comprends que vous soyez inquiet pour votre procès, dont je mesure l'importance, mais il est inutile de m'appeler : faites-moi confiance, je m'occupe de vous et je vous contacterai dès que j'aurai du nouveau... »

Claire, manager, en entretien avec Nicolas qui, suite à une fusion et à une réorganisation, se voit nommé responsable d'un type de projet dont il n'a jamais eu la charge, même s'il en a le potentiel, avec un degré hiérarchique en moins : « J'imagine que tu n'es peut-être pas complètement à l'aise et je comprends aussi que tu sois agacé ; on te donne plus de responsabilités, tu es davantage exposé et en même temps il va y avoir une personne de plus pour te chapeauter...

En tout cas, concernant le « business » lui-même, je suis certaine que tu vas très bien t'en sortir, c'est aussi une opportunité pour toi. Pour le reste, il faut, je crois, laisser un peu de temps au temps… »

Les modes d'expression de l'empathie

Une fois encore, l'intention réelle est toujours pressentie : si je suis vraiment désolé, ennuyé ou heureux pour l'autre, si je « comprends » vraiment sa réaction en me mettant à sa place, il le pressent, ce qui contribue déjà à le détendre et le met davantage en condition de s'exprimer.

Très concrètement, on peut reconnaître la frustration de l'autre de différentes manières.

● Exprimer directement son empathie :

– « Je comprends que tu sois déçu » ;

– « Je comprends que tu n'aies pas envie de partir ce soir », etc.

● Reformuler ce que l'autre vient d'exprimer plus ou moins confusément :

– « Si je comprends bien, tu es agacé parce que je n'aurai pas le temps de m'occuper des courses samedi pour l'anniversaire d'Émilie » ;

– « Si je résume ce que tu viens de dire, tu m'en veux d'avoir confié le dossier à Laurent », etc.

● Utiliser un registre de vocabulaire émotionnel :

– « J'aurais vraiment été heureux de pouvoir vous donner satisfaction » ;

– « Malheureusement la solution que tu proposes ne va pas pouvoir être mise en place cette année » ;

– « Désolé de ne pas avoir pu te prévenir de mon retard », etc.

● Nommer ce que l'on sait être le besoin, l'envie, la préférence de l'autre :

– « Je sais que tu aimes faire des déplacements à l'étranger, mais ce poste est plutôt sédentaire » ;

– « Je suppose que tu préférerais avoir une visibilité plus importante, mais cette mission temporaire est très intéressante » ;

– « J'ai conscience que tu aurais préféré partir pour Noël, mais on ne pourra partir qu'en janvier », etc.

- Nommer ses propres contraintes :
  - « Ce n'est pas pour vous ennuyer, mais il m'est impossible de vous donner satisfaction aujourd'hui : il me manque encore pas mal d'informations » ;
  - « J'ai bien entendu votre demande, mais je ne pourrai pas vous rappeler avant la fin de la semaine » ;
  - « J'aurais aimé avoir un peu plus de temps pour rester avec toi, mais il va falloir que je parte rechercher Auguste », etc.
- Nommer ce que l'on a tenté de faire :
  - « J'ai bien essayé d'accélérer le processus pour obtenir son accord, mais nous allons devoir envisager autre chose » ;
  - « J'ai interrogé toutes les personnes que je connais autour de moi pour voir comment on pouvait t'aider et, pour l'instant, personne n'a de stage à te proposer », etc.
- Nommer ce que l'on aurait souhaité faire :
  - « J'aurais vraiment aimé pouvoir vous aider ; n'hésitez pas une autre fois à me recontacter » ;
  - « Je pensais sincèrement trouver une solution plus rapidement ; j'espère que vous ne m'en voudrez pas », etc.
- Nommer ce que l'on perçoit de l'état émotionnel de l'autre :
  - « Je vois bien que tu es déçu, en colère... » ;
  - « Vous ne dites rien, mais j'ai l'impression que vous êtes malgré tout très déstabilisé », etc.
- Dire qu'à sa place sans doute, nous réagirions de la même façon :
  - « Honnêtement, j'aurais probablement eu la même réaction à ta place » ;
  - « Votre révolte ne me surprend pas ; je serais moi-même dans cette situation très en colère », etc.
- Anticiper :
  - « Vous allez sans doute mal le prendre, mal le vivre, mais je vous fais part des résultats de l'investigation » ;
  - « Ne crois pas que je n'ai pas pensé aux conséquences pour toi en te proposant cette solution », etc.

- Mettre une limite... et dire parfois à l'autre que toutes données égales par ailleurs, il exagère peut-être un peu ?
- Dans tous les cas, rester sincère.

Accepter de s'exposer

Si l'on a une responsabilité directe ou indirecte même minime, *a fortiori* importante, dans la situation responsable de l'émotion d'autrui, le seul moyen de l'amortir et d'éviter qu'elle ne dégénère, ne se cristallise – surtout si l'autre, compte tenu du contexte, ne peut pas être complètement entendu, satisfait, ou s'il n'est pas en position de « force » –, c'est d'accepter de s'exposer, c'est-à-dire de reconnaître la responsabilité que l'on peut avoir, s'excuser pour ses erreurs, dire sa propre émotion, demander pardon. « Je reconnais que j'aurais dû t'en parler avant de prendre la décision et je comprends que tu te sentes maintenant mis devant le fait accompli. Je n'ai pas sur l'instant réalisé les conséquences que cela pouvait avoir pour toi. J'ai eu tort, j'ai peut-être été un peu rapide. À présent, je me sens mal à l'aise de te mettre dans l'embarras et très ennuyé de te sentir en colère... »

Accepter de s'exposer, c'est aussi pouvoir accepter de la part de l'autre une déclaration de son émotion, de son ressenti vis-à-vis de soi, sans se sentir agressé ou jugé. Or pour cela, il est important de savoir faire la distinction entre les ressentis et les pensées qu'exprime l'autre et de ne retenir, de n'entendre derrière sa pensée, son idée, son jugement, son interprétation, que ses ressentis et ses « sentiments ». Cela est d'autant moins aisé que, quand nous tentons d'exprimer un sentiment, nous exprimons souvent à la place une pensée : « Lorsque tu as interrompu notre conversation, j'ai senti que tu étais en colère », ou « Lorsque tu as interrompu notre conversation, j'ai senti que ce que ce que je disais ne t'intéressait pas[115] ». Il ne s'agit pas de sentiments mais d'interprétation. L'expression de son sentiment par l'autre serait plutôt par exemple : « *Je me suis senti frustré et mal à l'aise quand tu as interrompu notre conversation, je n'ai pas compris pourquoi et je me suis senti tout à coup très seul.* » Si l'on n'est pas prêt à entendre le sentiment de l'autre *a fortiori* s'il l'exprime mal, l'on risque de réagir à sa pensée ou à son interprétation, en risquant alors d'entrer dans une probable polémique et montée en puissance émotionnelle réciproque.

De fait, accepter certaines déclarations, justifiées ou non, requiert une certaine humilité, une vraie prise en compte de l'autre, la gestion de ses émotions et parfois la capacité à se remettre en cause. C'est en ce sens toujours un bon test pour savoir où l'on en est de son « empathie » :

S'exposer

- Reconnaître la responsabilité que l'on peut avoir.
- Accepter une déclaration action/ressenti.
- S'excuser pour ses erreurs.
- Dire comment l'on se sent soi-même.
- Dire sa propre émotion.
- Demander pardon.

Développer son comportement empathique

Quand il existe un conflit, une tension, un blocage, une différence importante dans le fonctionnement réciproque, se mettre vraiment à la place de l'autre au sens basique du terme, voire le lui faire savoir, permet à la tension la plupart du temps de décroître et aux relations de s'harmoniser.

Qu'il s'agisse d'une différence de fonctionnement ou d'une situation conflictuelle, se décentrer pour tenter de comprendre et se représenter à partir de ses intérêts, contraintes, besoins, frustrations le point de vue de l'autre, avoir le réflexe de s'interroger sur le pourquoi de sa réaction au lieu de prendre pour soi ou plutôt contre soi la remarque, la demande, le refus, la tension, de jouer l'indifférent, voire de se mettre soi-même en colère, permet dans la majeure partie des cas de faire tomber la pression.

Si même en se représentant, en imaginant son point de vue, l'on ne parvient pas à comprendre les besoins, les motivations de l'autre, l'on peut l'interroger directement pour savoir ce qu'il ressent, comment il vit les choses, quels sont ses besoins : en matière relationnelle, l'on n'est jamais devin ! Parallèlement à la dimension universelle des besoins et de leur frustration, il est rare si l'on veut vraiment mieux comprendre l'autre dans ses fonctionnements, ses comportements, ses réactions, de pouvoir faire l'économie de lui poser franchement la question.

Si l'on est vraiment en conflit déclaré ou larvé avec lui, en état de tension relationnelle importante, il est souhaitable de lui énoncer également ses propres besoins, frustrations, contraintes pour qu'il puisse, lui aussi, faire preuve d'empathie.

L'humilité – nous le réalisons – est là encore importante et nous voyons comment il est nécessaire, notamment dans une relation hiérarchique et/ou d'autorité statutaire, d'oublier un temps ses objectifs, ses intérêts, de sortir de son rôle, de sa fonction, surtout s'ils confèrent à ce moment-là un certain pouvoir sur l'autre, tant pour se représenter son point de vue que parfois pour exprimer le sien.

Aider l'autre à « comprendre » son émotion

Enfin, il est possible dans certains cas, quand nos relations avec l'autre sont plus étroites et/ou quand la situation nécessite qu'un blocage soit levé, une solution trouvée, d'aller un peu plus loin en essayant de l'aider à dépasser son émotion, à la *comprendre* lui-même. En effet, si le moment et la nature de la relation le permettent, il est possible en *entrant* davantage dans son *histoire* et dans les résonances que tel ou tel événement a pour lui, d'essayer de comprendre avec lui, pourquoi la frustration de son besoin est si douloureuse et à quoi elle le renvoie.

Sans qu'il soit toujours nécessaire d'entrer dans le détail, ce qui relève alors d'une relation d'aide et/ou thérapeutique, poser parfois simplement cette question à l'autre, outre le fait de lui permettre d'y réfléchir, comble à travers l'écoute et l'attention qui lui sont à ce moment-là portées, son besoin fondamental d'*amour* avec, à coup sûr, une conséquence invariablement bénéfique : l'individu ne s'accorde à lui-même suffisamment d'intérêt et/ou n'accepte de se remettre en cause que lorsqu'il se sent accepté, *aimé*.

Conclusion

Être empathique : un travail sur soi ?

Outre le fait de savoir percevoir, décoder, comprendre au sens plus intellectuel du terme les émotions d'autrui, développer son empathie requiert en réalité un travail sur soi ; l'on ne prend l'autre en compte que si on le « décide », l'on ne peut voir en l'autre que ce que l'on a perçu, reconnu et accepté de regarder en soi-même, l'on ne peut entrer en relation avec l'autre que de l'endroit où l'on est soi-même. Ainsi, développer son empathie nécessite une ouverture à l'autre mais également une ouverture à soi-même ; cela suppose dans tous les cas une plus grande liberté et une meilleure connaissance de soi :

- on voit mieux en l'autre la personne si l'on sait se dégager et se « libérer » en partie de ses rôles ;
- on établit une meilleure relation et un meilleur dialogue avec l'autre quand on ose être plus authentique ;
- on écoute mieux l'autre si l'on n'a pas le « besoin » d'instaurer avec lui une relation de pouvoir ;
- on comprend mieux les émotions de l'autre si l'on reconnaît, si l'on fait appel à ses propres émotions, à ses propres vécus émotionnels, si on les analyse mieux ;

- on « ressent » davantage si l'on accepte de lâcher prise sur certaines croyances, notamment celle d'avoir à tout maîtriser, d'une part, et/ou toujours des solutions, d'autre part ;
- enfin, on est davantage présent à l'autre si on s'oublie, si on est suffisamment en paix avec soi-même pour s'oublier.

Ainsi, quels qu'en soient la nature, l'ampleur, l'objectif, tout « travail » sur soi, toute meilleure connaissance de soi favorise directement ou indirectement le développement de l'empathie. C'est sans doute l'une des raisons pour lesquelles, même totalement inconsciemment, l'empathie interpelle autant, dans la mesure où mieux comprendre l'autre, implique sans aucun doute que l'on se connaisse mieux soi-même et que l'on ait une conscience différente tant de soi que de l'autre. Sans qu'il soit nécessaire pour être plus empathique d'aller toujours aussi loin, l'important est d'être conscient de ce que développer son empathie requiert vraiment et de savoir en fonction des circonstances, se poser les bonnes questions, prendre le recul qui convient, éviter les obstacles rédhibitoires, être davantage conscient de ce qui se joue. Ensuite, si on le souhaite ou bien si cela est vraiment un désir pour soi et/ou un enjeu pour sa profession, l'on peut certes chercher à progresser davantage et faire petit à petit le travail et le retour sur soi qui s'imposent.

Pour conclure, développer son empathie demande dans tous les cas de l'implication, une forme d'engagement et une certaine modestie ; comme tout ce qui relève de l'humain, l'on ne maîtrise rien une fois pour toutes : l'on s'approche et l'on s'éloigne sans cesse de son but, l'on s'imprègne et l'on se laisse toucher, en sachant que tout ou presque se rejoue chaque fois.

Toutefois, être *empathique* rend sans nul doute plus *humain*, non seulement parce que l'on est davantage à l'écoute des autres mais parce que précisément en raison du *travail* que cela suppose l'on est alors tout à la fois inévitablement plus présent, moins morcelé, plus *puissant* et plus *humble*.

Être empathique ou ne pas l'être met finalement chacun face à une responsabilité vis-à-vis de lui-même et des autres. Nous aimerions souvent que le « monde » soit plus *humain* sans toujours faire l'effort de l'être un peu plus nous-mêmes !

Notes

1. Carl Rogers, psychologue et psychothérapeute américain, est le père d'une théorie et pratique psychothérapeutique centrée sur l'empathie et sur la personne. Il a placé l'empathie ou plus précisément l'écoute et la compréhension empathique au centre de sa pratique et y voit la clé de la création de la relation thérapeutique.

2. Gérard Jorland, *L'Empathie*, ouvrage collectif, Éditions Odile. Jacob, 2004, p. 19.

3. Élisabeth Pacherie, *L'Empathie, op. cit.*, p. 149

4. Claude Steiner, *L'A.B.C. des émotions*, Dunod-Inter Éditions, 2005, p. 27.

5. Alain Kerjean, *Le manager leader*, Éditions. d'Organisation, 2002.

6. Daniel Goleman, *L'intelligence émotionnelle*, Éditions. J'ai Lu, 2001, p. 72.

7. Jean Decety, *L'Empathie, op. cit.*, p. 57-58.

8. Éric Albert, *Le manager est un psy*, Éditions d'Organisation, 1998, p. 44.

9. Daniel Goleman, *op. cit.*, p. 163. À noter : le terme « éprouver » est ici plutôt à prendre plutôt comme « chercher à éprouver » dans la mesure où l'on ne peut entièrement éprouver les émotions d'autrui.

10. Daniel Goleman, id., p. 164.

11. Gérard Jorland, *op. cit.*, p. 24.

12. Gérard Jorland, *op. cit.*, p. 32. « *Pour savoir si la motivation des observateurs est bien altruiste, on les met en situation de venir en aide à quelqu'un en pouvant se dérober facilement ou difficilement. Dans l'une des expériences, il s'agit de prendre la place d'un sujet qui reçoit des électrochocs, soit en n'assistant plus à son calvaire (dérobade facile) soit en y assistant jusqu'au bout (dérobade difficile). Dans un autre, il s'agit de porter ses notes de cours à une étudiante momentanément immobilisée, soit que l'observateur ne reverra plus (dérobade aisée) soit qu'il reverra forcément puisqu'elle suit les mêmes cours (dérobade malaisée).* »

13. Daniel Goleman, *op. cit.*, p. 153.

14. Daniel Goleman, *op. cit.*, p. 160 « *Brothers a identifié l'amygdale et ses connexions avec l'aire d'association du cortex visuel comme faisant partie du principal circuit cérébral responsable de l'empathie* ». Il a en effet démontré « *le rôle décisif de la voie amygdale-cortex dans le déchiffrage des émotions et la manière d'y réagir* ».

15. Daniel Goleman, *op. cit.*, p. 34 « *L'amygdale est le siège de la mémoire affective ; sans elle, la vie perd son sens. L'amygdale n'est pas seulement liée à l'affect, elle commande toutes les émotions.* »

16. Daniel Goleman, p. 154.

17. Daniel Goleman, p. 154.

18. Jean Decety, *op. cit.*, p. 56.

19. Jean Decety, *op. cit.*, p. 70.

20. Claude Steiner, *op. cit.*, p. 50.

21. Nathalie Depraz, *L'Empathie, op. cit.*, p. 189-190 « *Me mettre sur un pied d'égalité avec l'autre est un geste mental spécifique par lequel je prends conscience de mon attachement à moi-même en tant qu'ego, c'est-à-dire, du fait que je suis en possession d'un certain nombre de choses, que j'ai un corps, que je suis attaché à tel ou tel. Une fois que j'ai compris que de telles possessions substantielles sont totalement contingentes à mon identité en tant que soi, la séparation qui a été créée artificiellement entre moi-même et l'autre s'avère également illusoire.* »

22. Nathalie Depraz, *id.*, p. 189-190 « *Dès que je parviens à ne pas me référer à moi-même comme au propriétaire d'un bien, je cesse de m'identifier à moi-même, c'est-à-dire de coller à moi-même et je suis capable de m'identifier à la souffrance de l'autre comme une souffrance qui peut être la mienne.* »

23. Nathalie Depraz, *L'Empathie, id.*, p. 190-191 Se mettre sur un pied d'égalité avec l'autre peut se traduire par des exemples dans deux contextes-limites différents, l'un étant le *yogi maitri* avancé qui atteint le fond du *bodhisattva* (c'est-à-dire qui a en effet ressenti la souffrance des autres êtres comme la sienne propre), l'autre étant la relation quotidienne de la mère à son enfant, laquelle mourrait plutôt que d'abandonner son bébé malade ; « *parce qu'elle s'identifie à son bébé, la souffrance du bébé est effectivement insupportable pour elle* ».

24. Élisabeth Pacherie, *L'Empathie, op. cit.*, p. 176.

25. Psychologie cognitive : domaine de la psychologie qui concerne la connaissance et ses processus.

26. Elisabeth Pacherie, *L'Empathie, op. cit.*, p. 179.

27. Gérard Jorland, *L'Empathie, op. cit.*, p. 45.

28. Jean Decety, *L'Empathie, op. cit.*, p. 59.

29. Pour éviter toute confusion avec ce qui a été dit précédemment, il ne s'agit pas du partage évoqué lors de la compassion mais du « partage » d'une émotion (en opposition à sa représentation).

30. Elisabeth Pacherie, *L'Empathie, op. cit.*, p. 150.

31. Gérard Jorland, *L'Empathie, op.cit.*, p. 21.

32. Gérard Jorland, *L'Empathie, op.cit.* p. 23.

33. Gérard Jorland, L'Empathie, op.cit., p. 24.

34. Élisabeth Pacherie, *L'Empathie, op. cit.*, p. 150.

35. *Le Petit Robert.*

36. Carl Rogers, *Le développement de la personne*, Éditions Dunod, 1998, p. 46.

37. Carl Rogers, *id.*, p. 46.

38. Eric Albert, *op. cit.*, p. 113.

39. Claude Steiner, *op. cit.*, p. 54.

40. Claude Steiner, *op. cit.*, p. 220.

41. Claude Steiner, *op. cit.*, p. 216-217.

42. Claude Steiner, *op. cit.*, p. 220.

43. Jacques Salomé, *Relation d'aide et formation à l'entretien*, Presses Universitaires de Lille, Lille, 1993, p. 88.

44. Vocable, concept psychanalytique et philosophique faisant référence à l'« être » qui se détermine et qui se constitue comme « je ».

45. *L'Inconscient*, Retz, C.E.P.L., Paris, 1976, p. 512.

46. On trouve selon les écoles d'autres définitions des termes « sujet » et « individu », notamment, mais l'utilisation et la définition de ces différents termes ne valent complètement et ne sont éclairantes qu'à partir du contexte où elles sont employées et dans le rapport particulier que l'on choisit d'éclairer entre elles.

47. Carl Rogers, *Le Développement de la personne*, *op. cit.*, p. 15-16.

48. Daniel Goleman, *op. cit.*, p. 150.

49. Claude Steiner, *op. cit.*, p. 49-50.

50. Michelle Larivey, *La puissance des émotions*, Les Éditions de l'Homme, Canada, 2002, p. 13.

51. Claude Steiner, *op. cit.*, p. 22.

52. Claude Steiner, *op. cit.*, p. 50.

53. Claude Steiner, *op. cit.*

54. Claude Steiner, *op. cit.*, p. 21.

55. Claude Steiner, *op. cit.*, p. 20.

56. Claude Steiner, *op. cit.*, p. 42 à 54.

57. Daniel Goleman *op. cit.*, p. 163.

58. Carl Rogers, *op. cit.*, p. 37.

59. Daniel Goleman, *op. cit.*, p. 18.

60. Elisabeth Pacherie, *op. cit.*, p. 152.

61. *Le Petit Robert*.

62. Claude Steiner, *op. cit.*, p. 34.

63. Michelle Larivey. *op. cit.*, p. 18.

64. Michelle Larivey. *op. cit.*, p. 25.

65. Michelle Larivey. *op. cit.*, p. 34.

66. Michelle Larivey. *op. cit.*, p. 34 à 36.

67. Michelle Larivey. *op. cit.*, p. 27.

68. Jean Decety, *op. cit.*, p. 63.

69. Michelle Larivey. *op. cit.*, p. 141.

70. Michelle Larivey. *op. cit.*, p. 25.

71. Michelle Larivey. *op. cit.*, p. 31-32.

72. Elisabeth Pacherie, *op. cit.*, p. 155.

73. Elisabeth Pacherie, *op. cit.*, p. 155.

74. Sarah Famery, *Se libérer de ses peurs*, Éditions d'Organisation, 2006, p. 42.

75. Michelle Larivey. *op. cit.*, p. 12.

76. Daniel Goleman, *op. cit.*, p. 152.

77. Daniel Goleman, *op. cit.*, p. 153.

78. Daniel Goleman, *op. cit.*, p. 152-153.
79. Élisabeth Pacherie, *op. cit.*, p. 174.
80. Michelle Larivey. *op. cit.*, p. 32.
81. Michelle Larivey. *op. cit.*, p. 18.
82. Michelle Larivey. *op. cit.*, p. 20.
83. Élisabeth Pacherie, *op. cit.*, p. 155.
84. Élisabeth Pacherie, *op. cit.*, p. 158.
85. Sarah Famery, *op. cit.*, p. 83.
86. Sarah Famery, *op. cit.*, p. 84.
87. Stéphanie Hahusseau, *Tristesse, peur, colère*, Odile Jacob, 2006, p. 167.
88. Sarah Famery, *op. cit.*, p. 94-95 « La pulsion est la poussée de l'énergie qui alimente l'activité psychique inconsciente et provoque la motricité de l'organisme. »...
89. Christophe André, *La force des émotions*, Odile Jacob, 2003, p. 40.
90. Sarah Famery, *op. cit.*
91. Claude Steiner, *op. cit.*, p. 107.
92. Carl Rogers, *op. cit.*, p. 31.
93. Jacques Salomé, *op. cit.*, p. 35.
94. Jacques Salomé, *op. cit.*, p. 60.
95. Jacques Salomé, *op. cit.*, p. 116.
96. Jacques Salomé, *op. cit.*, p. 39.
97. Carl Rogers, *op. cit.*, p. 15-16.
98. Jacques Salomé, *op. cit.*, p. 110.
99. Jacques Salomé, *op. cit.*, p. 61.
100. E. H. Porter, psychologue américain, disciple de Rogers, auteur d'un livre introduction au conseil thérapeutique, Boston, 1950.
101. Jacques Salomé, *op. cit.*, p. 87-88.
102. L'Inconscient, *op. cit.*, p. 470-471.
103. Jacques Salomé, *op. cit.*, p. 115.
104. Claude Steiner, *op. cit.*, p. 50.
105. Élisabeth Pacherie, *op. cit.*, p. 170.
106. Claude Steiner, *op. cit.*, p. 104.
107. Élisabeth Pacherie, *op. cit.*, p. 175.
108. Élisabeth Pacherie, *op. cit.*, p. 158.
109. Claude Steiner, *op. cit.*, p. 53.
110. Nico Frijda, *The emotions*, Cambridge University Press, 1987.
111. Élisabteh Pacherie, *op. cit.*, p. 159.
112. Élisabteh Pacherie, *op. cit.*, p. 173.
113. Christophe André, *op. cit.*, p. 368.
114. Christophe André, *op. cit.*, p. 371.
115. Claude Steiner, *op. cit.*, p. 107.

Bibliographie

Albert E., *Le manager durable*, Éditions d'Organisation, 2004.

Albert E., *Le manager est un psy*, Éditions d'Organisation, 1998.

André Ch., *La force des émotions*, Odile Jacob, 2005.

Balint M., *Le médecin, son malade et la maladie*, Petite bibliothèque Payot, 1957.

Berne E., *Que dites vous après avoir dit bonjour ?* Sand, 1970.

Berthoz A. et Jorland G. (dir.) *L'Empathie*, Odile Jacob, 2004.

Collectif., *Le guide des émotions*, Red Éditeur, www.redpsy.com

Corcos M., Speranza M., *Psychopathologie de l'alexithymie*, Dunod, 2003.

Crowley K., Elster K., *Identifier et déjouer les pièges émotionnels de la vie au bureau*, Village Mondial, 2007.

Damasio A.R., *L'erreur de Descartes ; la raison des émotions*, Odile Jacob, 1995.

Famery S., *Se libérer de ses peurs*, Eyrolles, 2006.

Frijda N., *The emotions*, Cambridge, Cambridge University Press, 1986.

Jean Garneau J., Larivey M., La Plante G., *Les émotions source de vie*, Red Éditeur, 2000.

Goleman D., *L'intelligence émotionnelle*, J'ai lu, 2001.

Kaufman J.-C., *Agacements*, Armand Colin, 2007.

Hahusseau St., *Tristesse, peur, colère*, Odile Jacob, 2006.

Larivet M., *La Puissance des émotions*, Éditions de l'Homme, 2002.

Le Breton D., *Les passions ordinaires, Anthropologie des émotions*, Petite Bibliothèque Payot, 2004.

Ledoux J., *Le cerveau des émotions*, Odile Jacob, 2005.

Légeron P., *Le stress au travail*, Odile Jacob, 1993.

Lelord Fr., André Ch., *Comment gérer les personnalités difficiles*, Odile Jacob.

Maslow A.H., « Our maligned animal nature », *Journal of Psychol*, 1949.

Mucchielli R. (dir.), *L'entretien de face à face dans la relation d'aide*, Librairies techniques et Entreprise moderne d'édition et Éditions sociales françaises, 1966.

Olivenstein Cl., *Le non-dit des émotions*, Odile Jacob, 1988.

Pages M., *L'orientation non directive*, Dunod, 1965.

Pierson M.-L., *L'intelligence relationnelle*, Éditions d'Organisation, 2003.

Rogers C., *La relation d'aide et le psychothérapeuthe*, ESF, 1985.

Rogers C., *Le développement de la personne*, Dunod, 1998.

Rogers C., *A way of being*, Boston, Houghton Mifflin, 1980.

Rusinek S., *Les émotions, du normal au pathologique*, Dunod, 2004.

Salomé J., *Relation d'aide et formation à l'entretien*, Presses Universitaires de Lille, 1993.

Steiner Cl., *L'ABC des émotions*, Dunod-InterÉditions, 2005.

Steiner Cl., *L'Autre face du pouvoir*, Desclée de Brouwer, 1995.

Index

A
affectif 26, 27, 28, 29, 32, 34, 35
affection 27, 28, 34, 35
altruisme 11, 12
attitudes de « défense » 234

B
besoins 198, 218, 221

C
compassion 17, 18
confiance 42, 101, 122
conscience émotionnelle 139

E
écoute 30, 168, 238, 243
écoute compréhensive 242
écoute empathique 15, 40
état émotionnel 156, 253
expression d'émotions 44, 101, 182, 231, 246
expression de l'empathie 269, 271

F
fusion 25, 34, 35

G
Goleman, Daniel 6

I
identification 25, 35

imagination de l'émotion 20, 21, 34
intentions 109, 124
intuition 16

L
lien « affectif » 26

M
motivation 199, 215, 217, 247, 248, 257, 259

P
perception 18, 181
personne 12, 85, 98, 125, 241
peur 144, 224
projections 22, 35

R
relations de pouvoir 69, 236
représentation 14, 19, 23, 34
ressenti 2, 157, 173, 174, 222
ressenti des sentiments d'autrui 15, 18
Rogers, Carl 7, 14, 40, 241, 243

S
sujet 95
sympathie 24

www.ingramcontent.com/pod-product-compliance
Lightning Source LLC
Chambersburg PA
CBHW061139220326
41599CB00025B/4296